湖南省教育科学规划课题研究成果（XJK17ADY001）

君子文化
与高等商科教育

陈飞虎 ◎ 著

中国财经出版传媒集团

经济科学出版社
Economic Science Press

图书在版编目（CIP）数据

君子文化与高等商科教育/陈飞虎著 . —北京：
经济科学出版社，2019.6
ISBN 978 - 7 - 5218 - 0420 - 1

Ⅰ. ①君… Ⅱ. ①陈… Ⅲ. ①中华文化 - 关系 -
商业 - 高等教育 Ⅳ. ①K203②F7 - 4

中国版本图书馆 CIP 数据核字（2019）第 058127 号

责任编辑：周国强
责任校对：蒋子明
责任印制：邱 天

君子文化与高等商科教育

陈飞虎 著

经济科学出版社出版、发行 新华书店经销
社址：北京市海淀区阜成路甲 28 号 邮编：100142
总编部电话：010 - 88191217 发行部电话：010 - 88191522
网址：www. esp. com. cn
电子邮件：esp@ esp. com. cn
天猫网店：经济科学出版社旗舰店
网址：http：//jjkxcbs. tmall. com
固安华明印业有限公司印装
710×1000 16 开 13.5 印张 200000 字
2019 年 6 月第 1 版 2019 年 6 月第 1 次印刷
ISBN 978 - 7 - 5218 - 0420 - 1 定价：68.00 元
（图书出现印装问题，本社负责调换。电话：010 - 88191510）
（版权所有 侵权必究 打击盗版 举报热线：010 - 88191661
QQ：2242791300 营销中心电话：010 - 88191537
电子邮箱：dbts@ esp. com. cn）

前　言

在中华民族内部，传承着一种"拎得起、放得下，传得远、推得开"（徐小跃，2005）的君子文化。"讲仁爱、重民本、守诚信、崇正义、尚和合、求大同"的君子文化核心思想与我国高等商科教育所追求的"经商之道"和"立国之道"具有高度契合性，二者的融合能推动我国传统文化精髓和价值标杆的创造性转化与创新性发展，并能更好地构筑新时代中国特色社会主义高等商科教育有道德、有筋骨、有温度、有担当的"中国气派"。"中国气派"是凝心聚力、催人奋进的精神力量，也是我国高等商科教育趋向成熟的重要标志，洋溢着文化自信和教育自信。新时代，新气象，新作为。构建我国高等商科教育的"中国气派"正当其时，这既是我们自己的迫切要求，也是世界高等教育的红利。

一、当代个体性：无根、无助与重建

"个体"在当代社会具有不同寻常的特殊地位与意义，已成为社会生活的重要出发点。"个体化"已成为高度分化的当代社会的结构特征之一。改革开放以来的现代化中国，人们在思想和经济上获得了空前的独立和自主，其中的个体化过程虽然不同于西方的发展轨迹，但在西方个体化过程中发生的排斥、抽离与去传统化特征在今天的中国也发生了。个体正变得越来越独立和更具个体性。

然而，当代社会在分享"个体性"的独立与自主的同时，必将承担随之而来的风险和痛苦。每个个体在构建独立性和自主性的同时，把一切存在看成为自我服务的对象和工具，着重于对事、对物、对人的认知与算计，渐渐隔离了与事物和他人的相通性。例如，诚以待物的传统在个体的傲慢与僭越中难免被"物"反支配；礼以待人的心灵感通在个体的自恋与自足中难免残缺与无助。不管何种群体，似乎人人都生活在痛苦与精神冲突之中：无根、孤立与矛盾。这是个体化的必然结果，也是个体灵魂无所依归的表现，但又不是任何一个个体造成的问题。寻找一条能将已经个体化了的人重新整合在一起的方法与路径，是这个时代的重要课题。

我们不能指斥"个体化摧毁了传统"，不能忽视个体性是内在于历史逻辑的。有着悠久文化传统的国家，面对改革浪潮和外来诱惑而产生的内部个体化变革是近代史中的一种普遍趋势。我国也不例外。尽管个体化对传统文化造成了很大程度的破坏，但如果没有个体化的突围，就不能树立新的东西。没有新的东西，传统文化就会成为历史的遗迹和景观，从而失去现实个体和民族的血肉支撑。

生命、自我、灵魂是人身上三个最重要的东西。这是人之为人的本质，也表明了"自我"与"个体"在当代社会的至高地位与特殊意义。每个个体都是自我灵魂的投射。而灵魂不是空中楼阁，也需要依归之所，正如奥地利现代主义诗人里尔克（Rainer Maria Rilke）所说："灵魂失去庙宇，雨水就会滴在心上"。里尔克的呼吁折射出当今时代的精神需求。我们必须进一步克服个体性的片面性和抽象化，寻求既具个性又具"共法"的理想人格，并在此基础上重建个体灵魂的"庙宇"。

二、君子：个体性与群体性合二为一的人格典范

冥冥之中，"宇宙秩序"自有安排：天地养人，万物惠人，而人生天地之间。敬天谢地，勤以修身，以礼待人，是人生天地间的本分，落实到思想和行为上，就是个体对天地和群体的依附表现，即良知与忠诚。这种良知与

忠诚其实质就是"仁"，即人与天地合一，人与人心灵感通。郭沫若曾经指出，孔子所谓的"仁道"，其实质就是"人的发现"。

在孔子的语境里，"仁者"和"君子"是共通的。"仁"是一切善行的发端，也是成为君子的基本条件。"仁"的主要内容是"爱人"。这种"爱人"以孝悌为基础，而又以"孝"为首要，即所谓"君子务本，本立而道生"。君子"爱"的对象首先是家人，然后是朋友及其他人，如水之涟漪，逐层向外扩展，最终扩展到全社会和全天下。孔子用"恭，宽，信，敏，惠"来统说"仁"的各种德性：恭敬庄重，宽厚待人，诚实负责，勤敏好学，慈惠他人。与"仁"相辅相成的还有另外两种特质，就是"知"与"勇"。"知者不惑，仁者不忧，勇者不惧。"（《论语·子罕》）"知"是明辨是非的才智，多指道德知识和实践经验。"勇"指的是公而忘私、舍生取义、明知不可为而为之的大无畏精神。孔子主张通过自身修养以陶冶情操，逐渐达到"不忧""不惑""无惧"的君子境界，追求其生命的意义。

奥地利心理学家维克多·弗兰克（Viktor Emil Frankl）提出用三种途径去发现生命的意义：一是通过创立某项工作或从事某种事业；二是通过体验某种事情或面对某个人；三是在忍受不可避免的苦难时采取某种态度。从工作中获得知识、经验、乐趣与明辨是非的能力；在体验中学会"爱"，用爱来对待自己的家人、朋友或身边的事物，推而广之，以实现自己的全部潜能；在挑战苦难的过程中喷发生命的意义并持之以恒。维克多·弗兰克尔的三种途径与君子的"知仁勇"是一致的，都是在群体性中实现个体性，是二者的高峰汇合。

孔子所开辟的"仁"的世界，是自我意识与人文主义思想融合的结晶，不仅是一个无限广阔的德性世界，也是个体生命所追求的意义与最终目的，其实质就是"如何做人"的问题。"君子博学于文"，"君子义以为上"，"君子和而不同"，君子"文质彬彬"。君子是个体自我和群体共性合二为一的人格典范。

三、君子之道：生活中的人伦德性

子产是孔子提及的君子人格榜样之一。"子谓子产，有君子之道四焉：其行己也恭，其事上也敬，其养民也惠，其使民也义。"（《论语·公冶长》）仁厚慈爱，轻财重德，爱民重民，宽广的胸怀和高尚的道德水准使得子产颇具君子之风。对于君子，宋代的欧阳修作了具体的总结："所守者道义，所行者忠信，所惜者名节。以之修身，则同道而相益；以之事国，则同心而共济。"（《朋党论》）君子坚持的是道义，履行的是忠信，珍惜的是名节。以此修养品行，则能相得益彰；以此效力国家，则能和衷共济。君子做人做事始终如一。君子之道，归根结底还是做人做事的学问。

在日常生活中，君子需要处理好三种关系。"子夏曰：贤贤易色；事父母，能竭其力；事君，能致其身；与朋友交，言而有信。"（《论语·学而》）侍奉父母能尽心尽力；为君王办事能舍身为国；与朋友交往能言而有信。对家孝、对国忠、对人讲信义，这就是"仁"。从这个意义来说，"贤贤"就是"亲仁"。君子的行为往往就表现在对待父母、国家、朋友的态度与行为中。

君子有"九思"。"视思明，听思聪，色思温，貌思恭，言思忠，事思敬，疑思问，忿思难，见得思义。"（《论语·季氏》）孔子认为君子有九件事情须用心思虑：看要看明白，听要听清楚，神态要温和，容貌要恭敬，言谈要诚恳，处事要谨慎，疑难时要求教，生气时要想到后患，有所取时要想到道义。关于君子的容貌，子夏做了详细的阐述，"君子有三变：望之俨然，即之也温，听其言也厉。"（《论语·子张》）子夏说君子的容貌有三种变化：起初远望，觉得庄重；接近之后，觉得温和；听他说话之后，又觉得辞严理正。孔子和子夏眼中的君子形象贴近生活，平易亲切，于日常生活和人伦德性之中体现君子之道。

君子还有"三戒"。"少之时，血气未定，戒之在色；及其壮也，血气方刚，戒之在斗；及其老也，血气既衰，戒之在得。"（《论语·季氏》）好色、好斗、贪得，贯穿了每一个个体少、壮、老三个阶段。"三戒"不是对个体性的否定，而是强调对色、斗、得的节制，注重个体自然生命与德性之间的内在和谐。

当今时代，对于个体生命意义的追求，有待每个人深入其中去探寻，去发现，而参透君子之道的独特意义将使一个人的精神世界生机盎然并超越当前的困境。

四、君子文化：商科教育的坚守与传承

世界教育史表明，商科教育与市场经济发展程度成正比：市场经济愈是繁荣，商科教育愈是发达。"经商之道"只是商科教育的手段与过程，其最终目的指向"立国之道"。我国现代商科教育已有100多年的历史。按目前的招生规模测算，高等商科专业招生人数已达总招生人数的24%，前景不可限量。受过高等商科教育的学生是未来商业的精英，是未来社会的重要支柱，他们的个体性道德人格合在一起会形成一种群体性的环境。我国传统商科教育以"明礼诚信、艰苦创业"为做人做事的原则，以"商业振兴、贸易繁盛、足增国力而杜漏危"为经世济民的成效。不论在晚清还是民国，我国高等商科教育都强调救国富民，其价值取向以商业道德为先，其师生教育活动特征表现为关心国情、投身社会，在教学实践中体现出培育学生道德人格的君子之道与中国气派：自强、创业、为善、爱国。当代商科教育的某些偏差偏离了传统文化的基因，却又亟待传统文化的涵养。君子"仁知勇"的三合一特质，君子"九思"的日常德性修为，君子"三戒"的内在和谐，无不体现着中华民族的德性智慧和人格理想。君子文化是我国传统文化的精髓，商业德育是商科教育的灵魂。君子文化与商科教育"合之则双美，分之则两伤"。

我们继承传统君子文化，不是为了复古，而是为了将我们从历史中释放出来，迎接社会主义新时代的挑战与机遇。在商科教育中融合君子文化，深入挖掘君子文化对商科教育有益的精神资源，是顺应时代的进步和社会的需要，是君子文化在社会主义新时代的创造性转化和创新性发展。克服君子文化的某些不足，不断丰富和充实君子文化的现代内涵，使之与培育和弘扬商科大学生的社会主义核心价值观有机地结合起来并成为培育商科教育社会主

义道德文明、商业文化的源头活水和精神家园，以此对商科教育及其每一个"商科人"进行"君子"涵养，是当下商科教育的现实所需和长远所求。

毕飞宇（2015）说："芝麻撒在地上是不香的，撒在地上的芝麻被太阳晒完以后，你用石碾子碾一遍，神奇的事情马上就会发生，整个场地整个山口全部洋溢着芝麻的那种芬芳。"如果说，高等商科教育是"芝麻"，那么君子文化就是"碾子"。期待"芝麻"和"碾子"的完美融合，更期待"芝麻"散发出"中国气派"的芬芳。

总之，"改造"与"坚守"是清末以来中国商科教育百余年发展史的两个关键词，也是本书的两个中心词。君子文化与我国高等商科教育的融合，有助于今天的高等商科教育和商业文化进一步彰显君子文化的价值和魅力，能加强君子文化创造性传承和高等商科教育创新性发展的针对性和有效性，最终促成我国高等商科教育的大境界、大格局与中国气派。

让我们在坚守中传承中华传统君子文化，在融合与创新中改造与完善我们的高等商科教育吧！

目 录
CONTENTS

第一章

绪 论

第一节 研究的缘起与意义

西方商学最早脱胎于西方经济学，至近世始发展成为独立的学科。日本把培养从事商务活动的高级专门人才的专业群称之为"商科"。美国的高等商学教育在高等教育体系中享有独立的学科地位。我国现代高等商科主要集中在管理学门类中，包括工商管理、市场营销、会计学、财务管理、国际商务、人力资源管理、审计学、资产评估、物业管理、文化产业管理，等等。其他门类中亦有商科成分。

商科是高等教育热门领域之一，无论是传统会计专业，还是新兴的金融分析或金融工程等专业。近年来，世界各类大学排行榜或商业杂志等热衷为世界一流商学院排名，掀起了商科教育的高潮。而我国的商科则只有最热，没有"之一"。北京大学光华管理学院、中国人民大学商学院、清华大学经济管理学院、中山大学岭南学院 MBA 中心、北大国际 MBA、复旦大学管理学院、上海交通大学安泰管理学院、南开大学商学院、四川大学工商管理学院等在国内享有盛誉；另有数以百计的商学院和商务职业技术学院，招生数量更是逐年递增。

市场经济越繁荣，商科教育越发达。美国、日本、英国、法国、荷兰等西方发达国家有着非常出色的高等商科教育，成为本地学生和各国留学生报考的热门。我国70%以上的留学生选择攻读高等商科。我国高等商科教育在经历了近百年的"起步"阶段、"跟跑"阶段后，已成为我国高等教育体系中国际化水平较高的热门领域。自20世纪90年代以来，我国高考"财经热""管理热"至今高烧不退。按目前的招生规模测算，我国高等商科教育招生数量占全国招生总量的24%左右，前景十分光明。但在"西强我弱"的总体格局没有根本改变的背景下，人民亟须有道德、有筋骨、有温度、有自信、有中国气派的高等商科教育。

"中国气派"体现了新时代中国特色社会主义高等商科教育的中国精神、中国价值、中国力量和中国智慧。而在汪洋浩瀚的中华传统文化中，最能代表中华民族核心思想理念和独特精神价值与力量，并体现中华民族智慧的，非"君子文化"莫属。

高校是传承传统文化的高地。让君子文化与我国高等商科教育跨界融合，有助于落实高校立德树人的根本任务，有助于用中华优秀传统文化的精髓涵养企业精神与现代企业文化，从而培养对人民、对国家、对社会、对世道人心有用有益的人。

本书重点分析君子文化中的"君子"品行，尽力还原"君子"这一形象的道德人格特点。在了解和分析我国高等商科教育百余年历史演进的基础上，回顾我国商科教育的人文精神与追求，试图回答我国高等商科教育的目的和使命，寻求高等商科人文精神与君子文化的契合与对接，从理论和实践层面为高等商科教育人才培养及其中国气派的提升提出合理化的建议。

一、研究的缘起

君子"知仁勇"的三合一特质，君子的日常德性修为，君子的内在和谐，无不体现着中华民族的德性智慧和人格理想，凝聚着中华民族的精神力量和情感趣味。由君子观念、君子人格、君子精神、君子境界、君子胸怀、君子修养、君子作风等融合而成的君子文化具有独特的向上向善的中华人文话语体系，既是中华民族提供给人类共享的"如何做人"的一种"共法"，又能满足个体生命意义的成长与追求，对当今社会个体性重建具有融合创新作用。

当今社会已进入网络时代。网络时代在创建新世界、新空间的同时，使得人们在原有的精神世界之外逐渐形成了另一个网络世界的"心理空间"。网络心理空间是网民在思维和"说话"时临时构建的可能世界和现实有关领域的部分信息集合。

宇宙空间、信息空间、心理空间是人类构建的虚拟领土。网络心理空间映现的是人类思维组织的一部分，在这个"心理空间"中，包含着人们的感性直觉、理性认识以及超越认知，等等。网络时代的诸多负面心理效应从感性、理性和超越三个层面逐层渗透进国人的精神世界中，对人的心理空间进行负面效应挤压，容易在人们无意识的前提下将原有的感性直觉挤压成一种盲目的感性认识，将原来完整的理性认识碎片化，从而导致共同的价值认同被动摇。这些负面效应对社会主流意识形态的话语权、权威性、稳定性、整体性、延续性等形成解构，使得人的精神世界出现价值乱象，引发"网络亚健康"，导致浮躁、偏激、武断、不安、迷茫、无助、无根、无向等精神疾病充斥网民心理空间。

网络心理空间的"亚健康"成因来自网络时代精神世界的空泛化。而空泛化的主要成因来自传统文化的基因突变。传统文化以其特有的延续性、包容性、稳定性内化于人的精神世界。在网络时代，以"仁义礼智信"为核心的传统精华文化基因与以"非中心性、离散性、多元化"为特征的网络文化之间缺乏有效衔接与"连锁关系"，形成基因突变。传统文化的基因突变与网络时代负面效应的双重挤压使得民众的网络心理空间面临解构的困境。

在现今这个价值多元化的网络时代，社会中流行的不当金钱观和为了利益不择手段的行为，打破了商科学校及其商科大学生心中那个公平正义、诚信友爱的理想商业世界，商科教育及其商科大学生们经常处于困惑、迷茫、焦虑的状态中，价值观也倾向于拜金拜物。缺乏幸福感和社会责任感成为商科大学生成长过程中面临的最为严峻的问题。学生为谋生而学习，学习的目标不外乎拿奖学金、考证、评荣誉、找工作等外在目标，没有内在的事业冲动。在大学里，学生们热衷于商业社会活动，摒弃了自己的兴趣爱好与人生理想，给自由轻松的大学生活背上了一个沉重的壳。老师和学校的心态也受到影响，尽量迎合学生，开设学生感兴趣和对学生就业有用的课程。学校成了市场，商业气氛越来越浓，到处都是广告和横幅，缺乏尊道崇德的品位与氛围，严重挖空高等商科教育文化的基石。如此种种的"失德"行为，主要源于公德与私德的分裂。人类经济在发展，然而在商业的本源和人文方面却陷入了停滞抑或倒退。商品经济和个体利益至上，"自我中心主义"严重，没有内化于心的伦理道德规范，等等，是当今高等商科教育被社会诟病的主要原因。沈壮海、王迎迎（2016）对全国 35 所高校调查显示：大学生综合文明素质得分在 6.60~7.62 分之间，其中文明礼貌 7.62 分、诚信意识 7.55 分、责任意识 7.13 分、集体观念 6.87 分、奉献精神 6.85 分。这种包括高等商科大学生在内的普遍性现象说明，商科大学生的综合文明素质不高，亟须君子文化的涵泳。

2007 年 4 月，美国新世纪金融公司申请破产，标志着美国"次贷"危机的正式爆发，随后这场危机的影响愈演愈烈，并形成一种"蝴蝶效应"，最终引发了席卷全球的金融海啸。审视这场金融风暴，人们深刻地意识到，所谓金融衍生品的无限制发展、政府对金融创新缺乏系统监督等因素不过是危机爆发的表面原因，其实质诱因乃是人性的贪婪和行为的不自律。越来越多的人倾向于将金融风暴的发生归咎于那些受过良好商业训练、掌握现代金融知识、出身于名校的 MBA 精英以及培养他们的商学院。（宋卫红等，2013）由此，对高等商科教育存在的目的和教育使命的反思在 21 世纪初达到了一个新高潮。

目前，我国高等商科教育更多的是注重对学生进行文化知识和商业技能的教育，忽略对精神世界的关注：一是缺乏对高等商科教育整体德性智慧的塑造及其"中国气派"的探讨；二是对高等商科教育蕴含的仁爱精神和民族气质归纳总结不够，商业道德人格教育缺少与本民族君子文化元素的深度融合；三是在专业课程教学中忽视了民本情怀和中国气息；四是对高等商科教育的主体缺少具体而微观的关注和研究，教育活动往往缺少个体鲜活形象和中国气魄；五是商业伦理教育与当代中国发展的现实逻辑及其蕴含的相关问题缺乏全面深入的系统联系，在世界性的商业伦理和商业治理难题上缺乏"中国方案"和"中国气度"。

习近平总书记 2018 年 5 月 2 日在北京大学师生座谈会上的重要讲话指出，"'才者，德之资也；德者，才之帅也。'人才培养一定是育人和育才相统一的过程，而育人是本。人无德不立，育人的根本在于立德。这是人才培养的辩证法。办学就要尊重这个规律，否则就办不好学。要把立德树人的成效作为检验学校一切工作的根本标准，真正做到以文化人、以德育人，不断提高学生思想水平、政治觉悟、道德品质、文化素养，做到明大德、守公德、严私德。要把立德树人内化到大学建设和管理各领域、各方面、各环节，做到以树人为核心，以立德为根本。"

商科大学生是未来商业的精英，他们的道德人格状况会形成一种环境。但较之于整个教育领域特别是德育领域，关于我国高等商科教育的研究非常薄弱且不成系统，针对性和科学性不够。这种状况与我国高等商科教育在当今社会上的地位和作用很不相称。

当代中国处在发展时期，人民的生活水平有了极大的改善，物质文明高度繁荣，但在全面建成小康社会、实现中华民族伟大复兴的道路上，仅有物质文明是不够的，我们还要推进社会主义精神文明建设。2016 年 7 月 1 日，习近平同志在庆祝中国共产党成立 95 周年大会上的讲话中指出："文化自信，是更基础、更广泛、更深厚的自信。"中共十九大报告强调"坚定文化自信，推动社会主义文化繁荣兴盛"，浓墨重彩地突出了社会主义核心价值观和思想道德建设的重要地位，重点指出："没有高度的文化自信，没有文化的繁荣兴盛，就没有中华民族伟大复兴。"十九大报告还指出："中国特色社会主义文化，源自于中华民族五千多年文明历史所孕育的中华优秀传统文化"。传统文化不在别处和远方，就在我们身边，依然在影响我们当下的生活。

商科距市场经济最近，早期经济学的基本要义在于以研究国家和个人的命运为终极使命，如亚当·斯密（Adam Smith）不单是经济学的鼻祖，更是一个道德教授，他提出的看不见的手更多的是在关注市场背后的道德因素，认为个人在追求自身利益的同时推动了社会的进步和发展。早期的商科教育其实就蕴含在经济学当中。然而，2008 年蔓延全球的金融危机，不仅让华尔街的商界精英受到批评，更让美国商科教育遭到社会公众的普遍质疑和前所未有的道德拷问。在我国，商业丑闻不断爆发，触目惊心，商业伦理严重缺失。高等商科毕业生是企业未来的管理者与经营者，他们的伦理素质水平高低不仅影响自身职业生涯的发展，更关系到企业的运营，与社会大众的福祉乃至整个商业伦理的进步关系密切。大多商科院校都在深刻反思自己的教学理念，并尝试通过调整教学内容与丰富教学手段以加强对学生商业道德和社会责任感的培育。

在所有学科中商科更具有实用性，与工商管理活动的联系最为紧密。但正如古人所云"君子不器"，商科教育绝非仅仅培养工具型人才。我们不能仅仅向商科学生灌输经商赚钱之道，也应该让他们懂得一个人和企业所应承担的社会责任。未来的商人不应该是唯利是图之徒，而应是高雅大气的"儒商"，包括人品的高尚、人性的张扬、人格的健全和个人生活的丰盈。因此，塑造商科教育及其商科大学生合乎伦理规范的社会责任取向是当今商科教育的重要议题之一。我国当前商业伦理环境不容乐观，市场经济下的各种伦理问题层出不穷，但社会各方并未清楚意识到商业伦理教育在其中的潜在力量和作用，更未意识到君子文化对我国商业伦理教育潜移默化的作用，特别是儒商精神中蕴含着的浓厚的君子品位。将以儒商文化为主的君子文化与当今商科专业课程以及人文精神的重建融合起来，重塑"义利并重""士魂"与"商才"共生的商科品格，有助于重建诚信、和谐的商业道德生态。

二、研究意义与价值

2014 年和 2017 年，教育部、中共中央办公厅与国务院办公厅先后发布《完善中华优秀传统文化教育指导纲要》和《关于实施中华优秀传统文化传承发展工程的意见》；2016 年 12 月，习近平在全国高校思想政治工作会议上强调：我国有独特的历史、独特的文化和独特的国情，必须扎实办好中国特色社会主义高校。我们必须努力从中华民族优秀传统文化中汲取营养和智慧，延续文化基因，萃取思想精华，围绕立德树人根本任务，大力弘扬讲仁爱、重民本、守诚信、崇正义、尚和合、求大同等核心思想理念，着力寻求中华优秀传统文化教育的多元支撑点。

君子文化作为我国传统文化的精髓和儒商精神的集中体现，商科教育作为清末以来"强国富民"新式教育的重要组成部分，这两者都是中国商业教育近代化的重要体现，且又存在密切的联系。学界对君子文化和商科教育单独领域的研究都已取得一定进展，尤其是君子文化的研究可谓方兴未艾，但探讨二者关系的文章还比较少见，本书以君子文化为视角来研究我国商科教育的发展，揭示君子文化与高等商科教育的关系，对教育现代化研究有所裨益。

（1）学术价值。近年来，我国在教育学方面进行了"中国气派"的初步探索，但局限在于：一是研究目标以整个教育学科"中国化"理论构建为主，缺乏对高等商科教育等具体教育类群的针对性研究；二是研究内容重在精神强调、文化继承和对本土化实践的呼唤，缺乏文化基因、理论基础、实践路径和未来前景方面的具体探索，特别是对文化基因与实践路径相互融合的契合点和切入点关注不够；三是研究方法重行政报告和学术倡导，思辨多，实证研究少。本书针对上述不足，从四大方面体现学术价值：一是首次从"中国精神""中国价值""中国力量""中国智慧"四大方面创新和丰富了"中国气派"的概念与内涵；二是专门就我国高等商科教育"中国气派"构建路径的四个方面进行重点研究，以点带面，拓展和丰富了教育学"中国化"的理论与实践；三是在君子文化基因的视域下探索我国高等商科教育的"中国气派"，为我国文化自信和教育自信找到了最佳的契合点和切入点；四是以所在学校商科教育实践为案例，实证探索我国高等商科教育"中国气派"构建的实践路径，弥补了实证研究的不足。

（2）应用价值。在当前深化改革、扩大开放、全面建成小康社会的关键时期，把弘扬中华传统君子文化作为新时代加强中国特色社会主义高等商科教育"中国气派"的场域和重要组成部分，切中了时弊，抓住了根本，具有很强的现实性和针对性。一是君子文化特质与我国高等商科教育精神的融合能推动我国传统文化精髓和价值标杆的创造性转化与创新性发展，并能更好地构筑高等商科教育的"精气神"；二是为我国高等商科教育立德树人提供了切入点、兴奋点和重要抓手；三是有助于用中华优秀传统文化的精髓涵养商业精神与当代商科课程教学生态文化，从而培养对人民、对国家、对社会、对世道人心有用有益的人；四是探讨我国高等商科教育"中国气派"构建的思路与实践路径，为我国高等商科教育内涵发展、品质提升提供了行动指南。

第二节　国内外相关研究现状述评

关于君子文化传承与高等商科教育融合创新的相关研究主要集中在以下三大方面：

一、关于中国教育气派及其文化自信

20世纪上半期我国学术界开始了一股倡导民族性、时代性、实践性等基本特征的"中国化"思潮，涉及哲学、教育学、文学艺术、社会学、史学、心理学等的"中国气派"建设，形成了中西文化融合创新的学术发展思路。《现代汉语词典（第7版）》这样解释"气派"：一指人的态度作风或某些事物所表现的气势；二指神气或有精神。关于中国气派的研究往往与中国风格、中国特色、文化自信等连在一起。21世纪以来，我国学者已基本形成了"'中国气派'是建设文化强国的历史属性"的论断和共识。

在教育方面，21世纪以来，我国对"中国气派"的探索主要集中在三个方面：一是学者哲学层面的思考和倡导。黄济（2004）倡导构建中国特色、中国风格、中国气派的教育哲学，提出珍视和汲取中华文化的博大智慧，为

现代化教育服务。张武升（2008）提出中国气派的教育科学是中国教育科学与其他国家相比较所表现出来的地位、实力的综合，是个性、品格的集中表现。二是教育行政部门的认识和提倡。教育部原副部长陈小娅（2004）提出立足现实，放眼未来，充分继承和弘扬我国民族精神和优秀的教育传统文化，广泛吸收世界先进的教育思想、教育理论和教育方法，努力构建起中国特色、中国风格、中国气派的社会主义现代化教育体系。刘自成（2017）指出教育自信思想是习近平新时代中国特色社会主义思想的重要组成部分；习近平关于教育自信的重要论述，深刻回答了中国教育改革发展的目标、方向、道路、模式等一系列重大理论和实践问题，进一步坚定了我们的道路自信、理论自信、制度自信和文化自信。三是专家学者提出的思路与对策。郑晓沧在阐释大学的教育理想时，称英国大学理想，在养成"gentlemen"，此即中国"君子"理想；德国培养的专门学者"scholar"，在中国当谓"士"。（沈文钦，2005）"我国本有'士君子'一名词，然细按之，亦自有别。大概'君子'尤重行谊，而'士'则必学问上有相当之造诣者，方足当之。前者尤重人格上之修养，后者则重学问上之修养。今如不取古人之形式或意义，而取其旨趣之所在，则今日之大学学生，不可不勉为绩学之'士'，不可不勉有'君子'之风"。（杨东平，2000）侯怀银等（2008）提出实现教育学中国化必须借鉴中国古代的传统与外国的教育智慧，实现"本土化"与"现代化"的统一。李乾明（2014）指出"中国气派"应由"中国气氛""中国气质""中国气度""中国气魄""中国气息"这5个中国元素构成，提出中国气派的教学理论要站在"中国"这块土地上，关注中国的课堂教学，用自己的话语风格来表达。赵冲（2016）认为教育学中国气派问题是个精神问题，也是个标准问题，辩证继承是基本前提，思想原创是唯一出路。何毅亭（2017）指出，展望21世纪，世界上最成功的样本毫无疑问是中国，最精彩的景观毫无疑问在中国，解释这个样本的中国话语毫无疑问就是最引人瞩目的全球话语；中国学术共同体已经形成了建构中国话语体系的集体自觉，中国特色、中国风格、中国气派成为了话语建设的着力点，不再唯西方马首是瞻，不再奉西方话语为圭臬；但在"西强我弱"的总体格局没有根本改变的背景下，我们还没有发掘出中华民族最基本的文化基因中与当代文化相适应、与现代社会相协调的那种跨越时空、超越国度、富有永恒魅力的宝藏，没有把它用现代社会能接受、能理解、能认同的话语表达讲清楚说明白。李珍（2017）认为，中国话语的关键是"中国"，强调的是话语及其理论支撑的民族性、特殊性；充分体现中国特色、中国风格、中国气派，是打造中国话语的总体要求；中国话语应当弘扬、传承中华优秀传统文化，对其作创造性转化与创新性发展；中国话语要把世界最关注的中国问题说清楚，对世界面临的共同难题提出主张，强化议题设置能力，打造融通中外的新概念、新范畴、新表达，改变长期以来"西强我弱"的国际舆论格局。

近年来，我国主动在全球教育发展议题上提出新主张、新倡议和新方案，为全球教育治理贡献中国方案、中国力量和中国智慧，体现了我们对自身教育的高度自信。但较之于其他教育研究领域，关于我国近现代高等商科教育的研究非常薄弱且不成系统。如对我国高等商科教育从哪里来到哪里去的整体把握及其历史经验总结不够；商业道德人格教育缺少与本民族文化元素的深度融合，对高等商科德育的"中国精神"归纳总结不够；专业课程过于强调国际案例与经验，对我国高等商科教育的中国实践和本土情怀研究不够，忽视了课程教学的"中国价值"；对我国高等商科教育活动的主体（教师和学生）以及中西商科文化互学互鉴活动缺少具体而微观的研究，研究成果往往缺少鲜活形象和"中国力量"；学术上依赖"西方地"，对当代中国发展的现实逻辑及其蕴含的学术问题缺乏全面深入的系统研究，在解决世界性的商业伦理、经济、管理等难题上缺乏"中国贡献"和"中国智慧"。这种状况与我国高等商科教育在当今社会上的地位和作用很不相称。

二、关于国内外高等商科教育的发展现状及其传统文化精神的回归

日本、美国等西方发达国家的高等商科教育在高等教育体系中大多享有独立的学科地位。美国的商科由商务管理与经营、金融、国际商务/贸易、企

业经营、会计、房地产、税收、管理信息系统与服务、管理助理/秘书等构成。美国的麻省理工学院、加州大学伯克利分校、密歇根大学、康奈尔大学等都有着非常出色的本科商学院课程。在英国，商科仍是本地学生和各国留学生报考的热门。澳洲的商科专业很多，很多澳大利亚本土学生对商科专业情有独钟。法国商学院则优势明显，英国《金融时报》欧洲商学院排名前 10 位的院校中法国商学院就占据 7 所。荷兰的商学院虽然数量不多但质量上乘，全部被列入"全球商学院 100 强"之列。总体而言，美国、日本、英国、法国、荷兰等西方发达国家有着非常出色的本科商学院课程和教育，成为本地学生和各国留学生报考的热门。

日本从明治时代就重视高等商科教育，日本国内历史悠久的大学大多设有商学科。日本现代商科教育突出商科的务实特性，注重商科与当地经济的结合。美国商学教育脱胎于早期缺乏学术性的"职业培训"，具有深厚的历史根基，突出实用性和国际化。在教育内容方面，美国早期商学教育专注于教导竞争的效率，而不太讲求社会责任，只有极少数的商学院把商业道德列为必修课。美国商学院商业道德师资普遍缺乏，学生对道德方面的选修课不太感兴趣。20 世纪 80 年代后期开始，日本、美国等西方高校纷纷加强德育建设，但西方传统商科教育往往注重竞争与效率，没有强化学生们的道德人格和道德决策能力。

近 20 年来，西方大学高度关注和力图解决时代的迫切问题，不断在社会政策、环境、气候、贫困、不公正、战争、医疗道德、学术学习与人才培养总体目标之间进行"跨界与融合"，尽可能在专业教育和道德教育之间寻求恰当的平衡。西方各高校普遍推行寓德于教的方法，非常注重发挥各学科对思想道德教育的"载道作用"和"渗透作用"。国外高校普遍缺乏君子文化与高等商科教育融合的意识，但其以爱国主义为中心的立德树人的思想道德教育目标体系对我国高等商科教育有重要的参考价值。如美国以爱国、修养、诺言、伦理道德、纪律的"国民精神"以及对国家履行义务的"责任公民"作为教育目标；加拿大阿尔伯塔省教育部门把培养和教育学生如何树立诚实守信、勤奋克俭的准则列入思想道德教育目标；英国注重培养学生奉献、勇敢、诚实、无私的优良品质；法国、德国等欧洲国家都以民族自尊心、自豪感、民族精神、社会责任感为人格塑造目标。在这种大的教育趋势下，西方的高等商科教育同样如此。

日本、美国两国相关专门机构近 10 年来的调查表明：造成商业丑闻不断、商业道德教学效果不佳的根本原因是功利主义哲学与价值中立的纠结。2005 年，美国学者道格·莱尼克（Doug Lennick）和弗雷德·基尔（Fred Kiel）首次提出了"德商"概念。德商（MQ）是指一个人的德性水平或道德人格品质。"你们就是大学"。这个"你们"主要指学生，大学生怎么样，大学就怎么样。从这个意义而言，提升大学生的德商有着重要的现实意义。大学生的德商既是衡量高等商科教育水平的标准，更是影响大学生日后发展和人生是否幸福的最重要因素。

2008 年，蔓延全球的金融危机让包括美国在内的高等商科教育遭到社会公众的普遍质疑和前所未有的道德拷问。美国、日本以及欧洲的商学院普遍对商科教育的目的、目标以及教育哲学进行了深刻的反思，强调对商业伦理道德、社会现实和社会责任的关注。耶鲁大学商学院正在进行社会创业观（social entrepreneurship）的教学改革探索，强调社会公益高于企业赢利的理念，在商学院的教育上发出强而有力的声音。孟万金（2006）对美国道德教育 50 年的演进历程进行了归纳总结，认为回归传统美德的"品格教育"将是其中的一条重要经验。为了使商科教育更好地适应时代和社会发展的需要，日本对商科教育的教育理念、办学指导思想、培养目标等进行了一系列调整，强调尊重个性，注重积极进取与务实。"欧洲教育结构调整项目"通过大量调查研究，2008 年提出了在欧洲新学位制度下商科"本硕博"三级学位毕业生应具备的一般能力和学科特定能力的标准。欧洲新学位制度下的"商科"体现为各种实践创新能力、道德、态度价值观、就业能力等的培养，其中新学位制度下"商科"能力标准对本科（第一级学位）关键性能力进行了归结，特别强调"以符合道德的行为完成特定角色的能力"。（赵叶珠等，2016）

我国现当代高等商科教育追求诚信、创新、竞争、奉献，前景十分光明，但问题也不少。目前，我国高等商科教育正面临着各种复杂环境的挑战，出现了道德低下、诚信缺失、冷漠麻痹、精神贫乏等现象，如果不能树立正确的世界观、人生观、价值观，很难肩负起中华民族伟大复兴的重任。宋卫红等（2013）指出全球金融危机的爆发充分暴露了我国传统商科教育的缺陷，商学院在许多方面都迷失了方向，本应重视思想和品质，却常常表现出人性的自私和贪婪；现在到了重建商学院的时候了。孙丽霞（2015）认为应在传统文化中寻找源头活水，提炼出更具中国特色的现代商业伦理。2016 年，首期中国网商学院智慧沙龙提出加强当代商科教育中道德人格教育或德育的权重。

郑淑蓉等（2013）指出：市场经济愈是繁荣，商学教育愈是发达。商学教育不是简单的"经商之道"，其核心思想是"立国之道"。为此，我国学者主要从以下三大方面展开研究。

一是呼吁弘扬传统文化，推进商道重建。张桂平等（2017）认为"德"是天下最柔软的也是无坚不摧的最强大力量。赵野田（1998）对国外高校德育的特点和发展趋势进行了归纳总结，认为学校德育必须与本国社会文化发展相适应、相协调，应把培养民族精神作为长期的目标。叶红等（2014）直接提出弘扬传统文化，推进商道重建。薛勇民等（2016）指出文化与商业的关系一直是学术界讨论的热点。华人经济学家陈志武坚信"文化是一个因经济需要而内生的隐性合约机制"，此种合约机制可内化为商业伦理因子而影响经济发展。石书臣（2016）认为学校德育是一项民心工程和战略工程，学校要把德育放在更加重要的位置；学校德育要加强爱国主义教育、民族精神教育、社会主义核心价值观教育、中华优秀传统文化教育、修身教育和品质培养及心理素质教育等。万光侠（2017）提出中华传统文化创造性转化创新性发展要在实践中坚持传统与现代相统一、主导性与多样性相统一、民族性和世界性相统一的基本原则基础上运用理性认知与情感认同并重、显性宣传与隐性融入互补、生活世界与实践养成相统一的方式方法。黄坤明（2017）指出要深入挖掘中华优秀传统文化蕴含的思想观念、人文精神、道德规范，并结合时代要求继承创新，要深入阐发中华文化"讲仁爱、重民本、守诚信、崇正义、尚和合、求大同"等核心思想。高德胜等（2016）指出，新时代道德观的认知定位是：道德发源于传统文化的长河，道德无处不在，体现于日常生活中的点滴小节；新时代道德观的路径选择是：第一，扎根传统文化，推陈出新；第二，树立核心价值观信仰；第三，学习道德典型，见贤思齐；第四，坚持重点论，道德重在践行。顾明远（2017）指出，习近平总书记高度重视传统文化的德育功能；习近平总书记要求把社会主义核心价值观教育贯穿教育全过程；习近平总书记多次强调中华优秀传统文化是涵养社会主义核心价值观的重要源泉，要认真汲取中华优秀传统文化的思想精华和道德精华。总之，近几年来，我国学者和政府已在以下方面形成共识：应深入挖掘和阐发中华文化"讲仁爱、重民本、守诚信、崇正义、尚和合、求大同"的核心思想和道德规范在加强个人修身中推动思想道德的文化实践。

二是探讨传统儒商精神与现代商业文明的契合。近年来，我国学者对儒商精神与商业道德建设、中国特色现代商业文明等方面进行了重点探讨。马建新等（2012）指出，在我国商业活动的历史中逐渐形成的"儒商精神"是商科卓越人才培养的基本要求。唐凯麟（2017）指出传统儒商精神是中华民族优秀传统文化的重要组成部分，是建构当代中国企业家精神的源头活水，认清传统儒商精神的现代重构的必要性和可能性，探讨其重构的现代价值和基本路径，对于当代中国企业家精神的建构具有重要的现实意义。戢斗勇（2001）认为儒商的"仁爱""民本""民生"、爱国爱乡、自强不息、"反求诸己"的精神，可以作为现代企业精神的思想来源；儒商的以义取利、诚敬就业、言信货实、和睦谐调、勤俭廉洁的道德，可以转换为现代企业道德的内容。陈伟明（1999）认为明清广州儒商具有较高的商业经营与商业道德水平；他们善于审时度势，重视管理，注重公平交易，诚信不欺，表现了自强、克俭的经营作风，为后人留下了丰富的商业遗产，对地区经济的发展产生了重要的影响。边一民（2004）认为儒商是儒家伦理文化与商业经营实践契合的产物；实现由儒商商业伦理到现代商业伦理的转型，使之融汇于当今商业经营活动过程之中，是当前商业伦理文化建设的一个重要课题。施炎平（1998）据于历史考察和逻辑分析，认定儒商是一个兼有儒士和商人双重身份、力图沟通两者价值观念的特定社会群体，着重论证了儒商旨在促成商务与伦理的结合、建构一种"儒化"的经济伦理体系，进而探讨了如何借鉴儒商精神的传统资源，建设中国特色现代商业文明的问题。苗泽华（2017）认为中华新儒商是一个有信仰、爱祖国、有理想、能创业、有道德、笃诚信、有良心、重责任的敢于担当中华民族伟大复兴重任的高素质商人群体。培育千千万万中华新儒商是实现中华民族伟大复兴中国梦的重要支撑，这是社会主义市场经济改革与发展的需要，也是商业革命与管理创新的需要，更是我国企业适应全球化的战略需要。培育中华新儒商，需要继承弘扬我国优秀传统文化，践行社会主义核心价值观，还需要筑牢商业道德，塑造商业品格，培育商业品牌，引领商业风尚。

三是挖掘传统地域商业德性文化。李强（2011）通过调查研究认为，和社会上"商业文化"风靡一时相比，商科院校商业文化研究缺失，商业文化教育薄弱。孙丽珍、林斌、李发亮、宋怡青、李炳毅等分别对先秦或明清时期的浙商、莆商、豫商、徽商、晋商的德育内容进行了挖掘。孙丽珍（2013）通过分析浙商文化资源独特的德育价值，指出高校德育运用浙商文化资源需要注意的原则和方法，包括主体的选取、应用的场合及运用的方式等问题。林斌等（2013）认为企业家精神是地方高校对大学生进行思想政治教育的一笔丰厚的德育资源，并提出了"莆商精神"在地方高校德育工作中的实践新思路。李发亮（2014）指出先秦豫商文化根源深长，内涵厚重，价值特性明显；豫商崇尚"仁义"之德、"仁智"之勇、"忠恕"之情的商业德性文化遗产对中原经济的快速发展具有隐形的提升和促进作用。宋怡青（2015）认为徽商与同时代的其他商帮相比，有重信义、尚礼仪、好读书等特点，这些特点为徽商赢得声誉，也为其商业竞争中战胜对手、赢得市场起到了极其重要的作用。陈明海（2017）认为徽商"贾而好儒"，恪守"以义取利""重义轻利""利不克义""舍利取义"的商业原则，以诚信待人，树立了良好的儒商形象。梁仁志（2017）认为徽商"贾而好儒"是唐宋以来徽州兴起的好儒之风与明清时期重商之风结合的产物。李炳毅（2016）认为晋商经验方法、晋商伦理和晋商精神等是晋商的无形文化资源，蕴含着十分丰富的德育价值，不仅能够作为高校开展德育教学的切入点，而且能够作为提升大学生道德品质的启发点和优化德育课程的辅助点。李炳毅还指出在高校德育课程教学过程中，未能深入挖掘晋商文化资源中爱国、诚信、勤俭、奉献等方面的德育内容；当前，文化资源是高校德育的重要资源，教师既要从整体上把握中华传统文化精髓，也要依据本地区优势，选择优秀地域文化资源，促使晋商文化资源与其他优秀文化资源相融合。白明东（2017）指出晋商诚实守信，诚信成就晋商，诚实守信是明清晋商商业伦理的最鲜明特质。

我国关于商业教育的相关研究始于 20 世纪 30 年代。80 年代以来，我国商业教育研究取得了一定的学术成果，对近代商业学校教育的兴起与发展以及近代商业教育的学制体系、课程教学、商业普及教育等方面作了较为简略的勾画，在近代商科教育的总体性研究、区域性研究、个体研究方面取得了一定进展。同时，商学院或曾设有商学院的大学在撰写校史时也会涉及商科教育，但并未深入研究。

整体而言，近代商业教育的研究，学界似乎都未能给予充分的关注，较之于其他教育史研究领域，其研究相对薄弱且不成系统。目前，对近代商业教育的研究，主要集中在教育领域及财经界学人，但大多内容较为单薄且深度有待拓展。从现有研究成果而言，我国的商科教育研究还有较大空间。

较之于其他教育研究领域，关于近现代高等商科教育的研究大都散落在关于近代教育史的资料中或关于近代商业史的资料中。在众多学者的研究中，商业教育多为其研究的附属，在其相关的研究中有所涉及，远未成为研究的中心，且零星而分散，缺乏全面、系统的研究。如对我国高等商科教育从哪里来到哪里去的整体把握和研究不够；对我国高等商科教育的历史经验总结不够，特别是对儒商的君子品位及其对商科大学生道德人格的教育学意义归纳总结不够；高等商科院校有关注所在地传统商业文化精华、孔子雕塑等隐性课程建设的意识，但效果不明显，特别是专业课程与隐性课程缺乏有效衔接；专业课过于强调国际案例与经验，忽视了我国高等商科教育的本土情怀、中国气派与中国风格，特别是忽视了君子文化对我国高等商科教育中国风格与气派的提升作用；过于强调专业技能的培养，对商业道德人格与君子人格的契合性关注不够，忽视了君子品行与商科大学生商业道德教育的融合创新价值。

三、关于君子文化及其对商科教育的观照

"君子"一词频见于先秦典籍中，秦汉以后，"君子"形象经历了由重位到尚德再到以德为先、才德兼备的三大演变，成为中华传统道德人格的价值标杆。2014年6月13日，《光明日报》刊发钱念孙的《君子文化与社会主义核心价值观》，引发了关于君子文化的研究热潮并持续至今：一是从哲学层面肯定君子文化是传统文化的制高点、融汇点和落脚点；二是从人文精神和教化方面认定君子文化是涵养社会主义核心价值观的源头活水，并能使百姓受到教育；三是从道德理念或实践层面方面探讨君子文化对德育的观照。

日本近代唯心主义哲学的先驱井上哲次郎（1971）非常推崇孔子的人格及其所倡导的君子人格，他认为孔子备受推崇的人格并不是天生的，而是通过后天自身的不断努力养成的，我们都能成为孔子那样的人物。近年来，世界各国对孔子及其君子思想的研究逐渐深入。从查阅到的现有文献来看，美国、日本、新加坡、澳大利亚对"君子"思想的研究比较具有代表性。如美国芝加哥大学教授顾立雅（Herrlee Glessner Creel，2000）指出，"君子"是孔子人才培养的目标，他认为孔子衡量"君子"的标准不在于出身，而在于品德的高尚和才学的出众。美国芬格莱特（Herbert Fingarette，2002）认为，君子就是礼仪的存在，君子就是孔子；孔子不仅关心公共的秩序，而且关心人的尊严，孔子所强调的美德都具有"能动性"和"社会性"，孔子所倡导的完美的人或所谓的权威典范——君子适用于人类社会的一切文化和情境，依赖于一种道德的非强迫的机制。夏威夷大学哲学教授安乐哲（Roger T. Ames，2006）认为，由学到思、到知再到信的过程是形成君子完美的理论与实践合为一体的体现，君子必须知行一致。澳大利亚外交官、国际儒联副会长李瑞智（Reg Little，2002）先生认为，君子是十大特征的综合，强调人对社会的基本义务甚至权利，强调和谐与内聚力，对商业、工业和科学持有一种独特的观念，

等等。李瑞智先生还提议和组织了"2013 年中澳文化对话"论坛，并指出面对今天西方经济恶化、中国却走向繁荣的形势，中国人却表现得很谦虚，也很谨慎，强调澳大利亚人民要加强对于中国文化的认识。（田辰山等，2014）

关于君子文化的当代传承，美国著名汉学家、哥伦比亚大学荣誉教授狄百瑞（William Theodore de Bary）认为，君子形象在孔子的刻画下表现为仁、礼、学三种主要价值，君子的力量源于替百姓和上天代言的社会角色；儒家君子和西方的伯来先知在人格上具有一定契合，都是以个体身份直接感悟至上精神，都具有强烈的使命感，竭力在人间构建理想秩序；在文化开放主义的今天，我们"需要更多地考虑关于我们的责任的儒家观点"（杨义成，2017）。美国哲学院院士余英时（Ying-shih Yu，2004）指出，儒学事实上是"君子之学"，并着重对儒家伦理与商人精神进行了集中探讨。美籍海外儒学研究代表成中英（Chung - Ying Cheng，2009）肯定了孔子"富而后教"的理念，指出儒家经典秉承"君子务本，本立而道生"的原则，不断引发人们对"本"的思考，我们在理清本末、知所先后的过程中应不断寻找本民族文化更大的吸引力和号召力，从而使这种"本之学"延伸至"本体用行之学"。美国哈佛大学亚洲中心资深研究员杜维明（2006）特别希望中国文化能实现其现代化与世界化，他指出："在今天，科学技术总是与日俱新，而历史、哲学、文学仍要回到源头寻找智慧。……回到《论语》《中庸》《孟子》《大学》这些智慧的源泉，它们不会因为时间推移而逐渐消失，并失去重要性。"安乐哲（2006）认为，自我修养必然积极地参与家庭事务并延伸到对社群的关心，以激发那种促进自己人格成长的同情心和对他人的关怀；缺乏社会和政治的责任心，却能够实现人格充分的成长和展示，这是不可想象的。加拿大学者贝淡宁（Daniel A. Bell，2010）也认为，君子要将对家庭的关爱推及到更广阔的社会中去。

外国学者非常重视君子人格的培育，肯定君子是社会变革中的"精英分子"，并强调君子这一人群在社会变革的过程中扮演着十分重要的角色。

在西方，与"君子"一词相近的译词是"绅士"。与君子一样，绅士也是各种美德的集合体、承载者和象征，是西方文明最具代表性的理想人格。西方的绅士教育对于我国的君子教育及其当今道德人格教育具有借鉴之处。

儒学的君子人格理论有助于新时期人们价值观的正确培养和重新树立。儒学中的君子无疑是独立、有尊严、勇于承担社会责任的形象。张岱年（2004）认为，新时代的道德就必须一方面肯定个人的人格独立，另一方面更要求个人具有强烈的社会责任心，这两者应当成为新时代道德的基本精神。钱念孙等（2014）认为，"君子"是中华优秀传统文化的重要范畴，是数千年中国优秀传统文化塑造和推崇的人格范式，是中华民族理想而现实、尊贵而亲切、高尚而平凡的人格形象。李亚（2017）认为"文化中国"里的传统智慧，正是今天这样的商业文明与科技资本时代下我们需要去依靠、去寻找力量的一个源泉，能够给我们以价值的导向。

我国君子文化源远流长，国内学者的研究成果数不胜数。张述存（2015）认为，君子文化是兼容并蓄、历久积淀、不断发展的文化，是中华传统文化优秀道德精神的集中体现，其最鲜明的特点就在于它提出了人生活于社会之中，应当堂堂正正地做人，成为一个道德完善、品行高尚的君子；君子文化是人生态度和行为方式融合的产物，也就是知和行的统一；其追求的是君子要把对人生态度的追求，落实到具体的行为方式中。周玉清等（2016）认为，中华传统君子文化是由君子精神、君子观念、君子境界、君子胸怀、君子修养、君子作风以及君子价值标准、君子文化认同、君子人格教育、君子治国理念等各种文化要素构成的多因素多层次的文化体系。2016年2月，由浙江大学和光明日报社联合主办的首届君子文化论坛在杭州举行；2017年1月，湖南省首届君子文化学术研讨会在永州举行。专家学者围绕君子文化的历史渊源、价值内涵、时代意义、当代转化以及君子文化与社会主义核心价值观的关系等话题进行了深入探讨，认为君子之美不仅美于形，也美于神，既是一个道德范畴、理论范畴，也是一个实践范畴，有着严谨、细致、可学习、可实践的具体方式方法。周玉清等（2016）提出，中华传统君子文化的精髓是向上向善的价值观、人生观，弘扬君子文化精神有助于延续民族文化血脉；我们当今传承君子文化也必须遵循"与时迁移、应物变化"的规律，找对传统君子文化与社会主义先进文化对接、融合的端口，在实现二者融合的同时，对传统君子文化进行革新改造，其中话语体系的对接与改

造非常必要。王树森（2016）对第二届君子文化论坛进行综述并指出，当代
中国只有将传统君子人格与现代社会结合起来，才能使君子文化真正落地生
根。总之，社会主义核心价值观与君子人格一脉相随，当今时代需要对君子
文化的话语体系进行对接与创造性改造。

在教育方面，国内相关成果主要集中在三个方面：

一是君子文化在传统文化中的地位。钱念孙、徐小跃、楼宇烈、李飞跃
等现代学者一致认为："君子"一词是中华传统文化的核心词汇；在汪洋浩
瀚的中华传统文化中，最能代表中华民族核心思想理念和独特精神标识，并
体现中华民族最基本文化基因者，非"君子文化"莫属；"君子文化"是传
统文化的制高点、融汇点和落脚点。

二是君子文化对教育的意义。现今，社会各界都在高度关注如何让传统
君子文化在现代社会中焕发青春。2014～2018年，《光明日报》直接以"君
子"为主题的文章40篇，直接以"君子文化"为主题的文章14篇；《人民
日报》直接以"君子"为主题的文章6篇。以钱念孙为代表的现代学者一致
认为君子文化是涵养社会主义核心价值观的源头活水。何踬（2014）指出，
认清民族之根，了解中华民族文化的深层底蕴，在民众心中唤醒原本只属于
中国人和中国文化的精神诉求，是一项颇有意义的工作；君子文化能帮助我
们更好地理解当代教育和当代文化现状，进而促进当代中国的文化定型和国
民精神的深刻凝聚。楼宇烈（2016）指出，君子身体力行，能使国家的百姓
受到教育，能引领社会的德行和风气，并能传承文化。

三是君子文化对商科教育的观照。徐小跃（2015）认为，君子文化具有
"拎得起、放得下，传得远、推得开"的显著特点，是涵养社会主义核心价
值观的源头活水，弘扬君子文化要适应时代发展需要，努力实现创造性转化
和创新性发展。目前，国内外研究还缺乏君子文化对商科教育的直接而系统
的观照，但可以从现有的文献中找到君子文化与商科教育的间接联系。2016
年12月，习近平在全国高校思想政治工作会议上强调："我们必须努力从中
华民族优秀传统文化中汲取营养和智慧，延续文化基因，大力弘扬讲仁爱、
重民本、守诚信、崇正义、尚和合、求大同等核心思想理念，着力寻求中华

优秀传统文化教育的多元支撑点。"李飞跃（2017）指出，"古代的君子理论及其实践探索，不仅为现代公民的人格健全和自我完善提供了重要的信念支撑与精神养分，还是重要的话语资源与价值标杆。""讲仁爱、重民本、守诚信、崇正义、尚和合、求大同"的核心思想实质就是具有中国风格、中国气派的"君子精神"，对我国高等商科教育的价值和人文追求具有提纲挈领的作用，为我国高等商科教育立德树人和中西文化交融提供了重要的话语资源与价值标杆，是我国高等商科教育的文化基因和确保中国特色的实践点和支撑点。

第三节 学术思想与主要观点

一、学术思想

（一）君子文化对当今社会个体性重建具有融合创新作用

君子文化是中华民族文化中源远流长且持续不断的一种优秀的历史传统，是中华民族生存和发展过程中具有支撑、凝聚、导向、教育和激励功能的活的精神力量。当今的君子文化不仅仅局限于儒家君子文化思想，更是儒家、墨家、道家、法家思想中所倡导的中华民族精神的融合，如儒家思想中倡导的"仁义礼"的精神、"大同"精神、自强精神以及"和"的精神，墨家思想中倡导的"兼爱"精神、"勤俭"精神、"交相利"精神等，道家思想中倡导的淳厚朴实精神、"少私寡欲"精神、"知荣守辱"精神等，还有法家思想中倡导的"克己奉公"精神、"爱民重信"精神、"礼义廉耻"精神等。君子文化体现中华民族共同的价值理想、价值目标与价值实现方式，既是中华民族提供给人类共享的"如何做人"的一种"共法"，又能满足个体生命意义的成长与追求，对于当今社会个体性重建以及实现中华民族伟大复兴具有重大的现实意义。

（二）君子文化与高等商科人文精神的融合，是高校立德树人的新的实践点和支撑点

我国高等商科教育思想、办学理念与教学观念价值取向与君子仁义共济、立己达人的互助理念和社会关爱思想的追求相一致。我国高等商科教育追求的人文精神与君子正心笃志、崇德弘毅的修身追求相一致。我国高等商科教育的本土意识与君子的担当精神和家国情怀相呼应。商科伦理道德教育的核心是加强功利主义对立面的核心价值教育，高等商科教育应该在人性的层次上下功夫，学习君子人格和商业道德，远比仅仅教学经济学和法律条文更有效率。高等商科人文精神与君子文化具有高度契合性，二者的融合，有助于落实高校立德树人的根本任务。二者在互补互释中相辅相成，是高校立德树人的新的实践点和支撑点。

（三）君子文化与高等商科课程的跨界与融合是传统文化传承创新的重要源泉

君子文化具有先天的跨界属性。用跨界的方法构建君子文化与高等商科课程的融合路径，一方面，商科课程内容能够得到以君子人格为核心价值观的传统文化这株参天大树的丰富滋养；另一方面，君子文化这株千年古木在现代商学的沐浴和浸润下能不断抽出新的枝条，结出新的硕果。我们继承传统君子文化，不是为了复古，从某种程度上说恰恰为了将我们从过去中释放出来，迎接新的命运、挑战与机遇。挖掘和开发高等商科专业隐性课程的潜移默化作用则是创新传统君子文化传播的重要途径和形式。在商科课程中融合君子文化，能使今天的商科教育在商业文化中进一步彰显君子文化的价值和魅力，能加强君子文化教育和传承的针对性和有效性。

（四）借君子之风行君子之道，是提高商科人才培养质量的重要助力

高等商科教育的重点在于培养学生的国际视野、普世情怀、批判思维以及商科技能。一旦在思维方式和知识领域打下了坚实的基础，学生势必会在

毕业之后甚至更长远的发展中取得成功。君子文化博大精深，择取多家社会哲学思想而融会贯通，在新时代被赋予了新的意义与内涵，它与社会主义核心价值观所倡导的文化观与价值观是一致的（欧阳琦，2017）。融合君子文化，能涵养商科大学生的君子之道及其现代企业精神，从而使高等商科人才更加符合新常态下党和人民的要求。

二、主要观点

将高等商科教育的人文精神、价值目标、主要任务等置于中国传统文化传承发展的宏大场域中，构建"尊重人性、创新驱动、重塑结构、开放生态、连接一切"的跨界融合方法论，为我国高等商科教育与君子文化的融合创新提供了广阔的背景与全新的视角，突破了传统高等商科教育的局限性和低效性，加强了君子文化传承发展的针对性和有效性。

（1）由君子观念、君子人格、君子精神、君子境界、君子胸怀、君子修养、君子作风等融合而成的中国气质、中国气息、中国气魄、中国气度既是一个精神范畴，也是一个知行合一的实践范畴，对当今教育具有融合创新作用。

（2）君子文化是我国当代主流意识形态的重要组成部分，是"中国气派"的文化基因。"讲仁爱、重民本、守诚信、崇正义、尚和合、求大同"的社会主义核心思想理念与传统君子人格及其君子精神一脉相随，是中国精神、中国价值、中国力量、中国智慧的集中体现，是我国高等商科教育当代主流意识形态建设的重要组成部分。君子文化与我国高等商科教育的融合能创造我国高等商科教育"立德树人"的新局面。

（3）我国高等商科教育不能总是在引进、吸收、消化别人的东西，在保持较高国际化程度的基础上，更需要有自己原创的东西，更需要有自己的个性和气派。商科距市场经济最近，商科人文精神距君子文化最近。商科教育是传统君子文化与当今社会对接的新支点。用当今社会热门的实用学科来传承和发展传统君子文化是传统君子文化在现代社会中焕发青春的关键点。

（4）中国高等商科教育在经历了"起步"和"跟跑"阶段的百余年历程后，人民亟须有道德、有筋骨、有温度、有自信、有担当的高等商科教育。我国高等商科教育在借鉴国际办学经验的基础上，应当开创出自己的中国气派和中国风格，其中在高等商科教育中融合君子文化的探索，将是我们对世界高等教育和人类文明的莫大贡献。

（5）在当前深化改革、扩大开放、全面建成小康社会的关键时期，大力弘扬中华传统君子文化，坚持把弘扬中华传统君子文化作为新形势下加强我国高等商科教育思想道德建设的一个不可分割的重要组成部分，切中了时弊，抓住了根本，具有很强的现实针对性。

第二章

君子文化的教育学意蕴

中国传统文化以先秦文化为宗，以"入世"文化为主题，以儒家的君子精神为价值核心。这种主题和价值核心始终流淌在漫长的传统文化和思想传承中，然而，在与西方文化的碰撞和较量中，在社会现实的大转变中，我们走进了文化的当代困境：缺根，少魂。

根在哪里，魂就在哪里。2014 年全国两会期间，习近平总书记在参加贵州代表团审议时指出，"体现一个国家综合实力最核心的、最高层的，还是文化软实力，这事关一个民族精气神的凝聚。"在中共中央政治局第十八次集体学习时，习近平总书记指出，"中华优秀传统文化是我们最深厚的文化软实力，也是中国特色社会主义植根的文化沃土。""根"在传统文化的沃土里，而民族的精气神则是我们的"魂"。

传统文化是一个动态概念。从传统文化中来，到传统文化中去，这是历史的启示，也是现实的需要。而"君子"正是中华优秀传统文化的核心概念，君子文化则是中华传统文化的精华。

君子是修炼出来的，君子形象是随着岁月变迁而逐渐丰富起来的。今天的教育需要君子人格的熏陶，更需要与时俱进和创新性发展。让君子形象鲜活起来，传承起来，开辟出君子文化在社会主义新时代的生存空间，特别是在教育领域里生根发芽，是我们义不容辞的责任。

人生天地间，有三样基本东西是人不可或缺的，即生命、智慧与灵魂。

我们的教育就是为了促进这三样东西，并分别有体育、智育和德育与之对应。窃以为，生命教育不仅是体育，智慧发展也不能仅靠智育，而灵魂更不是德育所能造就的。君子学识渊博、品德高尚、行止合宜，是生命、智性与灵魂的完美结合，是体育、智育和德育融合而成的。新时代，需要育新人，而育新人的重中之重是以坚定的信念筑牢精神之基，其根本的实践方向则是立德树人、以文化人。习近平总书记在 2018 年全国宣传思想工作会议上发表重要讲话指出，"完成新形势下宣传思想工作的使命任务，必须以新时代中国特色社会主义思想和党的十九大精神为指导，增强'四个意识'、坚定'四个自信'，自觉承担起举旗帜、聚民心、育新人、兴文化、展形象的使命任务"。从传统文化的视角而言，能够"举旗帜、聚民心、育新人、兴文化、展形象的"，唯有君子人格。基于些，君子人格及其君子文化对当代教育特别是商科教育具有重要的教育学意义。

本章主要讲清楚四大方面：一是讲清楚君子文化绵延数千年，有自己的特色和独特的价值体系；二是讲清楚君子文化积淀着中华民族最深沉的精神追求，是中华民族生生不息、发展壮大的丰厚滋养；三是讲清楚君子文化已经成为中华民族传统文化的基因，植根在中国人内心，潜移默化影响着中国人的思想方式和行为方式，是中华民族的突出优势和最深厚的文化软实力；四是讲清楚君子文化植根于中华文化沃土，反映中国人民意愿，适应中国新时代发展进步的要求，有着重要的当代传承价值和教育学意义。

第一节　君子文化的源流

君子在中国传统文化中有着深入而持久的社会文化效应，形成了"君子理想人格"。然而"君子"为什么会成为中国传统的理想人格？其又是如何起源与演变的？中国君子是否有一个本体？其本体说与西方相比有何异同？在中国古代文化中，人在天地之间，君子到底有何价值，价值几何？在当今这个现代社会，面对一些追求刺激胜过追求思考的个体，君子人格能否发挥理性话语的作用？君子精神是否还具有现代意义？是否还能给现代人带来生活的智慧？是否还能给中国社会的和谐发展提供思想资源？

海涅（Heinrich Heine，1974）在自豪地谈及德国革命的特点时说，德国是先完成了她的哲学，然后才完成了她的革命，并宣告了他那句名言："思想走在行动之前，就像闪电走在雷鸣之前一样。"同理，在建设社会主义新时代的今天，我们很有必要从君子的源流中去探讨君子人格所蕴含的刚毅进取的人格特质并深入发掘其中的现实意义。

一、君子观念的缘起

"君子"一词频见于先秦典籍中，其中《尚书》有八见、《周易》一百二十七见、《诗经》一百八十二见、《论语》一百零七见、《孟子》八十二见、《荀子》二百九十七见、《墨子》一百一十五见、《左传》一百八十一见，等等（李飞跃，2017）。秦汉以后，"君子之学"不断丰富和发展，"君子"形象也经历了由重位到尚德再到以德为先、才德兼备的三大演变。"君子"一词已成为儒学论著和中华传统文化的核心词汇。如曾国藩的《君子慎独论》主张君子应慎重独处，遏贪欲，行自然之理，存仁义天性，仪容整齐严肃，以至诚之德感应天地万物。而在苏轼的论说文中，"君子"一词频繁出现，例如《学士院试春秋定天下之邪正论》总共 846 字，"君子"出现 4 次；《省试刑赏忠厚之至论》仅仅 697 字，"君子"出现 7 次；《学士院试孔子从先进论》981 字，"君子"出现了 8 次；《大臣论》1442 字，"君子"出现 13 次（孙君恒等，2018）。

（一）孔子之前的"君子"

"君子"一词早在甲骨文时期就出现了，是"君"与"子"两个字的组合，二者意义分开。《说文解字》中说："君，尊也。从尹，发号，故从口。"（许慎，2005）意即"君"乃发号施令的至尊之人。"子"是古代对男子的尊称。《尚书·无逸》中说："呜呼！君子所其无逸。先知稼穑之艰乃逸，则知小人之依。"（李民等，2004）"无逸"，是指不要贪图安逸。周公说："君子居其位，千万不要贪图安逸啊。先知道农业的艰辛，就知道庶民的苦衷。"周公的意思是：君子居其位，不应该追求安逸和荒淫，而应该先去体知劳苦，只有这样才能明了安逸来之不易以及人民疾苦之所在与所由。

目前，国内公认的记载"君子"并有参考价值的最早的书是《尚书·虞书·大禹谟》。如"君子在野，小人在位，民弃不保，天降之咎……"（阮元，1980）君子被赶下了统治者的位置，国家由小人治理，老百姓不能过上安居乐业的生活，上天将要用灾难来惩罚它……由此可见，这里的"君子"一词具有明显的等级含义，指的是掌握权力的统治者，包括贵族及其子弟，是对统治者的尊称。这也是孔子之前"君子"一词的主流含义。在当时的奴隶社会，等级森严，奴隶在国家生活中根本没有话语权，而一般老百姓也是被奴隶主剥削的对象，只是单纯的被管理者。于是，"君子"一词，作为对人的一种尊称，也就理所应当地成了当时掌握国家权利、承担治理国家职责的统治者的代名词或专有名称，从而导致"君子"一词与普通老百姓绝缘。

西周时期，"君子"一词已广为流传，专称贵族或执政者，而较少涉及人格内涵及其道德意蕴。如"君子勤道，不作无益害有益。"（《尚书》卷13）这里所称的"君子"，显然是执政者或贵族的代称。（钱念孙，2016）

《诗经》被称为周代社会生活的一面镜子，其中"君子"多次与"小人"对比出现。如《诗经·小雅·大东》提到："君子所履，小人所视"；《诗经·小雅·角弓》提到："君子有徽猷，小人与属"；《诗经·小雅·采薇》提到："君子所依，小人所属"。（向嘉，2013）这里的"君子"与"小人"有了阶级上的划分与差别，君子不再特指统治者，而是指代贵族阶级，"小人"则指代平民阶级。《周易》中《遁·九四》中说："好遁，君子吉，小人否。"《大壮·九三》中说："小人用壮，君子用罔。"《剥·上九》中说："硕果不食，君子得舆，小人剥庐。"这里的君子与小人，并不带褒贬，是不同的社会阶层不同的社会使命的反映。其中的君子是有知识、有修养、有社会责任且把握国家命脉的人，小人反之。（侯敏，2018）

（二）孔子时期的"君子"

相较于《诗经》，《周易》中的君子意义更加广泛，在使命和责任的基础上体现为智慧的化身，更有了"谦谦君子"之说，体现了对"德"的赞美。"君子"从此不再只是"上位"的体现，不再是阶级的标志，而逐渐道德化、平民化。《周易》之后，"谦"的品格逐渐被后来社会的精英所倡导和推扬。

从整体上而言，真正赋予"君子"以道德人格内涵的是孔子。孔子是先秦儒学的代表和奠基者，他在整理夏商周三代典籍的同时，创立了以"仁"为内核、以"礼"为行为准则的入世之学。"仁"是爱人，以至于"己欲立而立人，己欲达而达人"；"己所不欲，勿施于人"。这里所说的"人"，跟"己"相对，是"己"的对立面，意思就是"别个"，或者是"家"。（冯友兰，1961）"'仁'是一个两重性的概念：一方面，它被用来表达孔子对于现实政治问题的见解，表现出政治上保守的倾向。另一方面，它又是孔子关于伦理道德、人的品格修养以及人对真理追求的广泛论述的理论结晶，表明孔子提出了'人'的问题。他力求树立一个新的完善人格的标准。冲破血缘关系的'友'，在孔子关于'仁'的论述中占有重要的地位。"（张岱之，1988）在孔子的哲学体系中，"仁"不只是一种道德，而且也是一种世界观。孔子认为，人必须自觉地有一种世界观，或者说，人必须有一种自觉世界观。在中国哲学史中，孔子是第一个提出这样见解的。孔子认为，"仁"是人在世界观方面所可能达到的最高的成就。（冯友兰，1961）"礼"是典章制度和伦理道德。孔子有教无类，诲人不倦，培育人才，修身、齐家、治国、平天下，建设礼仪之邦。（周有光，1999）

与"仁"相呼应的是"君子"一词。"君子"是"仁"的承载者、执行者和体现者。到了春秋末期，通过孔子从不同侧面反复阐发和呼吁，"君子"一词被赋予许多优秀道德的内涵，成为一种理想人格模式的称谓。孔子生活的春秋末期，诸侯各国战乱不断，社会形势急剧变化，给人们的思想意识带来了巨大冲击。旧的礼制被破坏，而新的道德标准尚未建立，导致人们无礼可循，无矩可蹈，思想混乱，以至于个人的道德修养被人们所特别关注。在这一时期,"君子"一词被反复提及和阐发并被赋予新的更宽泛的意义已是大势所趋。

"君子"一词的旧意在《论语》个别地方仍然保留着,但"君子"的大部分含义已发生了改变,对其阐述的系统性也初步显现。如"君子博学于文,约之以礼,亦可以弗畔矣夫。"(《论语·雍也》)孔子要求君子要博学多才,按照礼的要求来约束自己。又如"君子惠而不费,劳而不怨,欲而不贪,泰而不骄,威而不猛。"(《论语·子路》)孔子对君子的品行提出了如下要求:君子给人以恩惠自己却不占用资源,役使人民却不招致怨恨,有欲望但不贪心,安详坦然却不骄傲自大,有威严却不让人感到凶猛。这两处对君子的描述均未涉及君子的出身及地位,由此看出,在孔子的眼里,"君子"不再代表出身和等级,既包括统治阶级,也指向平民百姓。至此,"君子"一词的含义发生了变化,而衡量君子的最重要的标准已由出身的高低演变为道德品行是否高尚。

没有对比,就没有衡量,通过"小人"与"君子"的对比,才能够更好地理解君子的含义与意义。在孔子口中,小人与君子两个词语多次同时出现。如"君子喻于义,小人喻于利。"(《论语·里仁》)君子以道义行事,而小人只看重私利。义与利的选择,就是君子与小人的区别之一。"君子坦荡荡,小人长戚戚。"(《论语·述而》)君子无论何时何事何地都能心地开阔,襟怀坦荡,而小人常因一己私利而患得患失,局促不安。面对问题时的心态,也是君子和小人的区别之一。"君子求诸己,小人求诸人。"(《论语·卫灵公》)君子严于律己,宽以待人,而小人则总要求别人,求助别人,责备别人。对待自己和他人的态度,也君子和小人的区别之一。通过二者的比较,以上三个方面足以表明《论语》中"君子"含义已大不同前,变为以义为重,心胸开阔,而又严格要求自己。而"小人"一词的含义则与今天又不完全相同。今天的"小人"意指道德失范、行为龌龊,而孔子眼中的小人倾向于目光短浅、苟且眼前、患得患失、品行不高的小人物或"老百姓"。

孔子在君子与小人的对举和比较中,褒扬道德高尚的君子,主张亲君子,远小人。子产姓公孙名侨,郑国大夫,春秋时郑国的贤相,政治和外交皆能,是一位有德亦有位的典型人物，也是孔子眼中的君子和榜样。"子谓子产有君子之道四焉：其行己也恭，其事上也敬，其养民也惠，其使民也义。"（《论语·公冶长》）孔子高度评价子产，认为子产有四种德行，均合于君子之道：一是为人谦恭；二是尽忠君主，能成其事；三是仁厚待民，恩惠养民；四是使民得宜，不违农时，不劳民伤财。子产的为人之道，也是治国安邦之道，与孔子的德政思想异曲同工，符合孔子眼中做人做事的君子风范。子产作为君子的代表，表现出一种人格与地位的统一。

孔子十分重视君子人格与形象。"君子"是《论语》的中心词之一，关于"君子"的阐述几乎占《论语》全书的三分之一。如孔子强调君子要有"九思"："视思明，听思聪，色思温，貌思恭，言思忠，事思敬，疑思问，忿思难，见得思义。"（《论语·季氏》）看要看明白，听要听清楚，神态要温和，容貌要恭敬，言谈要诚恳，处事要谨慎，疑难时要求教，生气时要想到后患，有所取时要想到道义。君子"九思"，全面概括了一个人言行举止的各个方面，并要求自己和学生们言行一致且自我反省。这九个方面其实就是孔子的道德修养之学。关于君子的容貌，子夏做了详细的阐述，"君子有三变：望之俨然，即之也温，听其言也厉。"（《论语·子张》）子夏说君子的容貌有三种变化：起初远望，觉得庄重；接近之后，觉得温和；听他说话之后，又觉得辞严理正。孔子和子夏眼中的君子形象生动贴切，平易亲切，于日常生活和人伦德性之中体现君子之道。君子还有"三戒"："少之时，血气未定，戒之在色；及其壮也，血气方刚，戒之在斗；及其老也，血气既衰，戒之在得。"（《论语·季氏》）好色、好斗、贪得，贯穿了每一个个体少、壮、老三个阶段。孔子口中的"三戒"不完全是对个体性的否定，而是强调对色、斗、得的节制，注重个体自然生命与德性之间的内在和谐。可见，孔子眼中的"君子"是能够培养出来的，君子人格是可以实现的。君子人格和君子形象跨越千年，仍然具有朝气和活力。

二、君子之道的延展与流长

"天行健，君子以自强不息"；"地势坤，君子以厚德载物"。君子处事，应效法上天，刚健有为且又自强不息；君子还要像大地一样包容万物，进德修业，永不停止。张岱年等学者认为《周易》中的这句君子之道是对中华民族精神核心内涵的最佳概括。孔子对君子人格与君子之道进行了精心塑造并给予了极高的评价，受到历代思想家、文人士大夫、普通老百姓等社会各阶层的广泛认同和推崇，使得君子之道与君子形象在中华文化中延展数千年而演进不断，从而在中华文明历史长河中历久弥新。如孟子一生都在学孔子，对于君子也有较多的论述。"取诸人以为善，是与人为善者也。故君子莫大乎与人为善。"（《孟子·公孙丑上》）意即君子最高的德行就是同别人一道行善。后来，与人为善拓展为善意对待他人、乐于助人等意。与人为善已成为国人耳熟能详的成语。在今天，提倡与人为善，对于建设社会主义新时代具有重要意义。"焉有君子而可以货取乎？"（《孟子·公孙丑下》）在孟子看来，真正的君子以义为重，以利为轻，要有"富贵不能淫，贫贱不能移，威武不能屈"（《孟子·滕文公下》）的大丈夫气概，信念坚定，不为荣华富贵所诱惑，不为贫贱困苦所改变，不为暴力威胁所屈服。后三句话，对后世影响深远。"君子所以异于人者，以其存心也。君子以仁存心，以礼存心。仁者爱人，礼者敬人。爱人者人恒爱之，敬人者人恒敬之。"（《孟子·离娄下》）孟子认为君子异于一般人的优点在于常怀仁、礼之心。有爱之人常常仁爱别人，有礼之人常常尊敬别人。爱别人的人，别人也经常爱他；尊敬别人的人，别人也经常尊敬他。孔子"仁者爱人"的思想经过孟子的进一步阐述，使得仁者更具大智慧与人格魅力，使得君子的人格内蕴也更加丰富，影响更加深远。

杨振宁（2011）在《父亲与我》一文中曾经特别提及过一件事："我9岁、10岁的时候，父亲已经知道我学数学的能力很强。到了11岁入初中的时候，我在这方面的能力更充分显示出来。回想起来，他当时如果教我解析几何和微积分，我一定学得很快，会使他十分高兴。可是他没有这样做：我初中一年级与初中二年级之间的暑假，父亲请雷海宗教授介绍一位历史系的学生教我《孟子》。雷先生介绍他的得意学生丁则良来。丁先生学识丰富，不止教我《孟子》，还给我讲了许多上古历史知识，是我在学校的教科书上从来没有学到的。下一年暑假，他又教我另一半的《孟子》，所以在中学的年代我可以背诵《孟子》全文。"杨振宁（2018）在自传中又写道：他在中学阶段念书时，父母要求他背诵《孟子》。当时的他没有选择说不的权利与勇气，只好勉为其难，把整本《孟子》装进记忆中。他上大学后，学习自然科学，一路走来极为顺利，并获得国际的肯定。但是，说来奇怪的是，他幼年时所背的《孟子》，在成年之后，居然成为他做人处世的基本原则。换言之，孟子的话在他心中形成一套价值系统，每当他面临人生的重大抉择，都会提供明确的答案。因此，影响他最深的，并不是他所专长的物理学，而是两千多年前孟子的思想。杨振宁（2018）说："读《孟子》使我终身受益。《孟子》里很多儒家哲学影响了我后来的人生观和为人处世的态度，对于社会结构、物理结构的认识也有很大的影响。这些远比父亲那个时候教我微积分要有用得多。"类似杨振宁先生的例子还有很多，这就是古圣先贤君子之道所蕴含的潜在力量。

道家和法家等学派对君子的人格内涵也颇为认同并有另外的阐释。如庄子说："且君子之交淡若水，小人之交甘若醴；君子淡以亲，小人甘以绝。"（《庄子·山木》）君子之交像水一样清澈，长远而真诚；小人之间的交往表面甜蜜如胶，但不能长久。意即人际交往要顺其自然，最好的办法就是将心比心，换位思考，既想到帮助，又留有尊重和余地。道德品质高尚的人之间的友谊平淡如水，不尚虚华，没有经济利益，其实质还是义以为重。"君子之交"已演变人们耳熟能详的成语。荀子说："法者，治之端也；君子者，法之原也。故有君子，则法虽省，足以遍矣；无君子，则法虽具，失先后之施，不能应事之变，足以乱矣。"（《荀子·君道》）治国需要有法，但更需要君子；君子是法的本原，也是国家得以治理的根本保证；为君之道在于任用君子，尊贤使能。在荀子看来，构建一个尚法的社会，如果没有品行高尚的君子来作表率，那将失去构建礼法社会的基本前提。

在后世的文化传承中，人们依据自己的学术需要或者当时的社会需要，以儒家学说为基础或增或删或传或承，尽管君子的名称一直被沿用，但其内涵因时因地因人而不断变化。如宋儒对于君子的接续与诠释，而明清之际的人生格言多半奉君子人格为典范与楷模。如《菜根谭》对君子安贫乐道、处安虑危、遇强不屈、见弱怜悯等优秀品格的赞扬，《围炉夜话》对君子以忠贞和诚信为立身之本的肯定，特别是好儒重文的儒商对孝友礼让、经世济民、信义为先的君子之道的发扬。而当今时代，则重社会主义核心价值观与君子人格的对接。美国学者狄百瑞（2009）认为君子是受过良好教育的精英分子，这些人哪怕没有实权，也依然怀有强烈的领袖使命感和为公众服务的责任感。狄百瑞还指出，君子的形象是西方文化中的那种彬彬有礼的绅士所不及的。而我国现代学者则认为，只要有"德"且有"格"，社会精英和大众都有可能成为君子。君子概念及其文化，不仅在中华历代典籍中汗牛充栋，而且一直活在历代中华儿女的心中，成为涵养民族精神的源头与活水。目前，在匡正道德失范、矫正诚信缺失、校正人生坐标、实现人的全面发展的当务之急，"共产党人和社会主义秉持的价值观念是对人类进步价值观的继承和升华。我们要保持价值观的先进性，就不能不从中华传统君子文化中汲取精神滋养。"（周玉清等，2016）

中华传统君子文化历经数千年的传承发展，是中华优秀传统文化发展的主流，对中华民族的生存与延续产生了深远影响，体现了顽强的生命力、宽厚的包容性和强大的感召力、巨大的影响力（黄梦其，2017）。君子"国家兴亡，匹夫有责"的精神境界和"为天地立心，为百姓立命"的担当精神，"仁义共济，立己达人"的互助理念和社会关爱思想，正心笃志、崇德弘毅的修身要求和从善追求，与当今社会主义核心价值观中国家、社会和个人三个侧面的价值标准同出一辙（钱念孙，2016）。

做人要做君子，这是数千年中华优秀传统文化的选择，也是今天每个中国人应有的和乐于做出的选择。君子概念及君子文化，是中华优秀传统文化的聚焦之点和闪光之源，是烛照中华儿女历经坎坷而跋涉向前的人格力量和

心理支撑。(钱念孙, 2016)

第二节　君子的人格范式

人类的社会活动重在对宇宙自然和社会运行规律的认识与因循。中国先民们在长期的农耕生产和人伦关系中渐渐孕育出以"道"与"德"为核心的概念范畴，蕴涵着"尊道"与"贵德"的个体生命与社会生存哲学。在这种哲学体系中，"道"是天地万物和人类社会的最高本质，循道而为德，集总体宇宙关怀和终极人文关怀于一体，以此构建生命存在的样态和价值实现的依据。

在"尊道"与"贵德"的文化环境和社会制度中，出于某种需要，人们的利益、要求与期望往往集中于某一类特定人物身上，形成大家推崇的最终目标指向与完美人格仿效对象，即理想人格。这种人格范型最典型地体现了一个社会、一个民族文化的基本特征和价值标准。"由于理想人格是以美轮美奂的形态出现，所以对人们具有巨大的精神感召力。任何一个民族的特定文化中，都熔铸着相对应的人格；同时人格范型一旦形成后，又有它的能动作用。人格范型的结构、理想人格的出现以及人格在各个时代的沉浮与变迁，往往对一个民族的文化生活的各个领域产生深刻的影响。"(朱义禄, 2006)

君子是儒家经典和儒家学说中出现频率最高的人格目标所在。后来者对君子人格理论多有增删、润色，但无论哪个时代都有其特殊的君子人格的特质和形象。君子就是孔子所倡导的完美的人，也是孔子人才培养的目标。孔子衡量"君子"的标准在于德与学，不在于其出身与地位。"孔子思想的特征便是使用礼的语言和意向在礼仪活动中谈论道德习俗的整体。孔子认为，对于人类完善，尤其是属于人类所特有的美德或者力量而言，依礼而行的能力和克己复礼的意志是最基本的。"(芬格莱特, 2002)君子就是"知仁勇"和礼仪的存在，是为寻求道而用礼来塑造自我德性的完美的人，是为了生命的安顿而崇尚德性的典范，是表里如一与知行合一的理想人格。

一、君子文化渊源的基础

君子文化植根于中华文化沃土，积淀着中华民族最深沉的精神追求，是中华民族生生不息、发展壮大的丰厚滋养。君子文化有着深厚历史渊源和地理基础。东西方文化都有深厚的历史根源，而在其发展过程中又产生了明显的差异，这种差异无形中对现代东西文化及其哲学观、人生观、价值观产生了巨大的影响。

（一）君子文化形成的地理、经济与社会条件

西方文化是在希腊文化基础上吸收希伯来文化形成并发展起来的。如古希腊哲学就是西方哲学的源头。西方是重自由的人文主义文化；中国文化重整体，是整体化的社本主义文化。中国古代哲学在本体论上是伦理主义的和崇尚个人人格主义的。各个学派所讨论的问题主要集中在政治伦理方面，即表现为对人的关怀和规范。

中国是四大文明古国之一。四大文明古国都是自然主义的生态文明，人们的生活完全依靠大地与天空，依靠自然生态的循环与四季轮回，依靠先民的勤劳及其土地里的成果来养家糊口。四大文明古国都是大河文明，农业文明相当发达。如古埃及的尼罗河、古巴比伦的幼发拉底河和底格里斯河、古印度的印度河和恒河、中国的长江和黄河。中国大部是内陆平原，土地肥沃，适合农业生产，因此，中华民族很早就有了高度发达的农耕文明。

经济条件方面，中国属农耕经济而西方以海洋贸易为主，这是中西文化差异的最重要原因之一。古希腊三面环海，有得天独厚的海洋贸易条件和丰富的渔业与畜牧业。居无定所的渔牧业让古希腊人产生了强烈的竞争和冒险意识，容易形成独立的"自我中心"的心态，并且对后来的西方文化产生强烈的影响。古希腊利用良好的海岸线，大力发展海上贸易，与其他地区交往、交流，并互通有无，商品经济相对比较发达，人们经济条件相对较好。同时，商人们航行在茫茫大海上，长期与太阳、月亮、星空相伴，于是天文学、几

何学就很发达。商人总是盘算着数字与比例关系，于是数学思维很发达，毕达哥拉斯主义也就产生了。航海与贸易需要发达的手工业，手工业的发达导致了原子论和机械唯物论的产生，从而导致了最初的分析式的自然科学的产生。古希腊在与其他地区的经济交往过程中，有机会接触到不同的文明，学习和汲取它们的文明成果和文化精华，并加以批判、改造和综合，从而形成了具有古希腊特色的哲学—科学文化体系。如在柏拉图时代，西方人就建立了一个叫"阿加德米"（Academy）的学园。西方人认为，看得见摸得着的东西并不是最重要的，重要的是它背后有一个抽象的能够用数学、用逻辑、用语言精确表达的"逻各斯"（Logos），即万物的根本。只要把握了这个"逻各斯"，就把握了万物的规律，这就是古希腊哲学与科学的基本精神。

中国的农耕经济与西方海洋贸易经济有着不一样的特性。良好的地理环境和得天独厚的农耕条件，让中国先民们喜欢安定在一个固定的地方。古代中国与其他不同的文明交往较少，进而引进其他文明的先进文化也较少，从而形成了独特的、稳定的和完善的文化结构，导致了人们缺少外部竞争意识和挑战性。这种本质上面向自身的"内在文化"使中国传统文化的特征表现为"盖天说"宇宙观下的一种封闭式的自我发展，其主要的特征是重人伦德性与稳定和谐。

西方社会的主体在于个人，因为早期的殖民活动对血缘关系造成了极大的破坏，加上商业的快速发展使人们最先要确立的是契约关系而不是血缘关系，因此西方的地缘特征比较明显，人与人之间不是以血缘、朋友、同学、同事关系定亲疏，而是重视法律、契约与能力高低。这种主要通过法律、契约、社会公德等客观尺度来约束所有人的行为的法理思维跟西方人的自然科学思维如出一辙。

中国古代社会追求的是大一统格局，天下定于一，上至皇帝，下至平民的认识，以国家统一为乐，以江山分裂为忧，这是中华民族天经地义的整体价值取向，因而中国也是较早形成中央集权的国家。由巫术、仪式直接继承下来的敬天、祭祖的传统思维，在宗法制度的制约下，产生了以家庭为中心，注重人与人的关系以求得身心内外和谐的伦理价值取向。中国是血缘关系型社会，血缘关系比较密切，人与人之间以家庭为主，以血缘关系为中心，逐步扩展到朋友、同事、同学关系，最终形成了一个熟人社会。宗法集体主义文化重人伦轻自然，最终形成家国一体的社会政治结构与人伦体系。

总之，中国的自然地理环境、农耕经济条件以及宗法集体主义文化对君子文化的形成有着最基本的基础作用，为君子文化的产生与绵延提供了肥沃的土壤与充足的养料。

（二）君子观念产生的思想基础

君子观念是在重人伦德性的传统文化土壤里产生的一个重要文化符号。君子观念的产生有着其深厚的思想基础，这种基础不是单一的，主要有三大方面。

一是中国先民自我主宰意识的觉悟。远古时期，生产力低下，先民生活来源只能依靠于自然界，但对自然界认识能力有限，一些自然现象超越了当时的认知能力，于是便产生了超人间的神灵概念，天地、日月、山川、动植物等都成为先民崇拜的对象，甚至出现了"鬼""神"崇拜，认为"鬼""神"为天地的主宰，无处不在，人类的旦夕祸福全凭"鬼神"裁决，"鬼神"的地位高于一切。先民期望通过哀求祈祷以得到神明的同情和哀悯，于是古代宗教便应运而生。恩格斯在《反杜林论》中说："任何宗教都不是别的，而是人们日常生活中支配着人们的那种外界力量在人们头脑中之幻想的反映。在这反映中，人间的力量采取了非人间力量的形式。在历史的初期，这样被反映的，首先是自然的力量。在往后的演变中，自然力量在各国人民中获得各种不同的复杂的人格化。"（常金仓，1993）而在许多没有天神和祖先崇拜、没有冥世幻想的最原始的人群中，则产生了巫术。巫术与图腾信仰一样，承认人类与自然界之间存在一种神秘的联系或感应。殷商时期，人们不再唯"鬼神"独尊，而是信仰统治阶级宣扬的"君权神授"，相信统治者是"帝"或"上帝"，而自己的祖先和自己都是"帝"的子孙。殷人的"天"观念与"帝"的观念一致。在殷人看来，殷商一族承"天命"而来，有商汤因奉"天"之"命"而"不敢不正"的说法，如"天毒降灾荒殷邦"

（《商书·微子》）。上天赐予殷商政治权力，主宰着殷商的兴盛，同时也会降灾祸于殷商。此中的"天"被奉为主宰一切的神，因此，盘庚告知其子民，迁都乃"天命"不可违，可见殷人对于"帝""天"的信仰与崇拜。到了周代，人们承继了殷人对于"天"的信仰，统治者自称"天子"，宣称天下事由"天命"决定，即所谓的"听天由命"。周人强调对天的敬事，以祈求上天的赐福。这个时期的"天""天命"与先前的超人间力量或"上帝"最明确的区别是有了道德内涵。（李民，2004）"皇天无亲，唯德是辅。民心无常，惟惠之怀。"（《尚书·蔡仲之命》）上天是公正无私的，待人不分亲疏远近，只辅佐那些有德行的人；民心也不是永恒不变的，只有仁爱百姓的人才是民心所向。这是周公在寻找其统治权威的合法性和道德基础的过程中提出的命题，其中蕴涵着"天""君""民"三者之间的互动关系。此时，民对"天"和"君"不再只有恐惧和崇拜。由此可知，西周时期的天命观，出现了敬德、保民的思想，其实质是"人"在"天命"的主宰中自觉到自身的重要性与能动性。如"今商王受惟妇言是用。昏弃厥肆祀弗答，昏弃厥遗王父母弟不迪……今予发，惟恭行天之罚。"（《尚书·牧誓》）公元前1066年二月周武王伐纣，在与纣王决战前的誓师辞中，周武王列举了商纣王的三条罪状：一是听信妇人的谗言；二是不祭祀祖宗和上天；三是任用四方逃亡的罪犯而不用同宗兄弟。这在当时可称得上不容宽赦的弥天大罪。相对于商纣的无道，上天作为主宰意志的神，将天命授予了明德的周武王。周人以商纣的恶行导致"天降丧于殷"作为殷商衰亡的原因，相对地，亦以周武王之德行说明周之所以能承受天命的原因，显现出上天对于有德者的惠佑。于是，上天的意志与人事行为因而有了道德上的联系，体现了"得道多助，失道寡助"的道理。周武王宣称上天因商纣王的诸多恶行而降罚于商，意即自己对于纣王的惩罚是因承天之命。从中可以看出，周人虽仍以上天为主宰，但已凸显出"人"的作为在历史发展变迁中的重要作用。

《尚书·召诰》中说："王敬作所，不可不敬德。我不可不监于有夏，亦不可不监于有殷。我不敢知曰，有夏服天命，惟有历年；我不敢知曰，不其延。惟不敬厥德，乃早坠厥……命肆惟王其疾敬德？王其德之用，祈天永命。"（李民，2004）夏和殷因为不重视德行受到上天的惩罚而亡国，因此，君主应该认真推行德政，行德事，才能祈求上天永保国运。周公谆谆告诫统治者，天命是不会护佑无德之人的，但天命无常，应有所忧患和作为，以"保民"作为治国治民的基本原则，以祈求天命之永在。"西周思想的主要成就是把殷商信仰的至上神'帝'转化为具有伦理性格的'天'，完成了至上神的伦理化。"（陈来，2013）相较于殷商，西周时期对于"人""民""德"的重要性已有所觉悟。于是老百姓也不再被动的听天由命和盲目的祭祀"帝""天"以求好运，而是通过"修德"，以求良好的行为后果。陈来教授（2013）认为，殷末周初，作为家庭道德的五教——父义、母慈、兄友、弟恭、子孝已经成为最重要的规范和德行。自己主宰自己的理念的萌现对于春秋时期的人本思潮以及孔子的人文主义思想有着深远的影响。

二是春秋时期民本主义与道德意识的勃兴。民本主义强调民是国家社稷的基础和重要作用，是人文思想的理论前提。"春秋思想文化是西周思想文化的延伸和展开。然而，西周发展的宗法封建制及其礼乐文明在春秋中期以后渐渐遭遇危机，至春秋末期，已呈现'礼崩乐坏'的景象。春秋时代，政治与文化的秩序经历了从发展到解体的过程，传统的生活世界发生了深刻的变动，思想也发生着变化，逐渐形成了新的伦理政治思考形式和道德思考形式。"（陈来，2013）这种思想的变化主要表现在：（1）神本思想衰落，民和神的地位发生改变。早在西周初年，当时的政治家、贵族和知识人，都把"悦于神"与"和于民"当作最重要的政治信条和统治方针。民与神等同的观念与商代以"尊鬼敬神"的观念有了重大的进步。到了春秋初期，人们在总结前朝灭亡的经验教训时，看到了民的重要性，重民轻神的思想有了进一步的发展，神的权威性开始渐渐淡弱。重民思想的形成，标志着民本思潮的兴起。如《左传·桓公六年》季梁所说："天方授楚，楚之赢，其诱我也，君何急焉？臣闻小之能敌大也，小道大淫。所谓道，忠于民而信于神也。上思利民，忠也；祝史正辞，信也。今民馁而君逞欲，祝史矫举以祭，民不知其可也……夫民，神之主也。是以圣王先成民而后致为于神。"（李索，2011）公元前706年即桓公六年，楚国诱随出兵，大臣季梁劝阻说，随小楚大，以小博大的最重要的方法是合于道，即以民为先而后再取信于神。取信于神的前提是要始终想着如何对人们有利。季梁提出的"民为神主""先民后神"的思想体现出春秋时期政治思想的民本主义。类似季梁的说法在《国语》也有很多，如"禋于神""亲于民"等。（2）"人"的地位的提升。春秋时期，"人"的地位的提升从两个方面得以体现：其一是在宗教观念上对现实社会及政治的关注超过对神界本身的关注，即人自身的力量相对于卜筮、祭祀活动更具重要性。如有功有德于民的黄帝、颛顼、帝喾、尧、舜、鲧、禹、契、稷、文王、武王等成为被祭祀的对象。其二是出现了"吉凶由人"的观点。如叔兴以自然主义的精神解释自然的异常，反对超自然的解释，认为人事的吉凶，与神鬼或天象无关，只与人自己有关。僖公十六年春，天上落下陨石，风把鸟吹得退飞。宋襄公问叔兴："是何祥也？吉凶焉在？"叔兴回答退而告人曰："君失问。是阴阳之事，非吉凶所在也。"（《左传·僖公十六年》）再如《左传·襄公二十三年》载：季氏以公鉏为马正，愠而不出。闵子马见之，曰："子无然。祸福无门，唯人所召。为人子者，患不孝，不患无所。敬共父命，何常之有？若能孝敬，富倍季氏可也。奸回不轨，祸倍下民可也。""福祸无门，唯人自召"的观点与叔兴"阴阳之事，非吉凶所在"的观点如出一辙，把人的一切福祸归因于人自己的德行，大大突破了神灵赐福降祸的迷信，使得人、人的行为、人的道德成为人们关注的重点。在这种氛围下，"人"的地位自然渐渐提升了。（3）道德意识的勃兴。开始注重个人道德修养和以德治国，如楚国的斗廉在和郧国的军队作战前，莫敖问需不需要占卜一下，斗廉答曰："卜以决疑，不疑何卜？"于是就出兵打败了郧国。（李索，2011）斗廉认识到天命鬼神不是决定战争成败的关键，而是取决于自己的德行和实力的强大。再如，春秋中期以前，卜筮活动都没有对于德行的要求。而春秋中后期，筮问者本身的德行和筮问者将要从事的行为的性质都成为筮问是否正确预知未来的前提条件，"达于德"的要求已经在占筮文化内部发展起来。鲁季孙氏家臣南蒯准备叛乱，先筮问之，得坤之比，是一个大吉之卦。但子服惠伯说，用《易》进行筮问，是有德行要求的。忠信之人占问忠信之事，筮占的结果会与事实相合。非忠信之人占不忠不信之事，必定失败。

"《易》，不可以占险"，即《易》是不能用来占问不忠不信之事，不能用来占问违德之事。问主如果德行有阙，筮占虽吉，也不会有好结果。（陈来，2013）《左传·襄公二十四年》记载范宣子问穆叔曰："古人有言曰，'死而不朽'，何谓也？"穆叔曰："豹所闻，此之谓世禄，非不朽也。鲁有先大夫曰臧文仲，既没，其言立。其是之谓乎！豹闻之，大上有立德，其次有立功，其次有立言，虽久不废，此之谓不朽。若夫保姓受氏以守宗巧，世不绝祀，无国无之，禄之大者，不可谓不朽。"范宣子问如何才能不朽，孙叔豹回答说有三个层次，最高层次是"立德"，其次是"立功"，再次是"立言"。（王婉冬，2016）早在西周时期，明德、敬德、务德就已受到先民们的关注，到了春秋时代，以德和人已经是一个传统了，同时，以德服人、以德治国也已成为当时诸侯国内治与外交的重要原则之一，即无德不可以伐人，无德不可以和戎，无德不可以主盟。总之，从西周到春秋时期慢慢发展起来的民本思潮，表现出一种政治的理性、道德的思考和实践的智慧，突出的是人的道德和德行。

三是孔子自身的人文主义思想。从西周的"神本信仰"到春秋时的民本思潮，体现着人文精神和道德精神的萌动与生长，其典型代表人物是孔子。春秋之际，礼崩乐坏，以致政治、社会及伦理纲常失序紊乱，孔子身处其中，其创立的儒家学说寄希望于乱世之中拨乱反正，以求恢复世间的安定与昌盛。而孔子对于"仁"与"礼"的执着与追求便基于此。

孔子所建立的儒家哲学，其关注的重点在于对人的生命本质问题的探索以及对自我价值与意义的追寻与实践。肯定"人"的道德本质，认同"人"的存在价值，建立"人生"的目标并加以实践之，这就是孔子对于"人"的关怀与思考，显示出儒家哲学浓厚的人文精神，而这也正是孔子的人文主义思想之特色所在。

孔子思想包括人文、天命、宗教等观点。受殷、周二代的影响，孔子的儒学思想继承了西周"敬德""保民"等观念，进一步探讨了"人"的道德价值，并肯定了"人"追求与实践生命意义的能力。"获罪于天，无所祷也。"（《论语·八佾》）孔子也视"天"为具有意志且能主宰世事之变化的超越力量，在孔子的"天命"观中存在着宗教意义的成分。然而，孔子并非仅仅停留在西周时期的天命观中，其中表现出人自身的自觉与自信，蕴含着人文精神。《史记》有载，公元前492年，孔子从卫国去陈国时经过宋国。桓魋听说以后，带兵要去害孔子。当时孔子正与弟子们在大树下演习周礼，桓魋砍倒大树，要杀孔子。孔子离开宋国途中说："天生德于予，桓魋其如予何？"。孔子认为，上天赋予了自己仁德，桓魋是奈何不了他的。"天生德于予"，实亦指德性乃是人生而有之的本质。孔子上承天命，但在"天命"与"人"的关系中，觉悟到了人的德性本质与根源。孔子从"人"自身的德性本质出发，更是提出了"仁以为己任"的生命使命感，从而把关注的焦点放在"人"及上天所予之德上。孔子曰："五十而知天命"（《论语·为政》）；"不知命，无以为君子也"（《论语·尧曰》）。

孔子人文主义思想的先进之处就在于给予人作为人应有的尊重，把人作为价值的主体。一是将人置于社会中心地位。季路问事鬼神。子曰："未能事人，焉能事鬼？"曰："敢问死。"曰："未知生，焉知死？"（《论语·先进》）季路问孔子如何侍奉鬼神。孔子说："人都没有侍奉好，又怎能侍奉鬼神呢？"季路说："我冒昧地请问死是怎么回事。"孔子说："不知道生的道理，又怎能知道死呢？"二是把人的价值提到新高度。"厩焚。子退朝，曰：'伤人乎？'不问马。"（《论语·乡党》）在当时社会，马夫社会地位低下，在一些贵族眼中价值还不如马匹珍贵，而在孔子眼中，人是最重要的，无论什么身份和地位都应该平等对待。孔子首先关注人的安危，一切以人为先。三是承周礼，赋予人以"仁"的内涵，将人性导向真善美，使人活出生命尊严和生活美感。郭沫若先生曾经说过：孔子所发现的"仁"，从本质上看，就是"人的发现"。人作为一个自然人是客观的事实，而在一个人主观的内在世界，"仁"才是一个人的内涵，人是在有了这个内涵之后，才把自己从动物中分离，从而在精神上、道德上有了不断的提高与延伸，故孔子说"君子无终食之间违仁"（《论语·里仁》）。一个人无论何时何地都不能离开"仁"。孔子所开辟的内在的"仁"的世界，是一个具有无限广阔的道德性的世界，是人类生命的根源，也是人所追求的最终目的，"这个世界"激发了人对于自身道德修养的自觉性和能动性。人可以通过反省和实践来提高自己的道德修养，成为仁人、君子、圣人，这也正是孔子对于中国哲学做出的伟大贡献。（王婉冬，2016）

二、君子人格的综合体现

人格是个人在一定社会中的地位和作用的统一，是个人的尊严、价值和品格的总和。人格概念源于希腊语"persona"，原来主要是指演员在舞台上戴的面具，后来被心理学所借用。在心理学上，人格即"个性"。除了心理学上的人格，还有关于个人品德和操守的道德上的人格，还有法律意义上的人格和文学意义上的人格。梁启超说："忠孝二德，人格最要之件也。"（《新民说》第五节）人格具有独特性、稳定性、统合性和功能性四个主要特征。

在西方，人格主要是一个学术用语，但在我国，人格往往被赋予了浓厚的道德色彩。如对儒家理想人格的界定已成为学术界研究的首要问题。有学者指出"儒家理想人格有两个要点，一是终极至上性，即与天道相联系的'圣'的境界；二是经世致用性，即与人道相联系的'凡'的现实。前者是最高理想，后者是理想现实。两者之间密切沟通，不可脱离"。（郭齐巧，2000）"君子"是儒家竭力追求和培养的一种现实性人格，是现实道德的理想境界。现代学者主要依据儒家经典著作《论语》《孟子》《荀子》等对君子人格进行分析、归纳与总结，力图将其系统化。

儒家主张人的价值必须从人与家庭、社会、国家的相互关系中得以体现，强调人的社会性和群体性，从而"齐家、治国、平天下"。贺麟先生就说过，"儒学是合诗教、礼教、理学三者为一体的学养，也即艺术、宗教、哲学三者的谐和体"。（楼宇烈，2016）作为儒家做人做事的典型形象——君子人格其实质也是这三者的综合体。具体表现在以下方面的综合。

（一）君子不器

"君子不器"语出《论语·为政》，可从三个方面加以理解：一是指君子博学多识。《四书集注》批注："器者，各适其用而不能相通。成德之士，体无不具，故用无不周，非特为一才一艺而已。"器，指器具，即不可相通的某种工具，也指仅有一才一艺。二是指君子不拘泥于形式教条。"形而上者谓之道，形而下者谓之器。"（《易经》）"形而上"指无形的道，"形而下"指万物各自的相与用。君子的主要职责是领悟万物之道。三是指君子心怀天下。器者，有形有度，有亏有盈。君子不受世俗和具体事物束缚，不囿于一技之长，不只求发财致富，而是"志"于"道"，从万象纷呈的世界里去觉悟那众人不能把握的冥冥天道，从而以不变应万变，担当修身、齐家、治国、平天下的重任。孔子认为，学识渊博是衡量一个人是否为君子的前提，以此为基础，志于道而又爱好仁德，从而心怀天下。正如世人评价孔子："大哉孔子！博学而无所成名。"（杨树达，2013）孔子学识渊博却无一可以扬名的专长。"朝闻道，夕可死矣"的孔子正是"君子不器"的典范。

（二）品德高尚

从殷末周初的家庭道德"五教"到春秋时期民本主义与道德意识的勃兴，特别是孔子自身的人文主义思想，可以看出，"人"的地位的提升与人的道德修养的自觉性和能动性成正比。君子理想人格中最重要、最关键的衡量标准即是否拥有高尚的品德。一个人即使"有周公之才之美，使骄且吝，其余不足观也已。"（杨树达，2013）如果一个人骄傲自大而又吝啬小气，即使有周公那样的才能，也不值一提。相反，如果既有周公那样的才能，又能具备高尚的品德，那距离君子的标准也就不远了。由此可以看出，高尚的品德对一个人是否能被称为君子具有决定性的意义。君子高尚的品德，主要体现在仁、义、礼、信四大方面。

1. 仁。

《论语》中专门提到"仁"的次数最多，故孔子之学也可称之为"仁学"。仁就是"爱人"。仁更多属于道德修养的范畴，是一种完美的道德品质。孔子的仁学，就是关于人的学说，自孔子及其后来的儒学家大多认为，人之所以为人，在于"仁德"，只有具备"仁"的人才算是真正的人，即君子。倡导仁德的前提是承认人的存在和尊严，进而以仁的精神去"爱人"，即"泛爱众"。"弟子，入则孝，出则悌，谨而信，泛爱众，而亲仁。"（《论语·学而》）孝敬父母，友爱兄弟，是做人的根本，在此基础上，"老吾老以及人之老，幼吾幼以及人之幼。"（《孟子·梁惠王上》）概言之，"君子务本，本立而道生。"（《论语·学而》）这里的"道"主要指仁爱之道。孔子认为，仁作为人与人之间的道德关系，就是从自我修养延伸到社会与天下。仁的精神就是"四海之内皆兄弟"，人人要亲如一家，对朋友讲信义，对国家讲忠诚。

仁义为君子之本。苏轼在《思堂记》中指出："君子之于善也……临义而思利。"苏轼认为君子之善在于仁义，不能见利忘义，应该立场坚定，不能动摇。苏轼强调："君子之为善，非特以适己自便而已，其取于人也，必度其人之可以与我也。"（《刘恺丁鸿孰贤论》）苏轼认为君子应该坚持孔子"己所不欲，勿施于人"的忠恕之道，在与人交往的时候能够设身处地，为他人着想。苏轼还指出："夫数君子之言，或主社稷，或勤于道德，或训其子孙，虽所趣不同，然皆笃于大义，不私其躬也如是。"（《屈到嗜芰论》）苏轼认为仁义道德应该落实到君子日常行为和性格之中。苏轼说："古之君子，不必仕，不必不仕。必仕则忘其身，必不仕则忘其君。"（《灵璧张氏园亭记》）苏轼认为君子之本在于仁义，无论一个人是否能够做官，心存仁义是不能缺少的。（孙君恒等，2018）以苏轼为代表的宋儒继承和发扬了先秦儒家的君子观念，也启发了现代学者对君子的理解。

2. 义。

子曰："富与贵，是人之所欲也；不以其道得之，不处也。贫与贱，是人之所恶也；不以其道得之，不去也。君子去仁，恶乎成名？君子无终食之间违仁，造次必于是，颠沛必于是。"（《论语·里仁》）富和贵是人们都希望的，但君子不会用不正当手段去占有。贫和贱是人们都不喜欢的，但君子不会用不正当手段去抛弃它。君子之于仁，即使时间再匆忙也不抛弃，哪怕是颠沛流离也不放弃。何谓"义"？简言之，"义"就是君子面临富与贵、贫与贱、造次颠沛等选择时所表现出来的道德气概，也是衡量君子德性品质的重要参考标准。"君子之于天下也，无适也，无莫也，义之与比。"（《论语·里仁》）孔子认为君子对于天下的事情，没有必须怎样做的要求，也没有必须不能怎样做的要求，一切都按照义的道德气概去做就行了。当面临切身利益的事情时，君子与小人的做法是不一样的，"君子喻于义，小人喻于利。"（《论语·里仁》）面对利益的选择，君子首先考虑的是道义，而小人考虑的是怎样才能有利可图。

君子对道义的选择与坚守，来源于君子自身对"仁"的信仰。君子仁义之道以效忠国家最为突出。苏轼以一个宋代官员的身份，通过文学作品，表达了君子兼臣子应该忠诚国家的理念。"君子之仕也，以其才易天下之养也。才有大小，故养有厚薄。苟有益于人，虽厉民以自养不为泰。是故饮食必丰，车服必安，宫室必壮，使令之人必给，则人轻去其家而重去其国。"（《滕县公堂记》）苏轼旗帜鲜明地指出，君子为官应该实践儒家的君子之道，应该把国家利益放在首位，舍弃个人贪图享乐的私欲。苏轼指出："君子之所以大过人者，非以其智能知之，强能行之也。以其功兴而民劳，与之同劳，功成而民乐，与之同乐，如是而已矣。富贵安逸者，天下之所同好也，然而君子独享焉，享之而安。"（《既醉备五福论》）苏轼认为，作为社会成员，君子应该奉献于社稷，以实现国家利益为远大抱负，个人的升迁、境遇等都不应该过多考虑。作为社会管理阶层的士大夫，应该认识到自己的使命和责任，为官一地，造福一方。在个人利益和国家利益的关系上，应该首先考虑国家利益。苏轼说："君子之欲有为于天下，莫重乎其始进也。始进以正，犹且以不正继之，况以不正进者乎！"（《学士院试孔子从先进论》）苏轼认为，君子应该为国家建功立业，造福民众。一个有远大理想的人，一开始就应以天下为己任，雄心勃勃，兢兢业业，坚定个人的正确选择。苏轼在《明君可与为忠言赋》中就表达了这样的思想："君子道大而不回，言出而为则。事父能孝，故可以事君；谋身必忠，而况于谋国。然而言之虽易，听之实难，论者虽切，闻者多惑。"苏轼认为，君子应敢于直言不讳。虽然君主不一定能够采纳进谏，但是忠臣为了国家的安危，仍应当直率建议，表达赤胆忠心。在奸臣当道的情况下，一个君子官员应心地坦荡，忠于国家，主动上谏，不顾个人利害甚至身家性命。苏轼的其他文章如《田表圣奏议叙》等，还多次谈到一个君子、士大夫、读书人，应该在复杂的社会政治生态环境下不忘为国忧虑的情怀，主张君子是志士仁人，应该至死不渝地为社稷贡献（孙君恒等，2018）。苏轼效忠国家的观念代表了大多数人心中的君子报国情怀，这是中华民族传统美德中的大德和大节。

3. 礼。

"礼"是孔子最为看重的个人行为和社会规范。在个人行为举止上，孔子要求君子"非礼勿视，非礼勿听，非礼勿言，非礼勿动。"（《论语·颜渊》）即不符合礼的君子不要看，不符合礼的君子不要听，不符合礼的君子不要说，不符合礼的君子不要做。这里的"礼"，就其形式而言，其实质是为了营造和谐人际关系和维持社会安定之秩序而对人的行为加以规范和指导的"礼制"、礼仪等。在家庭中，如果父慈子孝、兄友弟恭、夫义妇顺，家庭就和睦了；在社会中，如果父子有亲、君臣有义、夫妇有别、长幼有序、朋友有信，社会就有秩序了。每个人各守其分、各尽其责、依礼而行，整个社会就能和谐安定了。"夫君子之居丧，食旨不甘，闻乐不乐，居处不安，故不为也。"（《论语·阳货》）一个有道德的君子，如果有丧在身，吃美味也不觉得味美，听音乐也不觉得快乐，闲居也不觉得安适。孔子认为"礼"是人的本性自然发展出来的行为，是人的内心情感与自我要求。

"人而不仁如礼何？人而不仁如乐何？"（《论语·八佾》）孔子认为"礼"的实质是因着人的自觉而产生的伦理行为，亦是仁德的外在显现，人若不仁，则失去了礼的真正内涵。由此可知，孔子对于"礼"的坚持，其实是出于对"仁"的肯定，所谓"不知礼无以立也"（《论语·尧曰》）。总而言之，"仁"是礼的内在根源，"礼"是"仁"的外在行为表现。"仁"是从人的本性发展出来的内在品德，是关心人、爱护人、体恤人的内心修为，是与人为善、成人之美的内在根据。"礼"是按照"仁"的精神延展出来的一系列社会制度、规范和道德原则。这种以"仁"为根、以"礼"为体的人格与气质只有君子才能具备。子曰："质胜文则野，文胜质则史。文质彬彬，然后君子。"（《论语·雍也》）孔子认为一个人的外在修养和内在品德都很重要，不可偏废且需长期的修养与磨炼。做人就要做这样文质彬彬的君子。

君子的修养就在于能够认真执行儒家的礼仪规范，文质彬彬，行为得体。苏轼指出："君子以礼治天下之分……君子以义处天下之宜……君子以信天下之惑……此三者足以成德矣"（《礼义信足以成德论》）。君子之所以能够衣冠楚楚，彬彬有礼，就在于内心有道德责任感、使命感、羞耻感。苏轼强调："不耕而食，不蚕而衣，君子不以为愧者，所职大也。自尧舜以来，未之有改。"（《礼义信足以成德论》）苏轼《李氏山房藏书记》对当时不读圣贤书籍十分惋惜，强调君子知书达礼，"皆习于礼乐，深于道德，非后世君子所及……知昔之君子见书之难，而今之学者有书而不读为可惜也。"（孙君恒等，2018）

诚信是礼的延伸。无信，无以立身，更无以成君子。子曰："人而无信，不知其可也。大车无輗，小车无軏，其何以行之哉?"（《论语·为政》）孔子将诚信比喻为车的輗和軏，如果一个人没有诚信，就如同大车没有安装輗、小车没有安装軏，就无法在社会中成长和发展。言而有信是成为君子的最基本的条件。孔子认为君子应该"先行其言而后从之"（《论语·为政》）。为了防止自己所说的话落空，最好是先将事情做了，然后再说出来，这样就能有效地避免出现言而无信的局面。

（三）行止合宜

君子博学多才，道德品质高尚，且彬彬有礼，由内而外则行止合宜，表现出庄重优雅、大方得体的君子风范。孔子注重外在形象，即使在家闲居也不例外。如："子之燕居，申申如也，夭夭如也。"（《论语·述而》）孔子在家闲居时，穿戴整齐，表情端庄，温和自然，悠闲自在。"文犹质也，质犹文也。虎豹之鞟犹犬羊之鞟。"（《论语·颜渊》）君子的本质很好，修养很高，但孔子认为外在的形象同样重要，衣着应得体大方，如同虎豹和犬羊的皮。"君子不重则不威"（《论语·学而》），君子言行如果不稳重的话就没有威严。"温而厉，威而不猛，恭而安。"（《论语·述而》）温和而又严肃，威严但不凶猛，庄重而又安详，这是孔子的弟子对孔子的赞扬。"君子正其衣冠，尊其瞻视，俨然人望而畏之，斯不亦威而不猛乎！"（《论语·尧曰》）君子随时衣冠整齐，仪表高贵，矜持庄重让人望而生畏，这就做到了威严却不凶猛。威严、温和看似矛盾，实则不然，在君子身上二者能够很好地融合一体，如"君子有三变，望之俨然，即之也温，听其言也厉。"（《论语·子张》）

君子在庄重优雅、大方得体的同时，力求让外在行为符合社会规范，成为后世子孙的楷模。子夏曰："贤贤易色；事父母，能竭其力；事君，能致其身；与朋友交，言而有信。虽曰未学，吾必谓之学矣。"（《论语·学而》）看到贤人能肃然起敬，奉养父母能尽心尽力，为君王办事能舍身为国，与朋友交往能言而有信，即使这个人没读圣贤之书，但我一定要说这人是有真学问的。这句话概括了君子需要处理的三种人际关系，而君子的行为往往表现在和父母、君王、朋友的相处中。侍奉父母要竭尽全力，为君主服务要奉献自身，与朋友交往要言而有信。这是对君子行为最基本也是最主要的要求，同时，君子还应不断反思自己，发现自己的错误，并及时改正，这样不仅不会减少自己作为君子的威望，反而会更加受到世人的尊重。君子的魅力在于懂得适时适度，凡事讲究一个"和"字。总之，"礼之用，和为贵。先王之道，斯为美，小大由之。有所不行，知和而和，不以礼节之，亦不可行也。"（《论语·学而》）礼的施行，以和谐为最终原则。这是前代君王治理国家最可贵的地方，无论大事小事都应遵循这个道理。"礼"是社会秩序、规矩，讲礼是过程，是方法；"和"是社会和谐、安稳，是目的。礼之贵，在于行止合宜。行止合宜，即君子外在美与内在美的和谐如一，饱含着丰富的教育学意蕴。

第三章

我国高等商科教育百余年历史演进

在近代中国，商学是一门新兴的应用型学科，具有多学科交叉性和综合性的特点。近代商学还与中国当时的政治、经济和思想文化的变革有着密切的联系，存在着复杂的互动关系，格外引人注目。"在清末民国学术实现初步的现代转型过程中，商学也曾经扮演过不容忽视的角色，并具有独特而典型的考察价值"（黄兴涛，2012），对近代中国商业的现代化和教育事业的发展特别是社会观念的转变等产生了重要而积极的影响。目前，在市场经济条件下，国内商业学校教育方兴未艾，商学院数以百计且招生数量逐年增加，商学及其高等商科早已成为热门。但无论是商学界还是史学界，"都基本忽略了对该学科在中国的发展历史进行深入系统的探讨，以至于今，其历史面目依然模糊"（严昌洪，2000）。

本章主要介绍近代中国商业教育产生的背景和过程，回溯中国商业教育的悠久传统，评价其历史贡献及其局限性；考察鸦片战争以后，面对西方资本主义的强势入侵和中国工商经济的近代化转型，中国先进知识分子如何在恐慌中应对，还原清末民初的教育改革进程及其商科教育萌生期的概况；呈现不同时期中国高等商科教育制度的变迁，勾勒出我国商科教育兴起和发展的概况。本章通过以上问题的厘清，试图回答我国高等商科教育存在的目的和使命。

第一节 我国商业学校教育的源起

"商业教育是近代兴起的一种教育形式，它将商与学结合起来，培养了一大批具有现代商业知识，并掌握新型商业企业经营管理方法的专门人才。""民国教育史将商业教育列入实业教育、职业教育"。（马修进，2015）

学术界关于商业教育的界定通常有两种：一是狭义的商业教育，仅指学校商业教育；二是广义的商业教育，包括学校商业教育和社会商业教育。如民国时期私立复旦大学商业院院长李权时1933年出版的《商业教育》将商业教育分为学校商业教育和社会商业教育两大类，学校商业教育又分为初等商业教育、中等商业教育和高等商业教育。（马修进，2015）本书的商业教育主要指学校商业教育。为了论述的需要，有时也包括职业学校和普通学堂附设的商业教育，有时还涉及商业补习班教育等。

商业学校教育的起源，时间并不太长，欧美不过是19世纪中叶的事情，日本也是在明治维新以后。中国古代同样没有商业学校教育，那时的商业教育一般是学徒式商业技能教育。到了近代，商业发展一日千里，银行、铁道、海运、保险等新兴事业要求有较复杂的理论和有一定秩序的经营法则，而只受过学徒教育却没有接受过新式商业教育的商人已不能适应近代商业发展的需要。于是，近代商业学校教育起而兴之。

一、师徒传承：古代商业学徒制教育

在传统教育中，简易的社学和私塾只教学生认读写《三字经》《千字文》《百家姓》等，而各种实用杂字和日常技艺，如打算盘、记账等商业技能是在商店工作实践中学到的。古代的商业教育一般是徒弟居于店东之家，店东教以商业技能的同时供给衣食住行。徒弟修业年限大约为三年，期满之后为商店职员。若干年后，积累了丰富商务经验和资本的徒弟则可自为店东。这种培养商业人才的方式在唐代行会中盛行，有论者称其为"我国商业教育之嚆矢"（袁福洪，1977）。这种方法简单实用，一直沿用至近现代。

在这种学徒制下所获得的训练在古代商业中是有用的，它可使一般青少年"于不知不识之间，逐渐明晰买卖的要务，通晓商品需供之实际，理会商业经营之缓急"，且"徒弟与主师，亲若父子，俨然家族，彼此之间，于道艺外，犹多密切感情，其能得圆满之效果"（全国商会联合会报，1916）。店徒于商务的实践活动中，在资深店员或店东掌柜的言行示范中，进一步接受从司酒、敬茶、侍奉掌柜的杂务训练到记账、珠算、识别货品、鉴认金银品色的专业训练。经过一段时间的观察和培养，天性聪颖、品行可靠、可资造就者，还有望秉承掌柜的看家本事和经商秘笈（吴玉伦，2008）。因为那时"商业规模狭小，组织简单，贩路不出乎一地，市场无模范的经营，内外关系盲然莫察，惟就其局部之事，心会躬行，则已绰有余裕，至科学的研究实非必要。"（全国商会联合会报，1916）适应当时商业水平，学徒制教育有其成功和可取之处。

"随着行会制度的产生与发展，学徒制也逐渐规范起来，到了明清时期不仅有了各方面的约束章程，更有了制度保障。学徒制散布范围广、历史漫长、影响巨大，普遍存在于古代职业教育中，在人类教育史上扮演着重要角色。它既是一种独特的职业教育形式，又是社会教育形式之一。"（马修进，2015）到明代中后期，由于商品经济的发展，苏杭等江浙地带出现了资本主义萌芽，商品经济空前活跃，商品流通不断加强，于是，在工、商行业出现了以维护自身利益为宗旨的行会组织。普通人想要进入工商行业，进而拥有经营资格，必须从学徒开始做起或拥有学徒经历，从而受到行会的控制。"行会用约定俗成的规矩和制定严谨的行规来约束学徒，从入门、训练、培养、日常考察到考核出徒等。""民间学徒制并不像官营学徒制那样有着系统的培训流程、规范严谨的管理模式"（马修进，2015），以口头相授和亲身示范为主，情感关系是维系师徒关系的重要纽带，注重"一日为师，终身为父"。"师徒之间的传承以其强大的生命力为传统社会的文化生活、社会生产做出巨大贡献，并推动了社会进步和发展。""从早期的家庭内部口头相授到养父子式的师徒关系再到一般意义上的师徒关系，在明清时期形成了行业控制下的监管制，学徒制从产生到完善，分布在古代社会的各个行业中。"（马修进，2015）

如山西商人主要采用学徒制培养人才。晋商采取严进严出的培养方式，从考察选拔到任用、从录用到出徒等都有严格的机制。新吸收的人员须一律经过学徒阶段，一般为三年，届满，优秀者录为正式员工，表现不好，资质又差者，辞退回家。学徒的选拔实质上也是员工的选拔。商家对学徒从年龄、出身、自身素质、相貌甚至家庭成员的品行等各方面进行选拔和考察。"欲为练习生，先托人向票号说项，票号先向保荐人询练习生的三代做何事业，再询其本人的履历，认为可试，再分口试与笔试两种，如属合格，择日进号。"（卫聚贤，1944）新学徒的来源，原则上只从商号财东或经理的同乡人中选拔，在对其家庭出身、上辈人的为人处世、德行信誉等方面都很了解的人员中挑选，多为亲朋引进，知根知底。推荐人都很认真负责，事关个人信誉，绝不敢推荐不肖子弟。当了学徒表现不好被开除回家者，别的商号多不再录用。故一旦被开除，将会绝其后路，所以学徒都很遵守商规。

如创始于康熙初年的大盛魁商号，历经 280 多年，从业人员达 7000 多人，其招收学徒的做法是：在该商号财东或掌柜原籍太谷、祁县挑选十五六岁的优秀青年，个子不高不低，相貌俊秀，精明聪颖者，经面试合格后，先徒步行至呼和浩特分号，然后骑骆驼至科布多大盛魁总号所在地集中进行语言培训。授以蒙古语、维吾尔语、俄罗斯语，用汉语注音，强记硬背少数民族语及外语商业用语，以达到能够用相应语言谈生意、做买卖为目标。然后将其分配到各地商号柜上，跟着老员工学习业务，先当学徒，老员工就是师傅。学徒的训练分 3 个阶段。第一阶段，主要是日常杂务训练。日常杂务训练期是对学徒进行从基本礼仪到记账、演算再到熟记货品、识别银钱等一系列商人基本素养的训练。白天"即司洒水、敬茶、奉侍掌柜一切等项"，俗说"提三壶"，即水壶、茶壶、夜壶（尿壶）；"晚则写字，习记账，演珠算，详记货品及价格、银之品色与钱之易价，练习对于掌柜顾客之仪容言语。"（孔祥毅，2002）同时，在道德和商人修养方面进行训练，要求学徒重信用、除虚伪、节情欲、敦品行、贵忠诚、鄙利己、奉博爱、薄嫉恨、喜辛苦、戒奢华。第二阶段，是以师带徒时期。老职工或掌柜口传训练，教念"平码银色折"和其他商人教科书，也可以做一些抄信、帮账等事情。在这期间，师傅会针对天资不同的徒弟，采取不同的教育方法，即因材施教，但要求每个徒弟都要勤勉励志、自省自勉。第三阶段，选拔第二阶段的优秀者，也就是掌柜认为有出息者授以经商之道。（马修进，2015）

学徒期的三年间，学徒所习的商业知识和掌握的商业技能大体分成以下两大部分：一是商人素养。除了基本的商业礼仪之外，更重要的是察言观色、商业经营、行业规矩、及时获取商业信息等。如从商之人如何获取对自身更有利的信息，当时的商业用书《贸易须知》里就有详细指导："开行开店之人，三朝五日要在众行走走，讨讨信息，街上各店坐坐，谈各货情，谈情形，不可一去延月不回，有误自家生意。你若呆坐在家里则不知行情有早晚之分、朝夕之变。"（张正明等，2010）商人修养是商人必备素质的基本要求。按《贸易须知》要求："学生意，第一要守规矩，受拘束。不守规矩则不成方圆，不受拘束则不能收敛深藏。即顽石须经琢磨方成器耳"；"学生意，清晨起来，即扫地、掸柜、摸桌、擦椅、添砚水、润笔、擦戥子、舀水與人洗脸、烧香、冲茶，俱系初学之事"；"学生意不要口钝怯阵。但戥头、银水、算盘、笔道、言谈、礼貌诸事，需要请教人……切不可拙口钝腮，一言不发，犹如木头一般。""学生意先要立品行，但行有行品，立有立品，坐有坐品，食有食品，睡有睡品。以上五品，务要端正，方成体统。行者，务必平身垂手，望前看，足而行，如遇尊长，必须逊让，你若獐头鼠目，东张西望，摇膊乱跪，卖呆望蜜，如犯此样，急宜改之；立者，必须挺身而立，沉重端严，不可依墙靠壁，托腮咬指，禁之戒之；坐者，务必平平正正，只坐半椅，鼻须对心，切勿仰坐、偏斜、摇腿、跷足，如犯此形，规矩何在？食者，必从容缓食，箸碗无声，菜须省俭，大可厌者，贫吞抢咽，箸不停留，满碗乱叉……扒于桌子，这样丑态，速速屏去；睡者，贵乎曲膝侧卧，闭目吻口，先睡心后睡目，最忌者睡觉岔脚，露膊弓膝，多言多语，打呼喷气，一有此坏样，起早除之。""学生意，要有耳性，有记才，有血色，有和气，此四件万不可少。有耳性者，则听人吩咐教导；有记才者，学问的事就不能忘却了；有血色者，自己就顾廉耻了；有和颜者，则有活泼之象，又叫着是个生意脸，且而人人见了欢喜你，岂不美哉。"（孔祥毅，2002）在对学徒的培养和教育中，各商家对学徒的道德品质十分看重。诚信、守义、勤勉、吃苦耐劳等良好品德是一个合格学徒必备的人格素养。（马修进，2015）二是商人基本技能。写字、珠算是从事商业所必须具备的基本功，甚至有些商号在选拔学徒时就会要求"精楷书，善珠算"。学徒期间，除了"饭后闲暇无事，可以在柜上习字操练"，"学习算盘……务要在晚上，……请教人指明算法，全在揣误自省"（张正明，2010）。精通加减乘除之外，还要熟算容体积、地亩折算等。记账也是学徒的一门必修课，做出的账必须与实物进出分毫不差，会记的账要包括流水账、现金账、老账、浮记账等。此外，晋商的商号遍及中国，经营地域十分广阔，在与蒙古族、维吾尔族等少数民族及俄罗斯进行贸易往来的同时，掌握其语言成为必不可少的条件。因此，少数民族语言及俄语也是部分学徒尤其是大商号的学徒所要学习的。《清稗类钞》载："其在蒙古者通蒙语，满洲者通满语，在俄边者通俄语。每日昏暮，伙友皆手一遍，习语言文字，村塾生徒无其勤也"。（徐珂，1986）另外"平码银色折"这种用来鉴定银子成色的方法也是学徒需要牢牢熟记的。票号的银两汇兑生意涉及各地的白银和铜板，其成色、质量千差万别，为了公平诚信的汇兑，发明了鉴定银子成色的方法，这样在不同地区取到的银子才能保证含银量的一致。以上所述的商业技能是商号学徒及子弟需要学习的一部分，在严格的商业训练下出师的学徒，成为晋商占有全国市场的有利力量。（马修进，2015）

二、商业教科书：学徒制教育的系统化

与后来以科举制为核心的正统教育不同的是，学徒制与社会生产和生活的联系更加紧密。"学而优则仕"是古代社会的主流观点并占据着主导地位，而在社会生产与生活领域中亟须的专门性人才的培养则往往被排斥在正规教育门外。在这种情况下，社会生产与生活部门承担起了专门性人才培养的职

责，这是社会的自觉和生产发展的必然。

同时，在长期的行商过程中，商人们深知商业专门知识的重要性，深刻体会到在商业人才培养方面商业教科书比言传身教更具专业性，其中蕴含的商业经验与实践知识更加的条理、系统和具体。如晋商在其商业活动中，一方面将自身的商业知识、经商心得总结概括，形成章法，另一方面整理和收集眼见耳闻的商业实践经验，将二者融合编撰，形成专门的商业教科书，从而更好地将这些宝贵的知识与经验传授给自己的子弟。

以商业教科书来培养专门商业人才是晋商商业教育的特点之一。晋商商业教科书大致可分为：（1）总结概括类。如《生意世事初阶》，作者为江苏王氏，是晋商的识字读本，后来在此基础上又编著了内容更加丰富的《贸易须知》。该书对如何培养学徒（如商家应如何对待伙计、商家与学徒的关系等）、如何当好学徒（如处理与东家的关系、怎样站柜台、外出置办货物时的注意事项等）、如何当好东家（如追债、讨账、开店事宜等）等坐贾经商和学徒培养的经验进行了总结。《贸易须知》中的商业知识，对商业青年子弟具有重要的学习意义。（2）技能培养类。如《新集通证古今算学宝鉴》，是一部算法精准、内容翔实而又通俗易懂的数学书，作者为明代晋商王文素。书中涉及的求积、求长等数学内容具有很高的实用价值。《湖海必须》是洪洞县商人王镛所编辑，内容包括书信格式及范文、各类札记、月令等。其余常见的还有《断银歌》《成章计算》等。（3）除了上述两类通用的商业教科书之外，各行业也有本行业内部的专门教科书。如茶商就有祁县乔家大德诚的《行商遗要》。《行商遗要》对进货地区的地理位置、路程及食宿、茶品及茶叶辨别、贸易规则、运输过程中的注意事项等均有详细规定，如买红黑茶规例底、踹茶做工规例底、行内杂役规例底、益（阳）发汉（口）镇水解例底、杨柳青报厘金底、天津关报税底、汉口装轮船例底等（史若民等，2002），这对于初涉茶叶行当的晋商子弟来说，不仅有章可循，更是可以较快掌握该行当行商要诀的捷径。再如《典当商商业教科书》涉及的典当行专业知识有"金银琉璃、玛瑙、珊瑚、琥珀、珍珠、玳瑁、翡翠等所谓'佛门七宝'，还有绫罗、绸缎、铜、瓷、锡、木等"不同材质的古玩、珍宝的价格、辨识鉴赏、买卖规则等（史若民等，2002）。比如其中一首辨别银子成色的歌诀写道："七三银子四壁看，腰中明白有条线。下剪查细灰红色，定准成色方无害。银子七三定有验，死手止在剪上断。查得细灰老黄口，银子落平不用乱"（史若民等，2002）。

从历史上看，商学教育的演进经历了一个漫长的过程。中华民族历史悠久，在漫长的封建社会中，尽管受"重农抑商"的影响，商业很不发达，但在长期的商业演进过程中，萌芽的商学以两种方式存在：一是师徒制，二是在民间广为流传的关于经商之道的古籍。如早先秦时期，《史记·货殖列传》就记载了计然的积蓄之道、范蠡的生财之道、荀况的开源节流和白圭的经商韬略等。《管子》是我国较早阐述市场观念的一部著作，该书把市场与大地、朝廷、黄金、千乘之诸侯国及封地置于同等的地位。这些古籍的流传，实际上是在传播着经商理念和经商技能。秦朝至宋代的中早时期，中国的私商大致以零星、分散的方式发展。宋代以后，出现了以地域文化为表征的商人群体，如"徽州风俗上以商贾为第一等生业，科第反在次者。"（《二刻拍案惊奇》卷三十七）徽州还是朱熹的故里，书院遍布城乡，人们自小接受传统文化的熏陶，许多人学业期满后便弃儒经商或亦儒亦商。明清时期形成了以地域为中心、以血缘乡谊为纽带的十大商帮，《中国商脉》《中国十大商帮探秘》是儒商风貌的概括和总结。（郑淑蓉等，2011）商帮的重贾道、重义气、重乡情等儒商情怀深受传统商学教育的影响又深刻地影响着后人。

第二节　清末高等商业教育的萌生

19世纪40年代以降，中西贸易往来日益密切，藉条约之便，外国商品和资本大量涌入中国。中国逐渐被纳入资本主义世界市场，开始了与外国的"商战"时代。为应对西方冲击，一些开明之士提出"兵战不如商战""商战不如学战"的主张。随之而来的是对"重农轻商""重本抑末"等传统经济思想的颠覆，重商主义思想逐渐占据主导地位。在"商为国本""商提四民之纲"等重商主义观念指导下，发展资本主义工商业成为时代共识。（刘诗悦，2017）要振兴工商业，人才尤为关键，而传统经验型商人的知识结构明显不能适应近代商业需求。培养商业专门人才的新式教育于是被提上议程。在郑观应、康有为、盛宣怀、张之洞等有识之士的倡导下，西方商学教育情况引起各界关注，其商业教育理念和模式逐步传入中国。于是，在外力的压迫和各界鼓吹呼吁下，我国近代商业教育应运而生。"自19世纪以还，商战日烈，东西诸国，争以其最有机智之商才竞争于吾国之商场，而我国则以无学识无思想之商人仓促应付，其败也宜矣。论其原因则不学无术四字足以盖之。近日渐知其所以然，于是有商业学校之设立。"（心一，1913）1902年，清政府将其纳入正式教育体系，于是各种商业学堂陆续兴办。由此可知，我国商业教育并非我国社会经济发展的必然结果。

概言之，到了近代，由于商业经济的规模和结构发生了极大变化，传统的以师带徒式的"学徒制"商业教育已远远不能适应形势的需要，在外来势力冲击之下发展起来的工商业对商人的数量和素质提出了新的要求。"近代商业教育是在中国近代化的过程中适应时代发展需要应运而生的新生事物，它的出现是中国近代化的一个重要方面。"（郑成伟，2012）

一、求强求富：新式商业教育兴起的背景与原因

一部中国近代史，就是一部中华民族遭受外来势力欺凌的屈辱史，列强觊觎和侵略行径的动力，很大程度上来自于巨大商业利益的诱惑。外国资本主义国家利用不平等条约，通过建立通商口岸、开设洋行、修路开矿、掠夺原料、推销产品等，在中国大肆攫取特权和财富，急速地催动以小农业与家庭手工业为基础的封建自然经济的分解和城乡商品经济的发展。1911年清政府灭亡时，全国开设的通商口岸达82个，外国资本家在中国创立的近代工业企业达220多个（吴玉伦，2008）。传统的商人结构随之而变，由以行商坐贾为主，发展到官商私商，再到洋行大班、买办和民族资本家。商业组织形式也由家庭、行帮等的单独投资或互约合资发展为新兴的近代公司。同时受

到冲击的还有"重农轻商""重本抑末"的传统经济思想。代表新兴资产阶级利益的知识分子和开明士绅，在外国资本主义经济思想的影响下，对传统的经商思想进行了大胆的批判，提出"商为国本""商提四民之纲"等重商主义观点，积极主张发展资本主义工商业。在强大的社会舆论压力下，晚清政府开始放松对工商业的控制，变"抑商"为"恤商"，号召"振兴商务""通商惠工"。工商各业的发展，相应地对培养商业人才的商业教育提出了新要求。（吴玉伦，2008）

（一）缺少商业知识：传统学徒教育的局限

鸦片战争后，受《马关条约》和清政府允许民间投资设厂政策的影响，中外企业大量出现。在各个通商口岸，各类新式商业企业借助于新的市场环境，积累资本，发展迅速，但是这些企业主或是经理人并没有受过专业训练，以至于企业的管理手段和内部组织形式并没有脱离原有模式，对于如何经营和管理现代资本主义企业往往束手无策。新的形势对商人的商业知识提出了更高的要求，一部分企业因为专业技术和管理人才的缺乏阻碍了自身的发展。发展近代工商业需要的是实用人才，而纵观西方诸国"文则有仕学院，武则有武学院，农则有农政院，工则有工艺院，商则有通商院。"（薛福成，1981）部分工商业者通过商业实践和与外国人接触中习得的英语及浅显的商业知识往往捉襟见肘。一些教育机构的出现也证明了当时对新式商人的迫切需求。例如上海圣约翰书院的英华系，在校"学生绝大部分是买办和上海租界高等华人的子弟……课程包括读、拼、写、作文、文法、数学、物理和地理等，……为洋行招募办事员或其他职位做了良好准备"（郝延平，1989）。而除了买办、少数商人及其子弟外，大部分工商业者都是学徒或商贩出身，知识层次较低，其知识结构已经不能适应近代工商业发展的需要，因而对系统的、高层次的商业教育的呼声日益高涨。（马修进，2015）

在资本主义工商业发展以前，学徒制教育的价值是正向的，但在新的工商业发展形势下其局限性已经显而易见。近代以来的银行、铁道、海运、保险等工商业立基于一定的自然科学知识之上，其经营法则均有一定的理论和秩序，需要一定的科学知识与研究，对商人素质的要求自然今非昔比。商人如要游刃有余，不但要通格致、达文史、谙商律、识贸迁，甚至部分商人还要必修各国语言、四方风物、交涉法律等。至此，传统的学徒制教育已无法适应近代工商业发展的需要。如梁启超在《论变法不知本原之害》中问道："商务学堂不兴，罕明贸易之理，能保富乎？"而在教育内容上，学徒制教育仅仅局限于"洒扫奔走、伺应行礼、服役种种，甚且携涤溺器……综言之，即一奴隶功课而已"（章开沅等，1991），更谈不上科学的研究。再者，师徒制的教育规模很难扩大，很难满足迅速发展的商业人才数量需求。

有人总结传统的经验型商人失败的原因时指出：即使坚忍耐劳诚信如粤商、赣商、晋商者，殊不乏人，且为外国所称道，但他们对于"决定供求率之谓何，决定自由竞争价之谓何，决定贸易顺逆权衡之谓何，通晓商品性质之谓何，通晓商业地理之谓何"（严昌洪，2000），虽不能谓其全然不知，然究实际，终似是而非。是以动辄失当，渐次溃败。由于缺少这些商业知识，以致"通海以来，则交通变迁，以仍守旧辙而败；货朝发而夕至，以仍守其定期贸迁而败；通埠女间，迷离光怪，初虽如老僧入定，乃终不胜魔而败；商品之价格用途已变，不思贬价脱卸，乃积陈货如山而败；外强中干，欲维旧信用而无善策，乃愈放胆架空而败。"（章开沅等，1991）

（二）随潮流而俯仰：世界范围的一种历史必然

西方国家早期商业人才的培养，与古代中国差异无几，主要靠学徒制度的传承。产业革命以后，"以传统的基尔特徒弟制度中，漫无系统的零星教授方法来获得职业上的知识与技能，显然在工商业发达的社会中已无所施其技，因此乃有教育系统的再组织，教育计划的再调整，近世新式职业教育乃能奠其基础。商业教育为职业教育之一重要环节，自必随职业教育的潮流而俯仰。"（袁福洪，1977）随着经济的发展，近世以来，铁道、轮船、电信、邮政等交通机关与银行、保险等金融机关的规模越来越大，商业企业活动亦随之变化，专靠少数旧式人才的经验、技术，已很难在商场上取得成功，必须要有具备现代商业知识的多数商业从业人员为之辅助，才能在商场上从容应付。"如以从前狭小商业之阶级子弟妄事承乏，则障碍甚多，而遗误亦大。创办者屡经困难，不得已乃另招集商业以外之聪颖子弟教以商业实际，借供运用。其教育机关除依赖特殊专门学校外，自无他法。欧美日本商业学校创办之由皆不外此。"（全国商会联合会报，1916）

而在我国，鸦片战争以来，随着西方资本入侵以及中西商战日趋激烈。传统学徒制模式下成长起来的中国商人，无法适应近代商业需求，在中西商场上屡屡受挫，民族经济受到沉重打击。同时，在外国商品倾销和国内经济发展的条件下，商业出现巨大进步，在夫妻店之外，出现了大型的商业企业，封建商业也开始向资本主义商业转型，对具有新式知识的商业从业人员需求增长很快。（严昌洪，2000）部分有识之士意识到，"中国之患，西祸为急，则时务莫大于洋务。西国之谋人国也，以商贾笼其才，然后以兵戈取其地，故今日中国以整顿商务为先"（高时良，1992）。于是，振兴商业成为社会共识，而振兴商业，最关键在于专业人才培养。"中国而欲谋富，须先重商，重商之要以培植人才为第一要义，于是作设立商务学堂议。"（申报，1899）近代商业教育由此应运而生。

对于如何开办商业教育，国外商业教育的发展为国内提供了借鉴和启示。当时各界人士对西方各国农工商业无不有学而羡慕不已，于是一些报刊陆续对各国商业教育状况进行了介绍。如《学部官报》分别对瑞士、荷兰、法国、比利时等多个国家的商业学校设置、课程开设、办学情况等进行详细介绍。《东方杂志》则介绍了国外商业教育的课程、目的、宗旨、教育法等。同时，早期赴欧美日的留学生中均有学习商务者，他们不仅带回了商业知识，同时也带回了近代商业教育的理念。（吴玉伦，2008）

洋务运动后期，随着对西方考察视野的扩展和自身"求强"过程中认知的深化，人们逐渐认识到军事近代化需要整个社会经济的支撑，而西方国家先进的原因正在于经济强盛、商业发达。如曾国藩的幕僚薛福成（1994）就将英国的强盛归功于"以商立国"，他说："西人之谋富强也，以工商为先，耕战植其基，工商扩其用也。然论西人致富之术，非工不足以开商之源，则工又为其基而商为其用。迩者英人经营国事，上下一心，殚精竭虑，工商之务，蒸蒸日上，其富强甲于地球诸国。诸国从而效之，迭起争雄。泰西强盛之势，遂为亘古所未有。"同时李鸿章也认识到"欲自强必先裕饷，欲浚饷源莫如振兴商务"。（顾廷龙等，2008）洋务派的认识由"求强"转向"求富"，开始寻求经济实力和工商贸易的发展。晚清时期的早期启蒙思想家汪康年（1896）将商战放在最重要位置，他认为"商之为事常，兵之为事暂，商之为事繁，兵之为事寡，商所赴之地多，兵所赴之地少，兵者备而不必用者也，商者无日不用者也。"作为"商战"思潮的代表人物，郑观应（2002）明确提出商战重于兵战，他认为"兵之并吞，祸人易觉；商之掊克，敝国无形。我之商务一日不兴，则彼之贪谋亦一日不辍。纵令猛将如云，舟师林立，则彼族谈笑而来，鼓舞而去，称心餍欲，孰得而谁何之哉？吾故得以一言断之曰：习兵战不如习商战。""商战"思潮的兴起顺应了当时的历史发展潮流。

（三）开商智兴商学：与外国商战的需要

"商战"思潮的兴起并不能阻挡中国商战的屡屡失利，人们渐渐认识到商学不兴的危害性。"商战世界即学战世界"的观念成为人们的共识。商人们认为："西方商人皆从学堂积学而出，不独以通文义、算术、历史、舆地、制造见长，且能周知各国之情势，所见者广，所争者大；而中国商人力薄资微，智短虑浅，既无学问，而又坚僻拘墟。中外交易中，以无学识之人与有学识之人遇，其胜负可立决"（章开沅等，1991）。商人们的认识直接体现了当时商战的惨况及其兴办商学的紧迫性。有官员指出："方今为商战之天下，各国以商战实皆以学战。每办一事必设一学，故商业学校尤为外洋振兴商务之基。宫保（指袁世凯）讲求新政，志在百废俱兴；本督办等银号备员，亦有维持商务之责，将欲挽回天津市面，非开商智兴商学不可。而经费为艰，一时学堂尚难举办，则莫若选商家子弟之良者数人，前赴东洋入商业学校，以为储才之计。"（虞和平等，1999）而学生们则指出：中国天然之地位，为贸易最适当之中心点，其天然之物产，足以供地球数十国之取求，中国商业应该是非常之发达。但是"问其内国贸易，则市镇萧条，倒闭相仍；问其外国贸易，则百遇百蹶，外人岁赢三千万以去"。考察其弊病，除了别的原因外，乃是因为我国人视商太易，以商为不学而能之事，学而不能为士，力而不能为农者，始置身中为商，结果"我商民阅历有余，而学问不足，经营虽工，而团结不紧。"（湖北学生界，1903）于是，创办商业学校，派遣留学生，成为 20 世纪初学习西方、振兴商业的重要举措。

鉴于商战的激烈以及财富的严重流失，中国对商学人才的需求日益强烈。如何改造书院与科举等传统制度以便更好地学习西方商学教育？中国商界首先开始转变传统教育思想，而这种转变却是非常艰难的。刘秀生（1994）认为：在壬寅癸卯学制之前，郑观应、康有为、谭嗣同、张之洞、李端棻、陈宝箴等已萌发新式商学教育思想。其中郑观应是"第一个提出发展商学教育的早期改良主义思想家"。康有为在《大同书》中所设计的教育体系即包括了商学教育。谭嗣同于 1894 年提议将商学纳入科举考试的范围。李端棻于 1896 年上奏朝廷设立商学。天津中西学堂于 1895 年将英文官商尺牍列为正式课程，"这是首次将商务课程列入教学之中的记载"。1897 年，湖南巡抚陈宝箴通过时务学堂培养选派学生出国学习水师、武备、化学、农商矿学、商学、制造等，"这是中国历史上第一次派遣商学留学生"。1899 年，总理衙门拟定"派遣留学生出国专攻农工、商、矿的章程"，规定派遣留学目的在于为兴办实业学校准备师资，还提出翻译《富国策正续》《生利分利之别》《贸易总册》之类的商政教材。

二、清末高等商业教育的萌生与各类商业学校的建立

在开商智兴商学的社会氛围下，商学教育的重要性已成共识，清末高等商业教育萌生了。1891 年，张之洞创办湖北方言商务学堂，是国内最早以"商务"命名的学堂。1893 年，张之洞又在武昌创立湖北自强学堂，分方言、格致、算学、商务四门，各地多有效仿。1896 年，盛宣怀筹建上海南洋公学，分师范院及外、中、上三院，其中的"上院"相当于大学水平。1903 年，盛宣怀向清廷上书在南洋公学"开办高等商务学堂折"，请将南洋公学

上院改为高等商务学堂，开展高等商科教育。该校商科筹划日久，盛氏为之投入大量心血，并聘请美国博士薛来西（C. M. Lacey Sites）教授理财、商律、公法、私法专科，美国学士勒芬尔（Lefener）教商业历史地理专科。虽然该校在著名教育家唐文治接手后转变为一所以培养工科人才为主的高等学校，商科被取消，然而以后继承其衣钵的国立交通大学上海分校（今上海交通大学前身）内仍设有管理学院，其开办的管理专业在国内享有盛誉。不过，此时商科办学仍属于摸索阶段，尚没有全国性学制的指导，各校课程不一，年限不一，各自为政，而且各校维持的时间也大都不长。（赵永利，2012）

甲午战争之后，朝野上下认识到教育是日本迅速崛起的重要动力，于是开始师法日本并推动教育变革。1903 年的《实业学堂通则》规定实业学堂宗旨是"所以振兴农工商各项实业，为富国裕民之本计"。实业学堂分农业学堂、工业学堂、商业学堂和商船学堂四大类以及实业教员讲习所。1904 年《奏定学堂章程》还规定，大学堂内设分科大学堂。商科大学要求设置商业实践所，以便学生实习商业。这是中国大学设商学院之始。（严昌洪，2000）1904 年，清政府模仿日本制定"癸卯学制"，标志着中国近代学制的正式建立。随着《大学学堂章程》《实业学堂章程》《高等学堂章程》等一系列规章的出台，在普通教育和实业教育方面，形成了初、中、高等三个层次以及农、工、商三科的完整教育体系，使得清末商业教育有了统一的规划。其中，初、中等属职业取向的教育，其培养目标为具有一技之长得以谋生的技能人才，而高等商科教育则要培养复合型高级商业人才。（赵永利，2012）

在高等教育阶段，设置高等学堂或大学堂预科（3 年）、大学堂（3～4年）、通儒院（5 年）三个层次。高等学堂属大学预科，学生毕业后可升入大学堂，与其平行的有优级师范学堂、实习教员讲习所、译学馆、进士馆以及高等农、工、商实业学堂等。在高等学堂，为预备入经学、政法、商科大学堂者开设理财学和理财学通论等商科相关课程。为适应商业教育师资培养的需要，初级师范学堂除完全科 12 门科目外，"视地方情形，尚可加外国语、农业、商业、手工业之一科目或数科目。"1906 年，学部又下文将酌量加习的农工商诸科，"改为必修课，令师范学生各自认习一门。"商业教员讲习所是专为造就商业教育教员而设的，学制 2 年，开设商业作文、商业算术、商业地理、商业历史、簿记、商品学、商业理财学、商业实践等课程，以培养商业学堂和商业补习学堂教员为宗旨。此外，在"高等学堂之外，得附设农、工、商、医高等专门实业学堂，稗中学卒业者亦得入之"，"又于商务盛处，则设商业专门实业学堂"，其培养目标为："通知本国外国之商事商情，及关于商业之学术法律，将来可经理公私商务及会计，并可充各商业学堂之管理员教员为宗旨；以全国商业振兴、贸易繁盛、足增国力而杜漏危为成效"。（赵永利，2012）

清末新政期间，全国共兴办了三所专科层次的高等商业学堂，即江南高中等商业学堂、直隶高等商业学堂和湖南民立明德学堂增设高等商业专科。江南高中等商业学堂原名南洋高等商业学堂，创立于江宁省城，附设银行专修科及税则、保险等科。1909 年，该学堂与同在江宁省城的江宁中等商业学堂合并，兼办教员讲习所，修业 3 年，由商务局总充任监督。直隶高等商业学堂于 1911 年 3 月由直隶总督陈夔龙裁撤北洋师范学堂后创办。被誉为"北有南开、南有明德"的明德学堂，是由湖南湘潭人胡元倓创办的一所私立学堂。1908 年，胡元倓开始在明德学堂内开办高等商业科，后又在南京创办银行专科，并与大清银行商定，学生毕业后全部到该行工作，以后又正式改为南京高等商业学堂，在上海、汉口设分校，在长沙的本校也招收银行专科学生，增设银行保险科等。民国后该校改名为明德大学，移设于北京。（赵永利，2012）

在大学分科方面，1904 年颁布的《奏定学堂章程》除仿照日本设法、医、工、文、理、农 6 科外，还增设了经学科和商科，这表明了清政府对高等商科教育的重视。各科下又分门，其中商科分为银行及保险学、贸易及贩运学、关税学 3 门。上述 8 科，京师大学堂须 8 科全设，外省大学堂至少设 3 科。1904 年的"癸卯学制"使高等商科在学科门类中已经占有一席之地。"癸卯学制"颁行之后，至 1909 年，由朝廷和地方政府开办的大学有京师大学堂、山西大学堂和北洋大学堂 3 所，因各种条件制约，仅有京师大学堂开设商科。京师大学堂因 1900 年八国联军入侵一度停办，至 1902 年得以恢复，增设了预备科及速成科；1903 年又增设进士馆、译学馆及医学实业馆；1909 年开办分科大学。至 1910 年，京师大学堂正式形成包括经学科、法政科、文科、格致科、农科、工科、商科等 7 科在内的学科分类体系，其中商科内又分经济学、财政学、商学、交通学等 4 门。至 1912 年，首届商科银行门毕业生 29 人获得文凭。蔡元培主政时，将商科归并法科，在法科下设经济学门、商业学门等。其中商业学门 1918 年毕业 62 人。（赵永利，2012）

三、清末商业教育概况

（一）买办群体与商业社会教育

鸦片战争以来，西方商品如潮水般涌入中国，外国资本也纷纷抢滩登陆，银行、轮船公司、百货大型公司等新型商业实体渐次进入中国，由此产生了一个全新的行业群体——中国买办。清代买办分为洋行买办、外商银行买办和轮船公司买办。"继承了中国传统商人知识结构的中国买办，在没有任何近代商业知识的背景下，跨入外国人商业运营管理行列，在深入的实践中摸索着学习近代商业知识"（曾金莲，2010）。

买办是中国近代最早的新式商人，以广东和江浙出身的为主。上海在 1843 年开埠后，由洋商开办的洋行在上海迅速发展。这些洋商初来上海，对华贸易遇到了诸如语言不通、经济情况不明、商业习惯不同、中国度量衡与货币制度极其复杂等诸多问题的阻碍，于是各洋行纷纷雇佣买办作为中西贸易之媒介。至 19 世纪 70 年代，广东籍买办成为上海开埠初期买办的主流，有上海洋行买办"半皆粤人为之"的说法。20 世纪初，江浙买办取代广东买办成为上海买办群体的主流。这类被外商雇用的商人通常外语能力较强，既可作为欧美商人与中国商人的翻译，也可处理欧美国家商界与中国政府的双向沟通事宜。同时，这类型商人还可自营商铺，多发家致富者。

买办作为中外商业的中介者，经常与外国人接触，英语十分重要。为适应这种需求，19 世纪 60 年代后，上海陆续涌现出各种商业英语培训和教育机构。据熊月之先生统计，19 世纪 70～80 年代上海出现的这类"英语文字之馆"共有 36 所之多。这些机构的开设主要是适应近代上海日益增长的中外商业往来需要，能够胜任"海关之事，或领衙门中事，或各洋行事务"。尽管这类机构很多是非正规的，还远不能提供系统、专业化的商业知识与技能，但它们毕竟是为适应新式商人的需要而建立的，与近代以前的那种学徒制商业教育相比，无论形式上还是内容上，都具有鲜明的近代性特征。以买办为代表的近代新式商人通过各种途径获得了一些近代商业知识，但对他们来说，新式商业技能主要还是在经商的具体实践中获得的。然而，19 世纪后期中国的商业经济已经发生了根本变化。买办商人在这场商业革命的实践中受到了深刻的洗礼，他们为洋行服务的商业实践过程也是接受近代新式商业教育的过程。一是最早具备了投资近代企业的开放视野；二是学习到了近代商业资本组织的新模式。到 19 世纪 80 年代"中法战争"之前，华商掀起了投资股份制公司的第一次高潮。买办在轮船运输、煤矿、棉纺织、机器制造等近代企业里的投资额都占有相当的比重；三是受洋行资本主义竞争精神的影响，增强了"商战"的竞争意识。总之，在商业革命的实践中，买办等近代新式商人受到了一次深刻的商业社会教育。（常国良，2011）

19 世纪后期，在条约口岸因势而生的商业英语培训以及买办等新式商人在商业实践中所受的商业社会教育，标志着中国近代商业教育的萌芽。这种商业教育是 20 世纪初在"清末新政"中产生的正规商业学校教育的一种过渡形态，存在明显的局限性。一是买办等新式商人从外商那里受到了一些资本主义商业实践的熏陶并学到了一些先进经验，但大多数不得要领，无法应对中国商业近代化的使命与挑战；二是买办虽然较早地投身于资本主义商业实践的时代潮流，与旧式商人明显不同，但在混乱无序的社会与经济环境中，他们往往唯利是图，投机成风，博蝇利而自足，无规模无组织，缺少国家和民族的意识。中国商业的近代化，不仅需要广大商人具有开放的商业视野、先进的商业技能，更需要增强团体凝聚力的商业德性。

（二）洋务运动和维新运动背景下的商业教育

鸦片战争后，中国社会开始发生由外至内的深刻变化，而传统教育模式下培养出来的士子"上不足制国用，外不足靖疆圉，下不足苏民困"（魏源，1976），旧式教育弊端逐渐显露。于是，洋务派以"求富求强"为宗旨，着重制造枪炮、船舰，训练新式军队，开办军事学堂。19世纪70年代，洋务派逐渐认识到，抵御侵略不仅要"强兵"，而且要"富国"，洋务运动的重心遂由军事工业转向民用工业。洋务派在创办新式工业及与外国人商贸往来的过程中，认识到了新式人才的匮乏，开始兴办实业学堂，培养资本主义工商业所需的科技人员和管理人员。1893年，张之洞创建的湖北自强学堂便设立"商务"课程，认为"商务关乎富强之大计"；1896年，他又设江南储才学堂，设立交涉、农政、工艺、商务四门，目的在于"恤商惠工""有益国计民生"。实业学堂具有强烈的时代特点和政治色彩。1904年，晚清商务大臣盛宣怀还创办了我国近代史上第一所商科高等专门学校——南洋高等商务学堂。（郑淑蓉等，2011）其办学目的正如盛宣怀（1939）所言："必须广商业以植其材，联商会以通其气，定专律以维商市，方能特开曹部，以振起商战，足国足民。"新学堂从教育目的、课程内容上都发生了根本性变化。教育目的是培养洋务事业所需的近代外交、军事、经济等实用型人才；课程内容上更是将当时被称为"西学"的外国语、代数学、几何、格物、化学、航海测算、天文测算纳入正式课程，成为日常教学的主要内容。新学堂的课程设置更切合实用。（马修进，2015）

近代商业教育于洋务学堂中萌生了。这一时期的洋务学堂共有20多所，重点在于培养军事技术、工业、机械、船政、外语等方面的人才，商业教育零星分散其中。这些洋务学堂开设了与商业有关的课程，并设有专门的商业学堂。除张之洞的江南储材学堂和湖北自强学堂外，京师同文馆在主要培养外语人才的同时，亦开设"富国策"一课，所讲内容即是"农工商之事也"（高时良等，2007）。在开设近代商业课程的洋务学堂中，上海格致书院算是其中较为正规的学堂之一。在学堂测试中请来洋务名臣或精通洋务的士人为学生出题，如盛宣怀曾命题："问各国至中国通商，按光绪十六年贸易册，英赢银至六千八十余万，而俄、美等国各补入中国银八九百万。核稽历年，大抵英必赢，而俄、美必绌。岂西国经商亦各有工拙欤？抑物产使然欤？今欲振兴商务，其策安在？""问中国工商生计多为洋人所夺，欲收回利权，应如何进口货少，出口货多，以期利不外散，权自我操？诸生留心时事，其各条举以对。"薛福成则问道："问中国近年丝、茶出口之货，核通商总册，较光绪初年有增无减，而丝、茶各商，日见耗折，其故何欤？今议整顿之法，其策安在？"（王尔敏，1980）

中日甲午战争后，维新派领袖康有为在《请广开学校折》中向光绪帝陈述应广设专门学堂，指出："专门者，凡农商矿林机器工程驾驶，凡人间一事一艺者，皆有学，皆为专门也"（汤志钧，1981）。在随后的戊戌变法中，光绪帝于光绪二十四年七月初三上谕："朝廷造就人才，惟务振兴实学，一切考试诗赋，概行停罢"（汤志钧等，2007），并成立京师大学堂。京师大学堂"西国学堂所读之书皆分两类：一曰博通学，二曰专门学。"《总理衙门筹议京师大学堂章程》规定，在博通学学成之后，学生要在以下十门专门学中修习其中一门或两门。专门学分为"高等算学第十六，高等格致学第十七，高等政治学第十八……商学第二十三，兵学第二十四……"（汤志钧等，2007）

洋务运动时期和戊戌变法时期新式商业教育在中国社会的出现，是彼此孤立、毫无联系的，更谈不上形成系统，这时期商业人才的培养主要依靠学徒制，但是新式商业教育和商业课程的出现还是对传统商业教育产生了一定的冲击。（马修进，2015）

（三）政策导向下的商业教育

在"商战世界即学战世界"及其《实业学堂通则》《奏定学堂章程》等上述政策导向下，各地兴办了各类商业学堂（校）。1909 年全国有高、中、初等商业学校 28 所，其中湖北就占了 4 ~ 5 所，说明湖北属当时商务繁盛之地。1909 年 11 月设立的汉口官立商业学堂，共 5 个班，学生 239 人，为湖北之最。近代商人为了培养商才以适应商战需要，也兴办各类商业学校，如苏州商人认为"学堂也、讲习所也、陈列所也，皆为商界下新种子也"（章开沅等，1991）。其中苏州商会各业在1906~1907年里办了3所学校：纱缎业的初等实业学堂、经纬业的初级小学并附设补习班、梅里商会的梅里商业学堂。上海商会洋布业在清末也办了3所学校：振华堂补习学校、英文补习学校、振华义务学校。另外，豆米业、商船业、染业、水木业等均办有各种实业学堂或补习学校。（严昌洪，2000）以商人个人力量创办的商业学校也不少。如汉口商界知名人士李正源等于1904年曾筹款创立了商务中等学校。还有的商人利用家族办学的传统方式开办商业学校，或把子弟送往商业学校甚至送出国专攻商科，为家族培养商业人才。如四川重庆聚兴仁商号掌柜杨文光不仅资送子侄赴日本、美国留学深造，专攻工商经济的经营管理知识，而且还开了一所杨氏依仁学校，特设商业班，培养家族商业人才。（近代中国工商人物志，1996）

"癸卯学制"后，全国兴起开办初、中等商业学堂的热潮，开办高等商业学堂的则不多，当时全国3所大学堂中只有京师大学堂着手筹备设立商科大学。同时期内，广东设立了初、中等商业学堂，却没有高等商业学堂。只有广东法政学堂办过理财特别科甲、乙两班，相当于高等商科教育。（曾金莲，2010）

（四）留学教育

近代中国开办新式商科教育的条件并不充分或者说先天不足，但在一些先进知识分子的倡导下，西方商学教育引起国人关注。清朝末年，内外交困，特别是甲午战争的惨败犹如一记霹雳，使清政府也开始意识到留学教育的重要性。（刘诗悦，2017）正如当时的《顺天时报》（1908）所说，"夫以造就人才之道论，欲得真有新学问者用之，莫若派遣留学之为善"。受西人船坚炮利的启发，清政府规定"惟所有派学生皆应讲求实学专科，以期致用，毋得避难就易，徒托空言"（陈学恂等，2007）。于是，派遣留学生出国学习商业知识也成为培养商业人才、解决商业学校师资、发展商学教育的一条重要渠道。

至 19 世纪 90 年代，农业、工业、商业，尤其是商业的重要性日益凸显，1899 年清政府开始意识到留学生不能没有学习农工商者，一道由军机处传达给总理衙门的谕旨称："向来出洋学生学习水陆武备外，大抵专意语言文字，其余各种学问均未能涉及。即如农工商及矿务等项，泰西各国讲求有素，夙擅专长。中国风气未开，绝少精于各种学问之人。嗣后出洋学生，应如何分入各国农工商等学堂专门肄业，以备回华传授之处，著总理各国事务衙门详细妥订章程，奏明请旨办理"（严昌洪，2000）。1899 年，总理衙门拟定派遣留学生出国专攻农工、商、矿的详细章程，规定派遣留学生专攻农、工、商、矿的目的是为各级实业学校准备师资，这是我国首次正式提出要派遣商科留学生。该章程还要求翻译《富国策正续》《生利分利之别》《贸易总册》等商政类书籍；还主张设立商务学堂，"先酌聘西教习，一俟业成之艺生回华，即行辞退西教习，悉令此项艺生充当，庶风气广开，可收实效。"（舒新城，2012）可见当时派遣留学生学习农、工、商等科的主要目的是为实业学堂储备师资。商科作为实业教育的重要组成部分，留学生修习商科之途也由此正式展开（刘诗悦，2017）。

从清末至民国，留学生中学习经济、商科者日渐增多，留学生归国后，一些投身教育领域，为商科教育发展做出了重要贡献（刘诗悦，2017）。

留学生的派遣，与洋务派首领曾国藩、李鸿章的倡议有关，也与容闳等人的积极活动有关。以 1872 年清政府派遣第一批幼童 30 人留学美国为起点，连续三年，共派出留美学生计 90 名。留美生完全是出自洋务建设的需要，"如舆图、算法、步天、测海、造船、制器等事，无一不与用兵相表里。凡游学他邦得有长技者，归即延入书院，分科传授，精益求精，其于军政船政直视为身心性命之学。"1875 年和 1876 年，清政府派遣学生赴法国和德国等欧洲国家留学。此次留学生主要分为两类：一是制造，学生 18 人；二是驾驶，学生 12 人。1900 年八国联军入侵北京，进一步激起朝野上下自强和西学的决心。1900～1906 年，留学生数量达最高潮，前后共有万人以上。这些留学生所习科目以理工科为主，尤其是海军船政、机械制造、矿务等领域。

1901 年清政府开始实施"新政",派遣留学生成为重要举措。光绪帝下旨令各省督抚"务择心术端正文理明通之士,遣往学习,将一切专门艺学,认真肄业,竭力讲求。"大力提倡各省各部派遣留学生,给予经费、政策等各方面的优惠。为鼓励留学热情,清政府还规定"如果学成得有优等凭照回毕,照准派出学生一体考验奖励,候旨分别赏给进士举人各项出身,以备任用而资鼓励。"(陈学恂等,2007)1908 年进一步规定,官费留学生必须是理工科。而"庚款留学生"规定则要求十分之八学农、工、商、矿各科(郭金彬,1991)。受此政策鼓舞,清末留学生选学商科的人数有所增加。留学生摒弃封建商业的经营方针,学习西方资本主义的经营管理模式,改造旧式企业,开设现代化的大企业,追求事业成功和人生价值,并通过兴办实业来救国富民(郑淑蓉等,2011)。

广东作为华南的经济中心,又是中国最早开放通商之地,对商业贸易一直较为重视,深受西方资本主义经济的影响,风气开放,较早有学子赴海外学习商科。以广东为例能更好说明当时的留学状况。1897 年,广东香山(今中山)的欧阳月自费赴美游学,先入洛韦尔高等学校(Lowell High School)学习商务,1906 年毕业。后又考入哈佛大学攻读理财学,1912 年获硕士学位(美洲留学报告,1904)。1901 年,广东香山的薛仙舟在同乡唐绍仪(时任天津海关道)的帮助下,官费赴美入加利福尼亚大学修习商务、经济学,后参加革命被捕,官费名额被除,自费继续学业,获学士学位,随后又赴德入柏林帝国大学深造,攻读银行经济学(王世颖,1937)。1901~1902 年,英国传教士傅兰雅(John Fryer)带领 9 位广东青年赴美学习,其中来自香山的徐建侯考入华盛顿大书院学习商务,南海的陈锦涛考入耶鲁大学攻读经济学与商业行政,1906 年获得博士学位(陶希圣等,1977)。

商科留学生多属自费性质,这可能与广东商业发达、观念比较开明、多家境殷实者有关。他们重视商业发展,且有能力送子弟出国留学。如 1909 年留学美国学堂的伍汝康带领 17 位青年学生去美留学,这些学生年龄大约在 12~18 岁,都是广东巨绅富商之子(教育杂志,1910)。这些留学生就读的学校大多是美国名校,其中不少取得硕士、博士学位,留美商学生的素质可见一斑。这些学生有 1/4 来自香山，这可能与香山风气较为开放有关。清政府正式派遣的留美幼童总人数 120 名，其中来自广东的有 84 人，而香山地区就占 40 人，这与主导者容闳是香山人有很大关系，这也引领了香山地区的留学风气。香山人"多以向外谋生为最有希望，故出门谋生者至多，尤以有机会前往美国的，视为一种荣幸"（程天固，1993）。1909 年 5 月，清政府设立游美学务处，专门负责"庚款留学生"的考选，并于 1909~1911 年举行了 3 次甄别考试，总共录取了 180 人，其中广东学子有 23 人。除广东省外，浙江、江苏两省各有 6 名学子入选，山东、四川、福建籍也各有 2 名学子入选，而河北籍只有 1 名学子入选。这 3 批留美学生以学习理工科为主，符合清政府拟定的留美办法之规定，其中学习经济、财政等与商学有关科目者约 25 人。由此可见，商学留学生多来自广东、浙江、江苏等沿海省份，这与沿海地区的经济、社会环境等因素密切相关。（刘诗悦，2017）

　　除美国外，日本对我国留学生而言也较受欢迎。正如张之洞（2002）所言："游学之国，西洋不如东洋：一路近省费，可多遣，一去华近，易考察，一东文近于中文，易通晓，一西书甚繁，凡西学不切要者，东人已删节而酌改之，中东情势风俗相近，易仿行，事半功倍，无过于此。"探索日本独立富强之奥秘，学习日本以摆脱我国之困境，成为一股热潮。其中广东青年负笈日本的很多，据 1929 年统计，"全国留日学生为 2600 余人（军事学生未计入），内粤生为 446 人，占全国 1/6，人数之多，实为各省之冠"（中华民国广东驻日留学生经理处，1929）。清末"留学日本之趋向，多以进入高等以上学校研求专门之学为主"（刘真等，1980）。日本商业教育发达，广东青年学习日本商学的也多。清末广东商学留日情况符合这一趋向且整体水平较高。这一时期，留日商学生要多于留美生，这与清政府的留学政策导向有关，"20 世纪初开始，留日成为一种留学热潮，所学专业也由原来的偏重理工科转向以法政、师范和商科为主"（邹进文，2016）。留日学生大多在政权初建、百废待举的民国初期归国，其中部分学生投身教育界，如赵灼、方宗鳌、陈日平等，为民国初期我国及其广东的商科教育的发展做出了重要贡献。相比留美赴日热潮，欧洲对青年学子的吸引力相对逊色，清末留欧学生多为地

方派遣，并未出现很大规模。（刘诗悦，2017）

四、清末商业教育的课程设置、特点和成效

（一）商业教育的课程设置

课程是实现培养目标的基本保证，教学是实现培养目标的基本途径。1903 年，《奏定大学堂章程》将大学堂分为分科大学堂和通儒院，其中商科大学为分科大学堂八科中的一科。商科大学分设三个学门：银行及保险学门、贸易及贩运学门、关税学门。各学门课程设置如下（舒新城，1981）：

1. 银行及保险学门科目。

（1）主课：商业地理、商业历史、各国商法及比较、各国度量衡制度考、商业学、商业理财学、商业政策、银行业要义、保险业要义、银行论、货币论、欧洲货币考、外国语（英语必习，兼习俄法德日之一）、商业实事演习。

（2）补助课：国家财政学、全国土地民物统计学、各国产业史。

第三年末毕业时，呈出毕业课艺及自著论说。

（3）随意科目：各国宪法、各国民法、各国刑法大意、行政机关、交涉学等。

2. 贸易及贩运学门科目。

（1）主课：商业地理、商业历史、各国商法及比较、各国度量衡制度考、商品学、商业学、商业理财学、商业政策、关税论、贸易业要义、铁路贩运业要义、船舶贩运业要义、铁路章程、船舶章程、邮政电信章程、外国语（英语必习，兼习俄法德日之一）、商业实事演习。

（2）补助课：国家财政学、全国土地民物统计学、各国产业史。

第三年末毕业时，呈出毕业课艺及自著论说。

（3）随意科目：各国宪法、各国民法、各国刑法大意、行政机关、交涉学等。

3. 关税学门科目。

（1）主课：大清律例要义、各国商法、全国人民财用学、中外各国通商条约、各国度量衡制度考、各国金银价比较、中国各项税章、各国税章、关税论、外国语（英语必习，兼习俄法德日之一）、商业实事演习。

（2）补助课：商业地理、商业历史、商业政策、商业学、商品学、商业理财学。

第三年末毕业时，呈出毕业课艺及自著论说。

（3）随意科目：铁路章程、船舶章程、邮政电信章程、各国宪法、各国民法、各国刑法大意、交涉学等。

三个学门均开设的课程为：商业地理、商业历史、各国商法及比较、各国度量衡制度考、商业学、商业理财学、商业政策。银行及保险学加开银行业要义，保险业要义、银行论、货币论；贸易及贩运学门加开铁路贩运业要义、船舶贩运业要义、铁路章程、船舶章程；关税专业加开大清律例、各国商法、通商条约。各专业英语必修，兼习俄法德日之一。各学门均开设商业实事演习，课时不限。

《奏定学堂章程》除制定了普通教育体系、师范教育体系外，还针对实业教育体系作了比较完备的设计，包括《实业学堂通则》《实业教员讲习所章程》《高等农工商实业学堂章程》《中等农工商实业学堂章程》《初等农工商实业学堂章程附实业补习普通学堂章程及艺徒学堂章程》等。商业教育作为实业教育体系中的一部分亦得到重视。除独立的实业学堂体系外，《中等农工商实业学堂章程》还规定了在普通学堂中如何设置实业课程。随后的"癸卯学制"对各级商业学堂的办学宗旨、课程设置、学生入学条件、修业年限作了详明的规定，而且对其教育宗旨、学校管理、教师选用、学生的考试与奖励等方面也作了相应的规定。（马修进，2015）"癸卯学制"通过谕旨颁行全国，成为各省兴办商业学堂的范本。"癸卯学制"以日本学制为蓝本，但是在中国实际情况基础上加以改造的，"意在使全国人民具有各种谋生之才智技艺，以为富民富国之本"（璩鑫圭等，1991）。由此可见，近代商业学校教育体系的建立与中国旧式学校体制相比具有重大的进步意义。

在实业学堂章程中，初等商业学堂所定课程共9门：修身、中国文理、算术、地理、簿记、商品学、商事要项、商业实践、体操。根据实际情况还可加入其他有关商业科目。中等商业学堂所定课程也是共9门：商业地理、商业历史、外国语、商业理财大意、商事法规、商业簿记、商品学、商事要项、商业实践。高等商业学堂课程共18门，除中等商业学堂加深加宽之课程外，还有机器工学、统计学、商业道德、商业文、财政学、民法、商法、交涉法等课程。1910年学部颁布规定，统一要求"各农工商实业学堂所有外国语文功课，拟一律定为英国语文"。（吴玉伦，2008）

从商业学堂的课程结构可知：一是学科内容更为广泛。它突破了传统商业教育的局限，传授内容不再仅是洒扫应对、珠算簿记、鉴识货银等操作性课程，知识范围涵盖了基础科学、普通社会知识、商业基础常识、专业性的商业理论和实践等。二是学理更为深奥。学徒制教育所授知识多是经验性和感悟性的，而商业学堂里数学、统计、物理、化学成为必修课，这些知识较以往内容有更深的学理，能为学生的发展打下更扎实的基础。三是课程选择能和当时的商业经济形势、工商实业的发展相联系。各学堂普遍把课程设置放到国际商业发展的大环境中，加设各国商法和度量、交涉法等，以适应国际贸易的需要。同时关注实业发展的实业史、机器工学等课程也进入课堂，使学生突破了在商言商、就商论商的局限。四是对传统知识的必要保留和对实际技能培养的重视。如广东商务学堂对应酬笔札、经史修身等课程予以保留，同时根据经商实际开设南北正音、辨认物产、察识地名等务实的课程。（吴玉伦，2008）

（二）清末商业教育的特点和影响

进入20世纪后，在清政府统治的最后10余年间，近代商业教育从无到有、从少到多，其整体发展速度值得肯定，但发展程度十分有限。总之，清末商业教育于艰难中起步，特点明显，影响深远。

一是商业学堂数量和规模不足。据统计，1909年全国共有实业学堂254所。其中高等商业学堂只有南洋高等商业学堂。中等商业学堂总计不上20

所，主要有：京师第一中等商业学堂、天津公立中等商业学堂、营口中等商业学堂、河南省城中等商业学堂、禹州中等商业学堂、福建中等商业学堂、浙江中等商业学堂、湖北中等商业学堂、湖南中等商业学堂、四川中等商业学堂等。（谢长法，2011）这些中等商业学堂在校学生仅1000余人，远远不能满足商业发展的需要。从学堂的分布上看，商业学堂主要集中在东部沿海省份和两湖等中部大省，西部地区几乎一片空白。清末商业教育的发展速度尽管较快，但是全国各级商业学校总计不到30所，这与当时的商业发展速度不相匹配，商业人才缺乏问题仍未解决。

二是办学主体多元化。除了公立商业学堂外，私立商业学堂也具有相当规模。一些重要的商会和经济实力雄厚的商人设立的商业学堂是私立商业学堂的主要组成部分。（马修进，2015）在办学主体上，有官办商业学堂、各地商人和商会兴办的商业学堂、外国各机构与差会兴办的商业学堂，多种办学主体纷纷投身近代商业教育，呈现出多元化的特点，给工商界和教育界带来了一股新风，颠覆了传统的商业教育，亦为后来的商业教育发展奠定了基础。（马修进，2015）

三是商人队伍知识结构和整体素质大为改观。（1）商人思想境界和商业眼光的提升。传统经验型商人大多囿于生活空间和知识结构，眼光短浅，追逐蝇利，缺乏远大目标和长远计划，被时人诟病"皆自甘于愚浅"，"不学无术，墨守成规"。而新式商人接受了新式商业学校的近代商业知识和其他专业知识的教育，期望通过开办实业和振兴商业来救国富民，以追求事业和人生价值为乐。（2）商人群体认同观念和社会责任感增强。传统经验型商人从学徒做起，以家族、地域、业缘为重，且受保守狭隘、缺乏竞争的行会组织的限制。而新式商人了解国际国内大势，更重视向西方学习，打破了以往的行规，提倡自由竞争和公平法则，政治参与意识和国家观念比传统商人更强，是实业救国思潮的实践者和宣传者。（3）商人管理方法的近代化。传统经验型商人往往凭经验经商，家店不分，经营方式和管理模式存在随意性、封建性、无序性等许多局限。而学校出身的新式商人却重视引进具有现代经营管理知识的新式学子，注重员工的智力投资，推行会计制度，实行技术管理。

总之，近代商业教育体系在清末新政时期已初步建立，民国时期多次修改学制也未脱离"癸卯学制"的基调。高等商业学堂、中等商业学堂、初等商业学堂等的设立，适应了当时社会经济发展的实际，也为商业发展所需要。新式商业教育培养出来的商业人才为当时的中国社会带来新知识、新观念，其对社会的影响是深刻久远的。（马修进，2015）由于新式学子不断地流向商人队伍，而商人又积极兴办新式教育，于是，一种新型的商学关系在中国近代史上出现了。这种新型的商与学之间的良性互动，使得商、学两界均受益匪浅，既提高了商业从业人员的文化素质，加快了中国商业近代化的步伐，又促进了近代新式教育特别是商业学校教育的发展。（吴玉伦，2008）

第三节　民国时期高等商科教育的兴起

尽管近代商业教育体系在清末已初步建立，但晚清以来，随着经济结构的转变加上商业贸易的频繁，清末商业教育仍远远不能适应新形势、新要求。进入民国后，多习实业之学，成为当务之急。民国历届政府的教育行政部门都将实业教育体系的建设放在重要位置。其中，商业教育作为实业教育的一部分，体系逐渐完善。民国北洋政府时期的"壬子癸丑学制""壬戌学制"以及南京国民政府时期的 1928 年学制改革和 1932 年学制改革等颁布了一系列相关的教育法规与政策，以调整商业教育制度，指导商业教育实践。民国时期商业教育的参与主体不仅仅局限于商业从业人员，中小学毕业生、广大民众都成为了商业教育的参与主体。（马修进，2015）民国时期，近代商业教育有了进一步的发展，体系更加完备，脉络更加清晰。

一、民国初期高等商科教育的初兴

1912 年中华民国成立。进入民国后，受"科学救国"思想的影响，大多数人认为"中国今日为建设时代，政治须建设，法律须建设，铁路、开矿、实业及一切之事莫非建设问题";而"多习实业之学,铁路、矿务、农、工商、政法等科,诚为当今急务。"(留美学生年报,1910)由是,高等商科教育的兴起已是大势所趋。

(一)学制改革:促进大学商科的发展

1912 年中华民国对晚清教育进行改革,施行壬子癸丑学制,改学堂为学校,高等教育被分为大学预科、大学本科和大学院三级(马修进,2015)。在高等教育的各项法令法规中,有不少关于商业教育的规定。1912 年 10 月,《大学令》颁布施行,明确规定:大学"以教授高深学术、养成硕学闳材、应国家需要"为宗旨。大学分为文科、理科、法科、商科、医科、农科、工科。大学以文、理二科为主;须合于下列各款之一者,方得名为大学:(1)文理二科并设者;(2)文科兼法商二科者;(3)理科兼医农工三科或二科或一科者。(舒新城,1961)1913 年 1 月 12 日,北洋政府教育部颁布了《大学规程》,将大学分为文科、理科、法科、商科、医科、农科、工科七科,并对大学商科、商科预科的学门划分、所学科目等作了更加具体的规定,其中大学商科分为银行学、保险学、外国贸易学、领事学、关税仓库学、交通学等六学门。(舒新城,1961)1913 年 1 月 16 日,北洋政府教育部又颁布了《私立大学规程》,作为近代私立大学的第一个专门法规,规程中对大学商业教育亦有提及(马修进,2015)。

1914 年教育部通令各省民政长,凡未设立商业学校的地方,应分别推广设立。1917 年 9 月 27 日,教育部公布《修正大学令》,放宽大学的限制条件,只要设立二科就能成为大学,设立一科的也可以成为某科大学。此后,大学设商科者逐渐增多。至 1917 年,经教育部认可的五所私立大学就有四所设立商科,分别是北京私立朝阳大学、北京私立明德大学、北京私立中国大学、武昌私立中华大学。未设商科者,也成立商学系,附于文科或法科之下。例如国立北京大学于民国六年间曾设商科,随后因设置不完备,暂时改为商业门,隶附于法科。此外,商业专门学校也纷纷成立。例如,山西商业专门学校、四川商业专门学校、山东商业专门学校于民国元年开办,私立新华商业专门学校于民国三年开办，武昌商业专门学校、湖南商业专门学校也于民国五年开办。同时，不少法政学校也设有商科、经济科。（曾金莲，2010）

1922 年 11 月 1 日，北洋政府教育部以大总统名义颁布《学校系统改革令》，被称为"壬戌学制"。"壬戌学制"对高等教育进行改革，其中规定："大学校设数科或一科均可，其单设一科者，称某科大学校"（中国第二历史档案馆，1991）。1924 年，北洋政府教育部颁布《国立大学条例》，其中规定："国立大学设文、理、法、医、农、工、商等科。国立大学设数科或单设一科。国立大学各科分设各学系。"（中国第二历史档案馆，1991）按照《学校系统改革令》和《国立大学条例》规定，单设商科者应称为商科大学校。关于单科可设大学的条款，打破了原来《大学令》中大学必须数科并设的综合模式，有利于单科大学数量的增多和大学质量的提高。

南京国民政府成立以后，基本上沿用 1922 年的"壬戌学制"，但也根据实际需要对学制作了一些调整。1928 年 5 月，大学院通过了《整理中华民国学校系统案》，史称"戊辰学制"，提出了"依据本国国情""适应民生需要""增进教育效率""谋个性之发展""使教育易于普及""留地方伸缩可能"等六条原则。（沈云龙，1948）"戊辰学制"规定大学应采用多院制，取消了先前单科可设大学的条款。1929 年，南京国民政府公布了《大学组织法》《大学规程》，其中规定：大学分文、理、法、教育、农、工、商、医八种学院，须具备三学院以上者，方得称为大学；且三学院必须设有理学院或农、工、医学院之一。不满三学院者称独立学院。修业年限除医学院为五年外，其余均为四年。研究院分文科研究所、理科研究所、商科研究所、医科研究所等。（宋恩荣，2005）这两个规定都涉及高等教育中的商业教育，于是，独立的商学院出现了。另外，《大学规程》第六条规定：大学商学院或独立学院商科分银行会计、统计、国际贸易、工商管理、交通管理及其他各学系；第八条规定大学各学院及独立学院各科，除党义、国文、体育、军事训练及第一、二外国文为共同必修科目外，须为未分系之一年级生设置基本科目。各学院或各种之科目分配及课程标准另定之；第九条规定大学各学院各科课程，得采用学分制，但学生每学年所修学分须有限制，不得提早毕业。

（宋恩荣，2005）

（二）派遣留学生：解决商校师资难题

民国时期的商业学校，在师资及设备方面均存在很多困难，短期内难以自己解决。于是，派遣留学生学习商学知识、解决商业学校师资难题成为当时的重要目的之一。在此背景下，留学外国人数日益增加，选择商业为主攻方向者也相应增多。"据对1918年留美学生所学科目统计，选学商业者29人，商学10人，还有与商业有关的学科如银行学10人，等等。以后逐年有所增加。"（严昌洪，2000）据清华学堂留美学科统计，1909～1929年，留美学习商学的共142人，占"庚款留学生"的11%（清华大学校史编写组，1981）。从清华学堂留美生源来看，"南方籍学生占大多数。其中江苏占21.6%，广东占14.6%，浙江占12.4%，福建占7.2%，新疆、吉林等边远地区的学生则寥寥无几。""从整个留美生的来源看，情况与清华学堂大体相同。据1910年《留美学生年报》称，在当时所能统计到的在美490名留学生中，江南各省共占458人。""留美学生生源的这种分布状况是与中国近代社会发展相一致的。"（沈萍霞，2005）广东、福建、江苏、浙江等省都是当时最早接触西方之地或对外开放之地，这几个地方商业相对发达，经济相对发展较快，对商业教育及其留学教育的诉求自然较为急切。

20世纪20年代，留学生纷纷回国，不少人进入教育领域，大大充实了商科教育的师资力量。加之教育界于1922年开始推行"壬戌学制"，极大促进了20世纪20年代中国高等教育的发展，全国各省纷纷设立大学，大学则多开设商科。大学商科因此成为20世纪20年代高等教育的热门。（曾金莲，2010）

二、20世纪20～30年代商科教育发展概况

20世纪20～30年代间，中国处于北洋政府和南京国民政府的相继控制之下，由于政府控制力不足，学界十分活跃，各地积极探寻适合中国教育发

展的路径，进行各种教育尝试，并提出各种教育主张，从而形成了一个教育界广泛参与的"新学制运动"。在美国教育制度和教育思想特别是实用主义教育学说的影响下，在陆续回国的留学生的直接推动下，1922 年"壬戌学制"出台。有学者认为"壬戌学制"是中国教育自主意识觉醒之标志，是中国教育由"感性拿来"转向"理性融通"的标志，是中国教育由"政治专制"转向"教育独立"的标志，是中国教育由"重视教师主导"转向"重视学生主体"的标志。（袁德亮，2007）该学制主要借鉴了美国教育制度，中国的教育制度由此从模仿日本转向模仿美国。在国民政府时期，我国在政治、外交、军事、经济、文化、教育、社会等各方面都取得了一定成就，为近代中国较高水平。如经济和教育方面，当时的东南沿海和京津要地及全国各主要城市和地区工商业活动甚为活跃，这为商科教育的兴起提供了条件。

（一）深化学制改革：高等商科教育进入较快发展时期

南京国民政府成立后，于 1928 年 5 月召开了第一次全国教育会议，对1922 年壬戌学制进行修改，将商业专门学校变更为商业专科学校。1929 年 7月，教育部公布《专科学校组织法》，共 13 条。1931 年 3 月 26 日，又公布《专科学校规程》，共 21 条。两部法规将专科学校分为甲、乙、丙、丁 4 类，其中丙类为商业学校类，分为银行专科学校、保险专科学校、会计专科学校、统计专科学校、交通管理专科学校、国际贸易专科学校、税务专科学校、盐务专科学校和其他关于商业之专科学校，共 9 科。设上列 2 种专科以上者，得称商业专科学校。（宋恩荣等，2005）商业专科学校招收高中毕业生及具有同等学力的学生，修业年限 2～3 年。1933 年 10 月，教育部《职业学校设施标准》具体规定了初、高级商科人才培养任务，其中"初级商科的任务是培养普通商业机关之服务人员，并培养其独立经营简单商业之能力。高级商科是为培养有学识有技能的商业人才，使其能明了本国及国际的商业大势，领悟商人发展的机会，并予以向上研究的根底。"（国家教育委员会职业技术教育司，1994）在促进高等教育发展的同时，新学制直接推动了大学商科的大量出现。

1912 年民国成立到 1937 年抗战爆发时期，民国《大学令》《大学规程》《修正大学令》《大学教员资格条例》《大学组织法》《大学规程》《大学研究院暂行组织规程》《学位分级细则》《学位授予法》等多种法律法规相继颁布，对高校的组织机构、学科、课程设置、学校管理等做了进一步的规范和完善。在大学教育目标上，明确规定大学是"研究高等学术，养成专门人才"；在学科分类上，大学分为文、理、法、商、农、工、医、教育等学院；在学位授予上，依据学科分类，一般分学士、硕士、博士三级，但商科学位仅分商学士和商学硕士两级；在办学层次上，高等院校分为大学和专科院校，大学中具有文、理 2 科并兼办法、商、农、医、工、教育等科 1 门以上者方称其为大学，只办其中 1 科或 2 科者称之为独立学院。大学内部分学校、学院、系 3 级，其中独立学院与专科学校在学院下设系；在学系和课程方面，大学商学院或独立商学院科分设银行、会计、国际贸易、统计、交通管理、工商管理及其他各学系。各学系必要时可再分组。在专科方面，商业专科学校根据专业设置分为银行专科学校、保险专科学校、会计专科学校、交通管理专科学校、国际贸易专科学校、盐务专科学校、税务专科学校、统计专科学校等。（赵永利，2012）

通过以上学制改革，这一时期国内高等商科教育获得了进一步发展。清末时期仅有 3 所大学堂，而到 1925 年南京国民政府成立前，全国已有大学 47 所，学生 2 万多人（高奇，1992）。在这一大的形势下，普通教育体系中的高等商业教育获得了较快发展。如华北地区的高等商业教育亦进入了较快发展时期，各大学纷纷设立商学院或商科学院中的商学系，独立商学院也不断涌现，如北平大学商学院、河北法商学院、南开大学商学院、中国学院大学商科预科和商科专门预科、私立北京民国大学商科等。除此之外，由于这一时期商学与经济学的学科分界并不是特别清晰，许多学校经济系或经济学院的课程中也有不少商学知识，如北京大学法学院下设经济系、国立清华大学法学院下设经济系、河南省立河南大学法学院下设经济系等。（马修进，2015）从全国范围看，1931 年，全国专科以上学校 103 所，分为 187 院、676 系，其中实用学科占到 41%。从在校生数量上看，1931 年，商科等实用学科占全国专科以上学校学生数量的 25.5%；到 1935 年，商科等实用学科学生甚至占到了 51.2%。（董宝良，2007）1928～1936 年高等教育中商业学校学生毕业数如下：1928 年 219 人，1929 年 276 人，1930 年 234 人，1931年 454 人，1932 年 516 人，1933 年 583 人，1934 年 697 人，1935 年 707 人，1936 年 719 人。（教育部教育年鉴编纂委员会，1948）南京国民政府成立后的 8 年间，学生人数增加数倍（马修进，2015）。总之，这一时期普通高等教育系统中的商科教育得到了较大发展，全国形成了数个高等商科教育中心，北方以京津为中心，主要包括南开大学、国立北平大学和河北法商学院等；中部以武昌、长沙为中心，主要有私立中华大学等，南方以广东和厦门为中心，有岭南大学、厦门大学等。当时，全国高等商科教育的重心在上海。（赵永利，2012）

20 世纪 30 年代之后，国民政府对高等教育继续进行提高教育质量和效率的部署。理、工、农、医等科学生数逐年增加，而文、法、教育、商等科学生数则逐年减少，这种情况一直延续到抗日战争时期。（郑淑蓉等，2011）

（二）花开两朵：官学与私学齐头并进

1. 民国官办商科教育。

清末民初，一般青年攻读法政者较多，但商业学校还未受到重视，商业学校数量也并不多。以清末湖北地区商业学堂为例，其数量不会超过 20 所，如省城中等商业学堂、武昌府初等商业学堂、商业教员讲习所、汉口官立商业学堂、蒲圻初等商业学堂、汉阳初等商业学堂、广济初等商业学堂、黄梅初等商业学堂、宜昌府中等商业学堂、江陵初等商业学堂。到民国初年，经过辛亥革命战火后，湖北省重建了湖北省甲种商业学校、湖北省第二商业学校、私立甲种农商学校，宜昌、嘉鱼、南漳等府则开办了乙种商业学校。根据"癸卯学制"，湖北创办了国立武昌商业专门学校，1923 年又根据壬戌学制的规定改名为国立武昌商科大学，并附设有高等商业职业学校。中等商业学校就更多了。（严昌洪，2000）

北洋政府时期，一系列兴商学的政令法规相继出台，商业教育得到较快

发展，1915～1922 年，甲乙种商业学校增加不少，其中乙种商业学校增加近
4 倍。据中华职业教育社的调查，截止到 1922 年 4 月，甲乙种商业学校各为
38 所和 120 所（赵师复，1922），全国职业学校共计 842 所，其中甲乙种商
业学校占比 18%（黄炎培，1922）。

南京国民政府时期，1932 年学制改革以后，职业学校总数与学生数量都
有所增加。如这一时期的华北地区，高、中、初等商业学校遍地开花。高等
商业学校有河北法商学院、山东公立商业专门学校、北京私立新华商业专门
学校等；中等商业学校有天津公立甲种商业学校、河南省立第一甲种商业学
校、直隶公立甲种商业学校、北京尚志甲种商业学校等；初等商业学校有长
治乙种商业学校、周村乙种商业学校等。（马修进，2015）

山东公立商业专门学校创办于 1912 年 9 月，初名为山东高等商业学校；
同年 12 月，改名为山东公立商业专门学校。学校设专门科、研究科及附设甲
种商业讲习科。专门科预科 1 年，本科 3 年，招收中学毕业或同等学力者。
研究科学制 2 年，招本校和国内外本科毕业生，课程方面除加深专业科目的
研究学习外，另增加了外文著述的研究。附设的甲种商业讲习科学制 4 年，
其中预科 1 年，本科 3 年。除此之外，学校还应时势需要，另设簿记专修科、
银行专修科、交通专修科、商人补习班等，施行短期商业教育，以培养初级
商业从业人员。1926 年，该校并入山东大学，成为山东大学商科。（马修进，
2015）

山西公立商业专门学校创立于 1908 年，校址在太原新城西街，初名为山
西中等实业学堂。民国成立后，改名为山西公立商业专门学校。1914～1917
年并入山西公立法政专门学校，称商科，共 3 个班。1917 年重新分立出来
后，迁入新满城校舍，恢复原校名。（山西省公立商业专门学校，1920）
1930 年，根据《专科学校规程》改名为山西省立商业专科学校。1935 年，
学校遵照《山西省整顿人才教育专案》停办。（马修进，2015）学校设置课
程时注重理论性与实用性的统一。该校师资堪称一流，早在 1912 年就选聘曾
留学日本、毕业于明治大学商科的王国祜任校长。据统计，该校 1912～1931
年共有教职员 216 人，包括留学归国人员 89 人，其中留日 72 人，留英 8 人，

留美 5 人，留德 3 人，留法 1 人；还有国内名校毕业的 26 人。（山西省立商业专科学校，1932）

此外，国立武汉大学、国立中山大学等著名大学开办有商学系（赵永利，2012）。1932 年，国立北平大学、国立暨南大学设有商学院（萧致远，1991）。至 1934 年，上海设有商学院的国立和私立大学增至 13 所，分别是大夏大学、国立上海商学院、光华大学、东亚同文书院、复旦大学、圣约翰大学、沪江大学、上海法学院、持志学院、国立暨南大学、大同大学、高级商业补习学校、上海商业学院。上海依旧是高等商科教育的中心。

2. 民国私立商科教育。

1913 年 1 月 16 日，北洋政府教育部颁布了《私立大学规程》。这是关于近代私立大学的第一个专门法规，要求"私立大学于校地、校舍、校具及其需要者，均须完全设备。校舍除有各种教室及事务室外，应备设图书室、实习室、实验室、器械标本室、药品室、制炼室等"，其中特别提及"应设有商品陈列室、商业实验室等"（舒新城，1961）与商科教育有关的教学设施。受这些规程影响，全国私立大学纷纷成立，其中大学设商科者上海地区最多。广东的大学迟至 20 世纪 20 年代才开始陆续增多，短短几年涌现国立广东大学、私立广东国民大学、私立广州大学三所大学。三所大学均办有商科教育。（曾金莲，2010）民国私立商科教育以商会和商人为办学主体。

（1）商会办学。中国近代商人力量壮大的标志就是商会的诞生，从 1904 年起，商人有史以来第一次形成为一个相对统一的整体。"不论是当时还是后来，都没有哪一个社团像商会这样包容如此之多的商人"（朱英，1991）。商会作为一个庞大的组织，以振兴中国工商业为己任，成为近代中国社会变迁中重要的组成部分，在许多领域发挥着重要的作用。

如直隶商会成立伊始，就把"兴商学""开商智"作为商会的主要任务之一。商界人士认为直隶"商业不兴，由于不智，不智由于无学。是学堂一项，尤为振兴商业之要著"（天津市档案馆等，1989）。如直隶商会高阳分会成立不久便设立了商业夜校，学生则是商会领导所营各行内的学徒及青年雇员。1910 年经清政府农工商部批准，该夜校改为中等商业学堂。北洋政府学制改革后，该校于 1915 年由中等商业学堂升格为高等商业学堂。1915 年前学校分预科、本科，学制均为 3 年，学校为使学生掌握经济、商业、英语等知识而设置的课程相当全面。（马修进，2015）如高阳中等商业学堂本科 3 年课程为：商业道德、商业学、商业历史、商业地理、商品学、经济学、商业理财大意、商业簿记、商事法规、中国文字、商事要项、外国语、商业算术、商业实践、统计学、破产学、国际法、机械工学、体操。教学时间为每周 36 课时。（天津市档案馆等，1989）为使学生掌握更多商业技能，以更好地应对国内外各种商业贸易实践，1915 年后，高阳高等商业学堂将原来 3 年制本科改为 4 年制，并增加了国际贸易史及世界地理课程，本科第 4 年级的课程则专门教授学生如何互通商业书信和起草商业文件。高阳高等商业学堂在学生学习课程知识之余，在最后 1 学年设置实习课，实习课分为实验课和职业培训课，职业培训课主要在当地工厂商店等实习。高阳高等商业学堂免收学费，其办学宗旨为："授商业所必需之智识艺能，使将来实能从事商学"（天津市档案馆等，1989）。1920 年，高阳高等商业学堂毁于军阀战争，商会于 1928 年重建学校，更名为高阳职业学校。（马修进，2015）

天津是北方通商巨埠，天津商会尤其注重"兴商学、开商智"。天津总商会在成立之初就在章程第二十七条中明确规定："商学不讲，率多遇事牵掣。本会拟妥筹经费，设立商务学堂，造就人才，以维商务。"（天津市档案馆等，1989）1906 年 8 月，天津第一所商业学校——天津中等商业学堂成立，建校经费由时任天津商务总会总理王贤宾带头捐资，总会会董、各行商董筹摊。（马修进，2015）

民国大力提倡商会办学，商会办学更为积极。全国商会联合会在第一次大会上就提出了《拟请商会劝告各业多设商业学校案》等 11 件有关兴商学的提案，要求各省商会设法筹款多派商家子弟出洋留学工商，学成归国，崇其学位，不入仕途。由政府和商界分途兴办工商学校，待工商教育逐渐普及后，各工商企业收用学徒先从学堂毕业生录用，各商会职员非由学堂毕业者不得选充。（虞和平，1993）商会所办学校多为业余补习性质。1916 年，中华全国商会联合会筹办函授学校，声明"凡有一定营业，不分店东、帮伙、经理、学徒及年龄老幼", 只要能识别文义均可入学, 数额"愈多愈善"。（阎广芬, 2001) 1917 年, 中华全国商会联合会函授学校正式开始招生。该校以"灌输商业必需知识, 造就商界实用人才为宗旨"（马敏等, 2004), 招收本科、预科两种, 其中本科以 1 年半为毕业期限, 预科以 1 年为毕业期限, 各科免收学费, 只收讲义费和邮费。该校本科课程有：商业通论、商店经营法、商业历史、商业地理、商人经济学、商业算术、商业簿记、商业文、商法释义；预科课程有：简易国文法、商业尺牍、商业学大意、简易算术、簿记学大意。（马敏等, 2004) 1922 年, 上海总商会开办商业补习学校, 以"利用公暇研究商业上应用之智识"为宗旨。20 世纪 30 年代, 上海总商会开办了商业职业学校、商业夜校；汉口总商会除办了 1 所初级商业职业学校外, 还开办了不少商业补习学校, 以适应在职人员的业余学习, 如机器米业补习学校、纱业补习学校、茶叶商人补习学校、棉业商人补习学校、国际贸易商人补习学校、粮食工人补习学校、煤炭业工人补习学校、理发业工人学校、汉口市商会商人补习学校和商人补习夜校等。（武汉市志, 1989）

（2）商人办学。相较于商会, 商人个人力量创办商业学校的力度更大。如无锡荣氏家族企业于 1919 年创办了公益工商中学, 培养了大批优秀的技术与管理人才, 其中不少人后来成为各企业的领导与部门骨干, 号称"工商派"。（石骏等, 1997）新式企业里学校出身的员工比例逐年增加, 如上海银行通过自己的实业学校培训的职员已占到职员总数的 50%。流风所及, 连日本华人所办的大同学校也一度改名为商业学校, 其理由是商业与国家兴亡关系密切, 内政外交亦以商业为基础："曰内政, 曰外交, 其才悉此校是赖, 商业云乎哉！商业云乎哉！"（实藤惠秀, 1983）南洋华侨更是紧跟国内教育改革的步伐, 开办商业学校。

厦门大学是南洋华侨陈嘉庚先生于 1921 年创办的。学校开办之初, 设有师范学部和商学部, 师范学部下分文、理两科。1926 年秋, 文、理、教育各学部独立而称科, 商学部于是改称"商科"。1930 年春, 商科改为"商学院", 包括会计学、银行学和工商管理学三个系。1934 年秋, 奉教育部令, 法学院与商学院合并, 称"法商学院"。商学院的宗旨是"研究高深商业学术，培植专门人才，以发展国内及南洋群岛之商务。"该宗旨符合陈嘉庚先生为南洋和国内培养商业人才的初衷，也是当时国家及南洋形势发展的需要。厦门大学的学生主要来自福建省，其次来自江浙、广东等周边省份和南洋。厦门大学为方便求学考生，每年都在上海、厦门及南洋设有考点。有时还在广州、福州、北京等地设有招生考点。如 1922 年 7 月，厦门大学在国内的厦门、上海、北京以及海外的新加坡和菲律宾设有招生考点。1929 年秋季，厦门大学在上海录取新生 11 人，在厦门录取 104 人，共计有新生 115 人。当时的厦门大学，商科招生人数偏少，每个年级的学生人数在 10 人左右。1929年秋季，全校共有商科学生 23 人。1935 年秋季，法商学院中的商业系共有38 位学生。厦门大学商科教师具有丰富的理论和实践经验，如 1930 年秋季的 6 位教师都具有教授资格；1934 年的 5 位教师中，2 位有注册会计师资格，2 位曾在公司任职，1 位曾任外交部帮办。厦门大学的商学院教师几乎都留学美国并获得硕士学位。其中 1 位教师曾在美国南加州大学任过教，1 位曾任纽约市准备金银行的调查员。（曾海洋，2007）这些在美国学习和工作过的教师深受美国商科理论与教学方法的影响，同时又对中国商科学生的思想观念与行为产生潜移默化的重要作用。

（三）课程设置广泛，学生知识结构日趋国际化

商业学堂学生的知识结构已不可与从前的商业学徒、商人同日而语，他们不仅会打算盘、记流水账、写日用杂字，更懂得现代商业所需要的各种专门知识。以高等商业学堂本科科目为例，他们共学习 18 门课程：商业道德、商业文、商业算术、商业地理、商业历史、簿记、机器工学、商品学、理财学、财政学、统计学、民法、商法、交涉法、外国语、商业学、商业实践、体操等。（严昌洪，2000）这些课程远远超出了旧式商人的认知，全新的知识为中国新式商人提供了一条与国际商学接轨的通道，因为这些课程与国外当时的商业课程几无二致。

1. 政策规定的商科主要课程。

1912 年 9 月至 1913 年间，在教育总长蔡元培主持下，教育部陆续制定

并颁布了大、中、小学校令与规程，师范学校令与规程，工业、农业、商业、政法、商船、医学、药学、外国语等类《专门学校令》以及专门学校规程，还有《实业学校令》与《实业学校规程》等，形成了一个完整的学校系统，通称为"壬子癸丑学制"，这一学制共沿用10年。（马修进，2015）在"壬子癸丑学制"中，商业学校教育作为实业教育的一部分被予以重视。

1912年10月，教育部颁布的《专门学校令》规定："专门学校以教授高等学术、养成专门人才为宗旨"（潘懋元等，1993）。同年12月，颁布《商业专门学校规程》，其中第五条规定商业专门学校科目为：商业道德、商用文、商业算术、商业地理、商业历史、簿记（商业簿记、银行簿记）、工学（机械工学、工场管理法）、商品学、经济学（经济原论、货币论、银行论、投机论、恐慌论、商业政策）、法学（民法、商法、破产法、商事行政法、国际法）、商业学（商业通论、保险论、银行论、关税论、海陆运输论、买卖论、仓库论、交易所论）、统计学（实用统计学）、会计学、财政学、商业实践、英语、第二外国语（法德俄日之一）、蒙藏语（随意科）。（潘懋元等，1993）专门学校多属国立或省立，设预科、本科、研究科，其中预科1年、本科3~4年。各甲种商业学校多属省立，分预科和本科，其中预科1年、本科4年，亦可根据具体情况延长1年；各乙种商业学校多属县立，不设预科，修业年限均为3年。（马修进，2015）

在课程设置方面，民国甲种商业学校与清末中等商业学堂课程设置具有明显的承继关系。清末中等商业学堂分预科和本科，预科科目有：修身、中国文学、算术、地理、历史、外国语、格致、图书、体操。本科科目有：普通科为修身、中国文学、算学、体操；实习科为商业地理、商业历史、外国语、商业理财大意、商事法规、商业簿记、商品学、商事要项、商业实践，或其他有关商业的科目。（璩鑫圭等，1991）民国时期的甲种商业学校与清末中等商业学堂相当，其课程设置也基本相当。根据教育部1913年《实业学校规程》三十三条之规定："甲种商业学校预科科目为：修身、国文、数学、图画、外国语、体操，并得酌加地理、历史、理科等科目。甲种商业学校本科科目为：修身、国文、数学、外国话、地理、历史、理科、法制、经济、

簿记、商品、商事要项、商业实践、体操，并得酌加其他科目。"（璩鑫圭
等，1991）

1913 年 1 月 12 日，教育部颁布了《大学规程》，将大学商科分为银行
学、保险学、外国贸易学、领事学、关税仓库学、交通学等 6 种学门（舒新
城，1961），各学门科目如下：（1）银行学门：经济原论、经济史、商业数
学、商业史、商业地理、商品学、商业簿记学、商业通论、商业各论、商业
经济学、财政原论、应用财政学、银行论、银行史、银行政策、金融论、外
国汇兑及金融论、货币论、交易所论、银行实务、银行簿记学、商业政策、
统计学、民法概论、商法、破产法、国际公法、国际私法、会计学、英语、
第二外国语（德、法、俄、日之一）、实地研究，共 32 科目；（2）保险学
门：经济原论、商业数学、商业史、商业地理、商品学、商业簿记学、商业
通论、商业各论、商业经济学、财政原论、保险通论、生命保险、损害保险、
决疑数学、商业政策、统计学、民法概论、商法、破产法、国际公法、国际
私法、会计学、应用统计学、英语、第二外国语（德、法、俄、日之一）、
实地研究，共 26 科目；（3）外国贸易学门：经济原论、经济史、商业数学、
商业史、商业地理、商品学、商业簿记学、商业通论、商业各论、商业经济
学、财政原论、贸易论、外国汇兑及金融论、交易所论、关税学、运输论、
银行论、商业经营法、商品鉴识法、外国贸易论、商业政策、工业政策、工
业学、统计学、民法概论、商法、破产法、国际公法、国际私法、英语、第
二外国语（德、法、俄、日之一）、实地研究，共 32 科目；（4）领事学门：
经济原论、商业数学、商业史、商业地理、商品学、商业簿记学、商业通论、
商业各论、商业经济学、财政原论、外国贸易论、商业政策、外交史、关税
学、殖民政策、通商条约、统计学、民法概论、商法、比较民法及比较商法、
破产法、商事行政法、国际公法、国际私法、英语、第二外国语（德、法、
俄、日之一）、实地研究，共 27 科目；（5）关税仓库学门：经济原论、商业
史、商业地理、商品学、商业簿记学、商业通论、商业各论、商业经济学、
财政原论、外国贸易论、商业政策、统计学、海关制度、税率论、仓库制度、
仓库证券论、各国度量衡论、通商条约、民法概论、商法、破产法、国际公

法、国际私法、会计学、工业学、英语、第二外国语（德、法、俄、日之一）、实地研究，共28科目；（6）交通学门：经济原论、商业史、商业地理、商品学、商业簿记学、商业通论、商业各论、商业经济学、财政原论、外国贸易论、商业政策、工业政策、商事行政法、统计学、交通政策、铁道经济学、陆运论、水运论、铁道管理法、商船管理法、邮电行政论、邮便贮金论、民法概论、商法、破产法、国际公法、国际私法、工业学、英语、第二外国语（德、法、俄、日之一）、实地研究，共31科目（舒新城，1961）。

大学商科的主要课程是珠算、商业簿记、会计学、商业学、商店实习、商业货币、银行、商法、经济、商业地理等。（郑成伟，2012）大学商科预科与文科、法科共同开设的课程为：外国语、国文、历史、伦理、伦理及心理、法学通论。（董宝良，2007）

2. 大学商科课程设置示例。

大学商科教育强调学生商业知识的系统性和实用性，除了专门的商科知识外，对于基础课程的要求较为严格，在重视培养学生人文素质的同时，又重视培养学生的实践能力，如南开大学、天津工商大学、私立厦门大学等。

（1）南开大学商科课程。南开大学商科的普通商学、银行、会计等系的基础课程大致相同，到三、四年级后，各系专业课程才各有侧重和区别。一、二年级开设的课程多是培养实用型商业金融人才的基本知识，均为必修课。如一年级有国文、英文、经济地理、会计学、经济组织、商业地理、商业史等课程，并需在物理或化学中任选1门；二年级开有商业国文、商业英文、商业组织与管理、商业会计学、公用事业会计学、统计学、货币银行学等课程。两年内修完学校规定的基本课程而不准备升学的学生，学校发给修业证书。从三年级开始，课程分为公共课程和专业课程两部分。如1931年，三年级的公共课有：会计学、成本会计、商业理财、财政学、工商管理会计学、高等统计、保险学、办公室管理。银行系专业课有：国外贸易、国际汇兑、银行会计、高级银行学。商学系专业课有：国内及国外贸易、广告学、运输学及人事管理等；四年级的公共课有：会计学、审计学、商业会计学、会计学理论、银行会计、公共事业会计、商业循环等。银行系专业课有：商业政策、工业管理、办公室管理等。1936年，经济系从文学院改设商学院内，一年级的课程为：国文、英文、中国通史、西洋通史、普通算学、地理概论、中国经济问题；二年级的课程为：中国通史、西洋通史、中国经济问题、地理概论、经济学原理、经济地理、社会学、会计学（一）、英文经济名著选读；三、四年级的主要课程有：统计学、会计学（二）、成本审计学、审计学、农业经济学、农场销售学、农业信用、乡村社会学、商事法、财政学、货币银行、国外贸易、泰西经济思想史、中国近代社会经济史、会计制度、官厅会计、银行会计、乡村合作、农场管理、乡村建设概论、土地税、地方财政、财务行政、比较货币制度与政策、信论、合作金融。（郑成伟，2012）此外，商学院为了加强学生商业金融实务的训练，还专门设有实习课，同时还内设有商品陈列室、银行实习部、统计实习室等用以直观教学与实习。商学院还先后聘请本市大通银行经理、上海银行经理及中央银行专家来给学生们讲课，并组织学生到各大银行及中原公司等处实习，并对天津的商业贸易进行实地调查。（郑成伟，2012）

（2）天津工商大学商科课程。天津工商大学为法国耶稣会创办。办学之初只设工、商二科，学制4年，主要采用法国教学模式，一般课堂教授均用法语。在课程设置上分为基础课程和专业课程两大类。基础课程主要为哲学和法文两科，为工、商两科一年级的学生开设哲学课，全学年每周1学时，共36学时。各系科均开设法文课，一年级全学年每周4学时，二、三年级每周3学时，合计360学时。开办之初，商科分为12大门类：会计学与商算、中外簿记学、化学、商业与运输、普通商业地理、商业产物、财政学（包括银行、汇兑、银钱等）保险、商法与民法或民商法、商谈与商业公牍、经济学原理、商业实习。各课目授课时数一般为1~2年，每周2学时左右。这些课程全部为必修课程。学生具备较宽的知识面的同时还必须具有较强的动手能力和适应性。1937年该校《工商学生》（第1卷第4期）杂志特别强调并指出，"商科学生最重实用。本校为谋学生之学识与经验并进，于暑假期中，介绍学生于各种商业组织，以便学习。使学生问世时，不患有理论而无实际之弊"。学校介绍学生暑假到银行或商店实习4周。此外，学校每年还选出优

秀毕业论文刊印成书，分送世界各地，受到了商界和学术界的欢迎。1933 年
8 月，天津工商大学改名为河北省私立天津工商学院，商科分为普通商业和
财政银行两系，修业年限 4 年。（郑成伟，2012）

（3）私立厦门大学商科课程。1930～1931 年，私立厦门大学商学院课程
分为 4 大类：（1）普通必修课：党义、国文、英文、第 2 外国文、商业数
学、经济学（一）、会计学（一）、商业地理、银行学、货币学、商业组织及
管理，共 11 门、72 学分；（2）必修主课，共 36 学分；（3）辅修课，至少
24 学分；（4）自由选修课，约 24 学分。商学院学生须修满 150 学分才能毕
业，如工商管理系共开设 23 门课程：经济学（一）、会计学（一）、商业地
理、商业算学、银行学（一）、货币学（一）、商业组织与管理、商业文件、
公司法、票据法、交通学、保险学、会计学（二）、统计学（一）、售货术、
广告学、商业政策、工厂管理、职工管理、信用论、商业循环、国外贸易、
公司理财。这些课程内容构建了较为完备的知识结构，为学生搭建了专业知
识与技能框架。商学院的教师大都留学过欧美，并大量使用欧美教材，使学
生能直接接触到当时前沿的经济学理论，并用这些理论来分析中国的经济状
况，教学质量较高。此外，除设置会计实习室外，私立厦门大学还及时购置
国内外出版的商科新书，并搜罗商品，以满足商科教学的需要。（曾海洋，
2007）

第四节　商科教育的现代成长

新中国成立后，商科的教育发展出现了一波三折：计划经济时期的艰难
探索、"文革"时期的灾难性破坏以及改革开放以后的恢复提高。新中国成
立至今，我国商科教育大致经历了以下四个阶段（郑淑蓉等，2011）。

一是新中国成立至 1965 年的计划经济时期商科教育初创阶段。新中国成
立之初，我国高校规模小，学生数量少，人才培养的层次结构比例失调，且
整体布置不合理，沿海地区多，内地偏少。在第一个"五年计划"期间，为

了适应当时发展的需求，新中国的高等教育体系主要学习苏联的经验，重点是整顿和加强。1952 年，全国高校院系调整从北京、天津开始，以中国人民大学和哈尔滨工业大学为试点，延伸至华东、西南、中南、东北、西北，至1953 年底基本完成。在教学改革中，我国高等学校吸收了苏联学校重视基础理论、重视实验和实习、重视教学法和教学组织形式等优点，形成了我国高等教育的特色。到 1956 年，我国初步建立了新中国社会主义教育体系。1958年，全国各行各业"大跃进"，高等教育规模的发展也突飞猛进。1957 年，全国高等学校 229 所，到 1958 年秋天全国各地已有 23500 多所业余"红专"大学和半工半读大学。至 1961 年，我国高等教育在数量和质量上均取得了一定的成绩，但在工作中也存在一些问题。9 月 15 日，中共中央正式批准试行《教育部直属高等学校暂行工作条例（草案）》（简称"高教六十条"），对高等学校的培养目标和专业等作了详细规定，使高等教育重新回到正规化运行的轨道，但又使高校管理权重新回收，缩减了高校数量和招生人数，导致高校招考又出现激烈竞争的状况。在商科教育方面，在学习苏维埃和借用《苏维埃贸易经济学》的基础上，中国人民大学编写了《贸易经济学讲义》。1957 年，中国商业干部学校根据商业部的精神，编写了《商业政策》教材。与此同时，中国人民大学在《贸易经济学讲义》的基础上编写了《中国社会主义商业经济》。随后，各院校也陆续编写了各种版本的《商业经济学》教材和讲义。总之，这一阶段是计划经济下新中国商科教育的初创时期。

二是 1966～1976 年，高考取消，财经院校相继停办商科专业，我国商科专业及商学研究遭到灾难性的破坏。

三是 1977～1998 年商科教育恢复提高阶段。1977 年高考恢复。中共十一届三中全会后，高校数量和学生数量明显增加。据教育部统计年鉴，1978年，全国高校 598 所，本专科在校生 85.6 万人，本专科毕业生 16.5 万人，研究生在学 1.0934 万人，研究生毕业 0.009 万人，全国毛入学率 1.55；至1998 年，全国高校数 1022 所，本专科在校生 340.9 万人，本专科毕业生82.98 万人，研究生在学 19.8885 万人，研究生毕业 4.7077 万人，全国毛入学率 9.76%。这一时期，高等教育渐渐步入正轨，财经院校和商学院陆续复办，贸易学等商科专业陆续复设，商业风险与竞争、期货与租赁、股票与证券、兼并与联合等商学理论研究也有了新的突破。同时，翻译和撰写了大量专著与教材，丰富了商学研究内容和学科体系，并形成了专科、本科、硕士、博士多层次的教学及其学位体系。在此期间，民办高等教育也获得了初步发展，其主要特点是国家对民办高等教育发展实行"允许与限制"并行的政策，颁行了一系列政策法律，为民办高等教育的恢复和发展提供了必要的政策资源，如1985年《中共中央关于教育体制改革的决定》、1987年《关于社会力量办学的若干暂行规定》和《社会力量办学财务管理暂行规定》、1988年《关于社会力量办学几个问题的通知》和《社会力量办学教学管理暂行规定》、1991年《社会力量办学印章管理暂行规定》和《国务院关于大力发展职业技术教育的决定》、1993年《中国教育改革和发展纲要》和《民办高等学校设置暂行规定》、1995年《中华人民共和国教育法》、1996年《中华人民共和国职业教育法》、1997年《社会力量办学条例》、1998年的《中华人民共和国高等教育法》等重要的政策法律文件，都表达了或鼓励或规范或支持民办高等教育发展的政策精神。在这些政策精神的指导和鼓励下，民办高校数量有了显著的增长，办学范围也迅速扩大，办学层次得以提升。在民办高校中，商科依然是招生的热门。总之，这一时期，商科建设进入恢复之后的快速提高阶段。

四是1998年至今市场经济时期商科教育的调整与繁荣阶段。据教育部《2017年全国教育事业发展统计公报》显示，全国各类高等教育在学总规模达3779万人，高等教育毛入学率达到45.7%；全国共有普通高等学校2613所，其中本科院校1243所，高职（专科）院校1388所，成人高等学校282所，研究生培养机构815个；普通高等学校校均规模10430人，其中，本科学校14639人，高职（专科）学校6662人。2018年6月14日教育部发布了全国高等学校名单。截至2018年5月31日，全国高等学校共计2914所，其中普通高等学校2631所（含独立学院265所），成人高等学校283所。高等教育毛入学率从1999年的10.5%达到如今的45.7%，发展可谓神速。同时，随着《高等教育法》《面向21世纪教育振兴行动计划》《关于深化教育改革全面推进素质教育的决定》等重要政策的颁行，民办高等教育的合法性得到了普遍的加强，特别是《民办教育促进法》使民办高等教育的合法性得到了进一步的巩固，民办高等教育已经成为我国高等教育事业不可缺少的组成部分。

这一时期，教育部进行了专业结构调整。1998 年，本科专业目录由 1993 年的 504 种减少到 249 种，研究生招生目录由 1993 年的 654 种减少到 381 种。这次专业结构调整取消了商业经济专业，各校进行相应的专业调整：一是将商业经济专业并入产业经济专业；二是将商业经济专业分解为市场营销专业和国际贸易专业，后来又增设物流管理专业和电子商务专业；三是将商业经济专业改为商务专业。现今的商科包含在经济学和管理学当中，已细分成更多的专业群，逐渐形成了具有中国特色的商科核心专业群、骨干课程群和名牌学校群。核心专业有：工商管理、市场营销、人力资源管理、会计、酒店管理、金融、保险、信息系统管理、电子商务、物流管理、国际商务等，近年来还出现了一些跨界专业，如金融数学、金融工程等。骨干课程有：商品学、会计学、统计学、经济学、管理学、营销学、金融学、信息管理、行政管理、组织行为、质量管理、商务沟通、法律文书等。名牌学校有：北京大学光华管理学院、中国人民大学商学院、清华大学经济管理学院、中山大学岭南学院 MBA 中心、北京大学国际 MBA、复旦大学管理学院、上海交通大学安泰管理学院、南开大学国际商学院等，此外还有中央财经大学、上海财经大学、西南财经大学、对外经济贸易大学等财经类综合性大学以及独立的商学院。

计划经济条件下，商科教育长期被忽视是由体制所决定的。而社会主义市场经济从"初步建立"到"比较完善"的发展过程，也是商科人才的培养和储备显得越发重要的时期。市场经济越发展，越是需要商务管理的不断改进与完善。我国现代高等商科教育的恢复、调整、繁荣，从一个侧面反映着这种相关关系。商科教育的大发展，不仅反映了市场经济体制的内在要求，也是先进生产力的召唤。随着市场经济及其商业的大发展，我国商科专业招生人数增长速度较快，如 1998 年我国普通高等教育中商科专业招生总规模为

10 万人，2010 年增加为 96.1 万人，增长了 8.6 倍。在 21 世纪的前 10 年，有学者测算，我国商业从业人员总数由 2000 年的 3848 万人增长为 2010 年的 6992 万人，增长了 82%，占全国总从业人员的比例由 2000 年的 5.4% 上升为 2010 年的 9.3%。从前 10 年商业行业人才补充的专业结构看，来自普通高校商科专业的毕业生占 50%。（冯伟国等，2013）

自 20 世纪 90 年代以来，会计学、金融学、国际经济与贸易、财务管理、市场营销、工商管理等专业一直是学生选择报考的热门专业。如北大光华管理学院（2008）号称"学院拥有中国最具发展潜质的本科学生，吸引全国优秀的中学生报考，连续几年每年都有约 1/5 的全国各省市高考第一名进入光华管理学院。其中 2007 年招收文理科高考状元 13 名，2008 年招收文理科高考状元 24 名。"中国青年报（2007）报道：在上海，由于股市的火爆，2007 年度最出人意料的高考新闻就是复旦大学录取分数线大幅下降，而上海财经大学文科录取分数线跃居上海市各高校之首。上海一所名牌中学对学生填写的高考志愿表统计结果显示，考生志愿填报集中在经济、金融、财务等专业。另一个事实是，全国坐落于省城的二本商科院校商科专业招生分数大多接近一本线。当下中国的高等商科教育，岂一个"热"字了得。另外，我国有 70% 以上的留学生选读国外的商科，其中历来最受中国学生青睐的专业主要为 8 大类：第 1 类是经济学，第 2 类是会计或称企业财务管理、财务策划，第 3 类是企业管理，第 4 类是计算机管理，第 5 类是金融，第 6 类是贸易，第 7 类是市场营销，第 8 类是旅游管理、宾馆服务。美国《开放门户报告》(2015) 公布了 2014～2015 学年美国高等教育院校招收国际学生的情况，其中，中国学生从 274439 人增加到了 304040 人，与 2013～2014 学年相比增长 10.8%，连续 6 年在美国国际学生中保持第 1 位。报告显示，在美就读的国际学生在选择就读专业上，商科依旧是最为热门的专业。

以 MBA 为例。有数据显示，仅 2009 年我国就新增了 32 所 EMBA 培训学校和 55 所 MBA 院校。同时，一线商学院的学费也在纷纷上涨，但这仍抵挡不住人们对商学院的热情向往。人民日报（海外版，2009）报道，在国外商学院为缩减开支不得不慎重招聘新员工、纷纷缩小招聘规模甚至精减人员之际，我国近 30 所顶级商学院却趁全美经济协会和全美金融协会年会在旧金山召开的机会，派出超豪华招聘阵容"组团"赴美争抢海外金融财经类优秀研究人才回国任教，国内各高校给出的高待遇及相应的福利优惠政策引起海外人才的格外关注。此外，在 MBA 教育的基础上试行的 EMBA、MPA 教育等也风生水起。实际上，这只是 20 世纪 90 年代以来中国高等商科教育"持续高烧"的继续。粗略统计，到目前为止，我国开办 MBA 的高校已经多达 200 多所，开办 EMBA 的院校也多至 64 所，两类学生累计招生约 30 万人。（刘黎明等，2013）

香港中文大学工商管理学院副教授、商学本科课程副主任张伟雄（2002）指出："香港未来的商学教育应该专注于四个专业范畴：第一个范畴是培训财经方面的人才，第二个范畴是国际企业管理的专才，第三个范畴是电子商贸专才，第四个范畴是人力资源管理的专才。"2017 年 11 月 8 日，"商业创变，商科创新——中国新商科人才培养创新大会"在上海隆重开幕。来自院校、企业的专家与高管共同就新商科与创变时代人才升级新模式、新路径进行深度解读与探讨。与会者指出，商业创变、商科创新已经成为不可抗拒的时代潮流，如"我国商贸服务业已进入到消费升级、互联互通、大数据、人工智能、智慧物流、共享经济、商业 3.0 的新时代。"这些新时代的创变给商科教育带来了新课题、新内容、新空间和新的发展机遇。教育工作者要坚持立德树人，要为新时代培养一流新商科创新创业人才。

2018 年 4 月 19 日，"第三届新华网商学院沙龙活动"在北京开幕，主题为"预见 2020·商科教育如何服务创新中国"。来自清华大学、上海交通大学、复旦大学、浙江大学、同济大学等在内的 30 余所知名高校的商学院领导、MBA 中心主任以及教育界代表共聚一堂，共谋商科教育如何与时俱进服务国家战略。与会者表示，企业的组织边界越来越模糊，企业的竞争环境出现了瞬息万变的趋势，中国工商管理教育也正在面临范式的转换。商学院的发展现在进入到了一个新时代，商学院有责任服务国家战略，应根据时代的变化调整课程设置、帮助企业家创新求变。商科学生要具备"家国情怀、全球视野、根植本土"三大方面的素质。（新华社，2018）立足本土的家国情怀、向外学习的全球视野、立德树人的教育目标、与时俱进服务国家的发展战略，这是我国商科教育的主旨，也是我国商科教育在当前形势下的必然路径。

新时代，新商科。张伟雄（2002）指出，"由于现在商科是一门热门的课程，只有在公开考试中表现最优秀的学生才能入读。"何为"优秀"？主要看学生是否适合学商科。第一，是否喜欢团队合作。团队合作是为达到既定目标所显现出来的自愿合作和协同努力的精神。第二，是否具备领导潜质。商学院的培养目标通常都包括"致力于培养商业领袖"。要成为一个优秀的管理者、商业领袖，优秀的领导力必不可少。第三，是否善于与数字打交道。商科涵盖范围广，涉及专业多，且大部分专业都会涉及数学，尤以金融、会计为甚。第四，是否敢于挑战与创新。当今的商业环境日新月异，管理者需及时应对各种出现的新情况、新问题，按部就班、循规蹈矩则很容易被市场淘汰。喜欢挑战、勇于创新，这些素质恰好也是商科学生不可或缺的。

总之，我国现代商科教育在现代化、实践性方面探索较多，但在培养学生的国际视野的同时如何注重本土化方面则探索较少，特别是在培养学生商业技能的同时缺乏人文情怀的培育。眼中要有一束光，心中要有一片海。只有在此基础上，才能培养有领导潜质和勇于创新的商科学生。

第四章

我国商科教育的价值取向与人文精神

2008 年，全球金融危机的爆发充分暴露了人性的自私和贪婪，也暴露了传统商科教育的缺陷。高等商科教育在许多方面都迷失了方向。甚至有人提出，"现在到了重建高等商科教育的时候了"（宋卫红等，2013）。

民国元年，蔡元培任教育部长，对于大学提出了特别需要注意的四点，其中第一点就是，大学设法、商科的，必设文科；设医农工等科的，必设理科。蔡元培"文或理科必设"的教育理念暗示着具有"生殖力元质"的人文思想、科学原理等对于大学的重要意义，其实质是捍卫大学的力量与尊严。

经济的发展固然增强了人们的竞争意识、效率意识、创新意识，但同时也诱发人了的利己主义、拜金主义、本位主义，特别是经常与商品、金钱打交道的商人。表面的效率与利益其实削弱了"人"的力量与尊严，而作为培养商科人才的高等商科教育捍卫大学及其商科人的力量与尊严，实乃头等大事。

在人文社会科学中，商科教育最具实用性，这无可厚非，但正如"君子不器"，商科教育绝非仅仅培养经商赚钱的工具型人才，我们更应该让商科学生懂得人的尊严和企业所应承担的社会责任。清末民初"救国富民"的商科教育价值取向已给予我们启示：内心的充盈比什么都重要。商科教育坚持"以人为本"，就是坚持"以生为本"。商科教育注重人文精神的锤炼，就是坚持君子之道、仁义之道、家国之道。未来的商人不应是唯利是图之徒，而应是"眼中有光，心中有海"的"新儒商"。

第一节　我国传统商科教育的价值取向

清末民初，商业教育的首要目的是救国富民，其社会价值取向特别强调实用性、针对性、开放性与社会性，让有志于学的都可进入商业学校学习商业知识与技能。商科课程着重与国际接轨，以改善学生的知识结构，增强学生服务当时社会的实用能力为主要任务。商科毕业生以追求事业上的成功和人生价值的实现为荣，并通过兴办实业来挽回利权，救国富民。商科毕业生广受欢迎社会欢迎，并推动了新型商学关系的发展，加快了中国商业近代化的步伐。我国近代科教育的内在价值取向以商业道德为先，其教育目的以道德修养为中心，课程设置强调道德与修身。

一、救国富民：清末民初商业教育的社会价值取向

（一）广纳生源，有志于学者皆可学

清末民初，商业学校的学生来自以下几个方面：一是科举停考后寻找新的出路的士子。清末停止科举考试，阻断了旧式士人读书出仕之路，他们只得进入各类新式学堂就学，而商业学堂则是他们选择的出路之一。二是商人子弟。有些商人自己出身穷苦，缺少文化，在经商的道路上屡屡受挫，于是教育子弟认真读书，以期培养有文化的善于经商的新一代接班人。为子承父业，开明商人子弟往往首选商业学堂求学。如四川"古青记"的老板古槐青由于不能说英语，受尽洋行买办的气，就把儿子古耕虞送到上海圣约翰大学学习英语和对外贸易、运输、保险、银行业务等方面的课程。后来古耕虞用所学知识把"古青记"改造为现代化企业。（古耕虞，1980）三是商人本身。张之洞当年奏设工商学堂时，就有"召集绅商士人有志讲求商学者入堂学

习"（舒新城，1981）的计划。四是商业从业人员。民国时在商业业余补习学校中就读的多是小店主、商业员工和学徒。如在黄炎培等创办的中华职业学校所属的工商补习夜校和商会兴办的各种半夜学校里，学校附近公司、商店之从业人员均来校肄业（严昌洪，2000）。士子、商人、商人子弟、小店主、商业员工和学徒等有志于学习商业知识与技能的都可进入商业学校，表明了当时商业教育的实用性、针对性、开放性与社会性。

（二）与国际接轨，改善了学生的知识结构

商业学堂主要是仿效日本商业学校开设课程。如清末商业中等学堂，本科普通课程有修身、算术、体操、中国文学等四门；实业课程有商业地理、商业历史、外语、商业理财大意、商事法规、商业簿记、商品学、商事要项、商事实践等九门。当时日本商业学校专业课程有商事要项、簿记学、商业文、商业算术、商业地理、商业史、商事法规、商业英语、速记术等。我国除了比日本少一门速记术，比日本多理财大意、商业实践外，其余基本相同。（曾治平，1997）民国甲种商业学校与清末中等商业学堂课程设置前后相承。民国高等商业学堂本科科目也几乎照搬当时日本商业学校所开课程。据周学熙1903年《东游日记》记载，日本高等商业学校本科开设商业道德、商业文、商业算术、商业地理、商业历史、簿记、机械工学、商品学、经济学、财政学、统计学、民法、商法、国际法、外语、商业学、商业实践、体操。（虞和平等，1999）民国高等商业学堂本科科目学生共学习18门课程：商业道德、商业文、商业算术、商业地理、商业历史、簿记、机器工学、商品学、理财学、财政学、统计学、民法、商法、交涉法、外国语、商业学、商业实践、体操等，与日本几乎一致。这些课程大多是从前的商人闻所未闻的，它给中国商人灌输了新鲜知识，为中国商业与国际接轨创造了条件。（严昌洪，2000）另外，清末民初时期的留日留美学生大多回国报效祖国，不少人进入教育领域甚至开办商业学校，大大充实了商业教育的师资力量，并对学生的思想观念产生潜移默化的作用。如1907年创办的湖北商业中学堂第一任校监杨汝梅系日本高等商科毕业，教员中还有他的留日同学。上海总商会所办的商业补习夜校高级广告学教员林振彬和商业管理教员刘树梅均系美国经济学硕士；簿记兼经济学教员李培恩系美国芝加哥大学商科硕士、纽门大学商业管理科硕士。（章开沅等，2000）总之，清末民国时期的商科课程，与国际接轨，改善了学生的知识结构，增强了学生服务当时社会的能力。

（三）毕业生就业广，社会效益良好

清末民初商科毕业生大致有三种流向：一是少数毕业生充任商务官员。张之洞、刘坤一在《筹议变通政治人才为先折》中建议商学生要派往商务局兼习实事，名曰"兼习学生"；毕业后派赴南北繁盛口岸考验商务，名曰"练习生"。通过考试取中者，除送入京师大学校外，即授以官职，令其效用。（舒新城，1981）而民国时期政府的商务官员，大多有高等教育学历，其中毕业于商科的不在少数。外交官中的商务参赞和政府机构的财会人员也有不少商业专门学历，如20世纪30年代湖北高等商业学校的毕业生分配在四厅（民政、财政、建设、教育）八处（会计、统计、审计、田粮、储运、保安、秘书、合作）任财会职务，他们的业绩提高了商业学校学生的声誉，使后来该校毕业的学生甚至出省限而到各地及中央财、粮、金融、贸易部门工作（曾治平，1997）。二是一部分毕业生任教商业学校。清末《奏定学堂章程》规定高等商业学堂毕业生除可经理公私商务及会计外，并可充任各商业学堂之管理员、教员。民国时期的商科大学毕业生也常常是各级商业学校教师的主要来源。如民国时期设立的武昌商科大学的毕业生是湖北省甲种商业学校以及后来改名的湖北省高级商业职业学校教师的主要来源（舒新城，1981）；上海总商会所办商业补习夜校先后任教的教员中也有一部分受过商业专门教育，如英文兼速记簿记教员张毓良系南洋公学、南京高等师范商科毕业（章开沅等，2000）。三是大多数人下海经商。清末商业学堂的培养目标中明确规定：初等商业学堂毕业生要能从事简易商业，并能以微少资本自营生计；中等商业学堂毕业生要能实际从事商业活动；高等商业学堂毕业生可经理公私商务及会计。而民国时期新式商人为推行新的管理模式，大量招聘商科毕业生，如裕大华公司董事长黄师让先后就读上海高级英文商业学校和复旦大学商科，大学尚未毕业就提前离校到武昌楚兴公司任职。（章开沅等，2000）另外，在国外获得商科学位的留学生有不少人在商界任职，有的后来成为著名的企业家或银行家（严昌洪，2000）。

从1928～1935年，天津工商大学共有87名毕业生，其中商科35名。（阎玉田，2010）在1935年第二届校友年会上，天津工商大学自豪地宣称："直至现时，我校之毕业生尚无失业者"（工商学志，1936第8卷第1期）。1937年，院长华南圭在总结学校的过去时说："本校商科历年的毕业生，大都在银行界服务，少部分服务于公家财政机关，他们多能运用所学，研究贯通，得有相当之优良成绩，而海外留学诸同学亦可各就个人性之所近，及学有心得之学科继续深造，学成归国者颇不乏人"（工商学志，1937年第1卷第4期）。

南开大学的商科非常注重学生实用能力的培养，商业界对南开大学的商科学生普遍反映很好，认为南开大学的学生中英文都能应用，熟悉会计，能打字，能珠算，都非常愿意聘用南开大学的商科毕业生。（郑成伟，2012）

私立厦门大学商学院本着"研究高深商业学术，培植专门人才，以发展国内及南洋群岛之商务"的宗旨，培养出了一些社会需要的银行、会计和商业人才。从1926年第一届毕业生到1937年，商学院共有12届毕业生73人。其中截止到1934年6月，商学院共有毕业生47人，每年毕业人数平均在6人左右；按毕业生籍贯分，福建34人，广东3人，江苏3人，浙江2人，江西、湖南、四川、河南各1人，韩国1人。据1934年4月6日出版的《厦大周刊》第337期"毕业生一览表"显示：到1934年止，商学院47位毕业生中，有3人毕业后去世，其余44位中只有34位记载了职业情况。其中在教育部门工作的15人（包括1位教育局局长、1位中学校长和1位教育局科长），占总数的44.1%；在银行部门工作的8人，占23.5%；在政府部门任职的3人，占8.8%；在汽车公司、轮船公司和无线电厂工作的3人，占8.8%；自己经商者3人，占8.8%。另外有2位既任过教，又在公司银行工作过。以上毕业生在南洋服务的9人，占26.5%。他们大多是南洋华侨的子弟，毕业后回到南洋服务，但也有少数不是华侨子弟而到南洋就业的。这反映了厦门大学商学院为南洋地区培养商务人才的宗旨；在国内服务的 25 人，占 73.5%，其中福建 17 人，其他省份 8 人。就国内而言，商学院毕业生大部分服务于福建特别是闽南地区，其次是邻近福建的浙江、江苏和广东省，区域性特征十分明显。（曾海洋，2007）

这些新式学校出身的商人，与以往经验型商人在经营理念和管理方法上有许多不同。传统经验型商人目光短浅，墨守成规，而受过商业专门教育的新式商人眼光和观念则明显有别。他们摒弃封建商业的经营方针，学习西方资本主义的经营管理模式，或改造旧式企业，或开设现代化的资本主义大企业，以追求事业上的成功和人生价值的实现为荣，并通过兴办实业来挽回利权，救国富民。（严昌洪，2000）

（四）新型商学关系加快了中国商业近代化的步伐

清末民初，新式商人大量出现，如前所述，商人队伍知识结构和整体素质自然大为改观。一是商人思想境界和商业眼光的提升；二是商人群体认同观念和社会责任感增强；三是商人管理方式日益近代化。新式学校出身的商人接受了近代商业知识和其他专业知识的教育，更重视向西方学习，试用新的财会制度，实行技术管理，期望通过实业来挽回利权，救国富民。由于视野和格局的提升，新式商人的企业在市场上的竞争力也日益提高。同时，由于新式学子不断地流向商人队伍，而商人又积极兴办新式教育，于是在中国近代史上出现了一种新型的商学关系。这种关系有人概括为："工商界宜与学界联合，一则资本丰富，经验充足；一则学术完备，见高识远。协力共济，相得并彰。"（余裴山，《农商公报》第 18 期）资本丰富、经验充足的商界与学术完备、见高识远的学界联合起来，协力共济，则可优势互补：实业界资助学校办学经费，解决教育发展缺乏资金的困难；学校则将自己培养的品学兼优的学生输送给工商界，满足工商企业对新型人才的需求。蔡元培深知商学结合的这种重要性，于 1919 年 1 月 13 日在北京发起成立了商学协进会，以联络商学两界，造成商业人才、发展商业为宗旨，时人称其"颇具远见卓识",认为"以学者而能重视商业人才的培养,当推先生为嚆矢"(北京市工商联,1985)。这种新型的商学之间的良性互动,一是提高了商业从业人员的文化素质,加快了中国商业近代化的步伐;二是促进了近代新式教育特别是商业学校教育的发展,同时对社会经济生活和社会价值观都产生了深刻影响。(严昌洪,2000)

二、以商业道德为先:我国近代商科教育的内在价值取向

道德教育是中华民族历来重视和延续的话题,也是商业领域及其商业教育的主题。无论是学校教育以前的学徒教育还是明清时期的商帮,重修身、重贾道、重义气、重乡情等一直是我国商人的优良传统。回顾我国近代商科教育历程、教育思想、办学理念或教学观念,无论是勇往直前、主张正义、关心国家命运的"暨南精神",还是复旦等私立大学所具有的革命、自由、独立的办学传统,"正心笃志,崇德弘毅"为重点的道德人格修养教育始终被我国近代商科教育所承继,并成为首要的价值追求。同时,不乏以"仁者爱人"为重点的社会实践活动,引导商科学生从孝敬父母做起,然后在人际交往以及实践教学中培养感恩之意、大爱之心,从而帮助他人,关爱社会。

(一)教育目的以道德修养为中心

晚清时期的教育以救国富民为要,其中官办高等商业学堂的办学宗旨是"使通知本国外国之商事商情,及关于商业之学术法律,将来可经理公私商务及会计,并可充各商业学堂之管理员教员";办学目的是"以全国商业振兴、贸易繁盛、足增国力而杜漏危为成效"。振兴商业,繁盛贸易,必先认识商业道德的重要性并养成较高的商业道德,于是,当时的晚清政府还规定了高等商业学堂以商业道德为先的教学内容。

在内外纷扰的民国初年,道德败落,道德教育再次成为人们议论的焦点,并被当作救国拯民的良方。如从1912~1913年,民国建立伊始,临时政府教育部就以"注重道德教育,以实利教育、军国民教育辅之,更以美感教育完

成其道德"（宋恩荣等，1990）为教育宗旨，同时任命蔡元培为教育总长，进行学制改革。

早在清朝末期，商业补习教育就已经产生了。如天津等华北地区的通商巨埠早在"癸卯学制"颁布前就已经出现夜校、学塾等形式的补习学校。进入民国以后，随着商业的飞速发展，商会的倡导与支持，在有限的商业学堂和政府举办的商业补习教育之外，一些有远见的商会或商人纷纷创办商业补习学校，这些商业补习学校招收本行业学徒、员工，利用业余时间或日间工作时间之一部分，教授近代工商业知识与技能，并注重道德修养教育。

"勤俭"是中华民族传统品德，同时也是商人艰苦创业的写照，"诚信"更是近代商人自觉信守的经商原则。与教会学校、政府办学不同的是，近代商人或商会在商业学校的办学理念中注入了中国传统儒家文化的价值观念和伦理道德，将勤俭、诚信、节俭、好义等传统伦理和儒商品质注入到办学理念中，意在使身在其中的莘莘学子在校训、校歌中耳濡目染，传承儒商精神与形象，形成一种文化环境。同时，内忧外患的严酷现实使近代商人十分注重爱国情操的培养。自强求富、以图御侮的爱国意识是近代商会、商人办学的主旋律。张謇曾教导学生"须是将天下一家、中国一人、民吾同胞、物吾与也之道理，人人胸中各自理会；……愿诸君开拓胸襟，立定志愿，求人之长，成己之用，不妄自菲薄，自然不妄自尊大"。（张謇研究中心等，1994）这种以爱国主义为主旋律的校园文化是"经商之道"与"为人之道"的完美结合，形成了一种无形的强大的凝聚力量与教育力量，塑造和引导着商人自身及其商业学子为国家和民族的崛起而奋斗的价值观念、行事风格与职业理想。如南开大学成立之初，就确定了"文以治国，理以强国，商以富国"的教育思想，其中的商科事实与理论并重，要求毕业生不仅要学完规定的课程并考试合格，而且毕业论文必须选择中国问题并须用国文写出（郑成伟，2012）。

（二）课程设置以道德修身为先

教育目的反映一定社会对受教育者的要求，是教育工作的出发点和最终目标。而教育目标的实现须依赖学校所设置的课程。清末民国时期的课程设置具有浓郁的时代特色，突破了传统商业教育的局限，学科内容更为广泛，知识范围涵盖了基础科学、普通社会知识、商业基础常识、专业性的商业理论和实践等方面，课程选择在和当时的商业经济形势、工商实业的发展相联系的同时又保留了必要的传统知识。如创办于 1901 年的广东商务学堂对应酬笔札、经史修身等课程予以保留。

如前所述，清末《奏定中等农工商实业学堂章程》对普通学堂如何设置实业课程作了规定，随后的"癸卯学制"对各级商业学堂的办学宗旨、课程设置、学生入学条件、修业年限作了详明的规定，并对其教育宗旨、学校管理、教师选用、学生考试与奖励等方面也作了相应的规定。在《奏定初等农工商实业学堂章程》中，初等商业学堂所定的科目共 9 门，其中第一门即为"修身"。中等商业学堂按《奏定中等农工商实业学堂章程》规定分预科和本科，预科科目的第一门为"修身"；本科科目的普通科第一门即为"修身"。高等商业学堂所定的科目共 18 门，其中"商业道德"科目位于前列。桥梁专家茅以升小学毕业后于 1905 年进入江南商业学堂，1911 年毕业后进入唐山路矿学堂。商业学堂的基础课教学为茅以升的成才打下了坚实的基础。少年茅以升就是在江南商业学堂的 5 年学习中，打下了学科学的基础和立志科学救国的决心，孜孜不倦地用功，后来成为工程巨匠、中华骄子。清末商业课程设置是对传统商业教育的颠覆，为后来的商业教育发展奠定了基础。

民国时期，通过一系列学制改革，商业教育有了进一步的发展，课程体系更加完备，脉络更加清晰。1912 年 12 月公布的《商业专门学校规程》对商业专门学校的科目作了具体规定，其中第一门即为"商业道德"。1913 年《实业学校规程》第三十三条规定，甲种商业学校预科和本科科目的第一门皆为"修身"。民国时期的甲种商业学校继承了清末中等商业学堂的课程设置办法，同时各个学校还可根据实际情况调整课程内容。如 1923 年北京私立平民大学附设的商科专门部课程设置体系比教育部规定还要完善得多，其中"商业道德"课被列入专业基础必修课。

从以上课程设置可以发现，不论在晚清还是民国，"商业道德"或"修身"课都是一门必修课，而且占据首要地位，表明了清末民初商科教育的内在价值取向与自觉追求。

第二节　儒商的君子品行

君子具有"义以为质"的内在道德品质、"礼以行之"的人际关系准则、"孙以出之"的敏事慎言、"信以成之"的立身之本。在中国传统文化中，儒家的君子人格是中国伦理道德和人文精神的重要体现。近代商科教育以道德修身为先的内在价值取向和以强国富民为要的社会价值取向其实质就是对商道君子人格的追求。

我国近代商科教育思想、办学理念与教学观念价值取向与君子仁义共济、立己达人的互助理念和社会关爱思想相一致，与君子正心笃志、崇德弘毅的修身追求相一致，与君子的担当精神和家国情怀相呼应。商科学生应注重认知与行为的结合，珍惜君子文化的宝贵财富，从君子人格体验的感悟中提升商科人文追求的自豪感和归属感；在感悟中华君子传统文化精神内涵的同时，认识国家前途命运和个人价值的关系。

既重视践行君子道德人格，又能经商济民的榜样在哪里呢？"儒商"，是一个高雅脱俗的称谓，至少在中华文化圈里，只有那些儒学根基深厚，以诚信为行为准则，奉行"富而好行其德"，事业又相当成功的商人，才有资格获此美誉。（李炜光，2012）传统儒商和君子人格有着极高的契合性，"孔德之容，惟道是从。"（《道德经》第二十一章）我们有必要对"儒商"及其品格进行理论梳理与辨析，并将儒商文化作为现代商科人文教育以及商道重建的重要精神资源。

一、从四民之末到"良贾何负于闳儒"：儒商价值的论定

在中国君主专制下的传统农耕经济社会，商人是一个长期被主流话语权轻视的群体，且被皇权与士大夫阶层所忌惮，商人及其商业活动经常被士大

夫阶层和知识分子所贬损或抑制。因此，在"士农工商"传统社会结构中，商人处于末流地位。如《荀子·富国篇》中指出，"工商众则国贫"，主张"省商贾之数"。墨家认为工商业是奢侈消费的助力，破坏了"节用"的民风。韩非子认为商人是病民害国的"五蠹"之一，提出明君治国之要在于"使商工游食之民少而名卑，以趣（趋）本务而寡末作"。早在商鞅变法时期，"抑商"就是当时的一项重要举措。西汉时期，"重农抑商"的主张成为社会的主流国策。春秋战国时期商人的勃兴之势，在统治者直接插手、禁榷或重税手段的打击下，逐渐暗淡下来。实际上，即便在市民阶层崛起的明朝，商人的社会地位也相对不如农民和士人。如明太祖朱元璋于洪武十四年（1381）下令："农民之家，许穿绸纱绢布。商贾之家，只许穿绢布。如农民之家，但有一人为商贾者，亦不许穿绸纱。"《明会典》记载："正德元年，禁商贩、吏典、仆役、倡优、下贱皆不许服用貂裘，僧道、隶卒、下贱之人，俱不许服用纻丝、纱罗、绫绵。"反映了商人的社会地位和所受的限制。明朝时，大商人李魁在没有获得商业上的成功之前，家境十分贫寒，经常吃不饱、穿不暖。但是他因为受到社会上轻视商人的传统影响而迟迟没有做出经商的打算。眼看着家人跟着自己饿肚子，他百感交集：我堂堂一个男子汉大丈夫，难道真的连养家糊口的钱都赚不到吗？经商一直是被文人雅士鄙视的行为，但是因为生活所迫，他也只能走上这条路了。在这种大环境下，被不少知识人批评为"重利轻别离"的商人忍辱负重，重拾"仁义礼智信"的君子之道，开创了一条自我证明之道，"儒商"于是自然而然地出现了。

儒商在春秋、战国之际虽已出现，但文献中的"儒商"一词最早出现于清康熙时杜浚所撰的《汪时甫家传》中，其时约在1671～1687年之间。而与儒商同义的儒贾一词也是明嘉靖时才出现。（周生春等，2010）

"儒贾"一词在明嘉靖、万历之际出现并流行自有其原因。在中国，官员一向具有崇高的社会地位，享有各种政治、经济和文化特权。从治生或举业的角度来说，"学而优则仕"是社会公认的首选治生途径，通过科举入仕是广大读书人的理想和目标。明嘉靖、万历之际，商业发展迅速，书籍日益普及，人口不断增长，进入举业的读书人增加很多，但科举名额却未见相应增加。应试者日增，而举业出路有限，为谋生计，大批读书人只能弃儒而商，进入正在迅速发展的商业领域。但早年的教育使其思想和行为方式都深受儒学的影响，这就使其理所当然地成为"儒贾"或"儒商"。而儒学的转向，特别是王学的兴起和士商互动，则使士商彼此认可，并使"弃儒而商"和"儒贾"成为流行话语。嘉靖、万历及其后一段时期内，人们通常用儒贾来称呼与其含义相同的儒商。时人对儒贾和贾儒也是既肯定又否定。（周生春等，2010）

明代中晚期开始，由于中国商品经济的发展和城市经济的繁荣，促成了明清十大商帮的崛起。其中最为著名的当属晋商与徽商，他们所凭借的主体资源，主要是他们的忍辱负重的"骆驼"精神、勤俭节约的生活观念以及屡蹶屡起的奋争斗志。"先做人，后经商"，是他们的口号、他们的哲学，也是他们的实际行动，更是他们之所以被称为近代儒商的重要原因。（黄敦兵，2012）

在社会文化嬗变的明清之际，当中国传统社会的商贾实现身份意识的觉醒之后，商人们也开始了社会形象的自觉重整与塑造。这场重整与塑造运动是通过"士商互动"联手，致力于商业事功与儒学修身两方面的努力而实现的。商人阶层不断积累巨额的财富，也不断总结商业经验，强化自身成功的符号意义。（黄敦兵，2012）类似的事例举不胜举，如据《丰南志》载，清初歙县盐商吴炳仁心好义，"平生以仁心为质，视人之急如己"，留下十二字临终遗训："存好心，行好事，说好话，亲好人。"徽商歙县人鲍雯，早年精熟儒典，经他手录的《六经》大义多达数十箱。当他于两浙经营盐业时，颇有儒商风范，"一以书生之道行之"，"唯以诚待人"，其诚信之道也换来相应了的效果，以至生意日渐兴隆，并获得了成功。（张海鹏，1985）清代杨氏家族中的修家谱者，甚至将"所身所托之业"当作"本业"，从而将士、农、工、商平等看待，四业都是人生在世当勤力从事的所在，均是脱贫致富之方。据清代山西省柳林县《杨氏家谱》称："天地生人，有一人莫不有一人之业；人生在世，生一日当尽一日之勤。业不可废，道唯一勤。功不妄练，贵专本业。本业者，所身所托之业也。假如厕身士林，则学为本业；寄迹田畴，则农为本业；置身曲艺，则工为本业；他如市尘贸易，鱼盐负贩，与挑担生理些小买卖，皆为商贾，则商贾即其本业。此其为业，虽云不一，然无不可资以养生，资以送死，资以嫁女娶妻。……无论士为、农为、工为、商为，努力自强，无少偷安，则人力完可胜矣！安在今日贫族，且不为将来富矣！"不管从事何种治生之业，功业有所成就的关键不在"业"，而在从事某"业"的"人"。歙县的大商人许秩甚至从研读《货殖列传》中受到启发，他说："男子生而桑弧蓬矢以射四方，明远志也。我虽贾人，岂无端木所至国君分庭抗礼之志哉！且吾安能效农家者流，守镃基、辨菽麦耶？"他经商除了获取资财外，更重要的是实现自己的远大志向。在许秩眼中，商贾下比"农家者流"眼光高远，上可以与国君分庭抗礼，从事商贾之业为一生一世的"远志"，即使年纪已大，仍不愿意安享闲适的田园生活，还要奋斗一番。据《祁门倪氏族谱》之《慕麟公记略》记载，祁门商人倪仰文"入塾读书，月余辄止，徒劳劳于山樵野牧，以为糊口之谋"，但觉得"人生贵自立耳，不能习举业以扬，亦当效陶朱以致富，奚甘郁郁处此乎！于是跪请堂上，远游淮泗，服贾牵车用孝养厥父母"。业商不影响日常孝道。儒商文化传统中，亦不乏义商的施粥赈灾、建校设仓、修桥筑路、扶危济困之类嘉惠乡里的义举。（黄敦兵，2012）"存好心，行好事，说好话，亲好人"就是儒商的实践哲学与自我证明之道。

明清商帮虽以地域为中心，但他们重宗族，厚乡谊，并将会馆、公所作为异乡联络的场所。尤其是在那些儒商文化氛围浓郁的商帮身上，他们科举与经商两不误，同一家族甚至同一家庭，往往兄弟数人，而各有习儒与业商者。那些"官有余禄""商有余资"的成功者，都有捐资兴学，资助族人、乡人或应举或经商的义务。不少大商们还资助穷儒度其厄困，甚至为之出资纳妾。据《郑板桥年谱》记载，徽商程羽宸曾为40多岁的郑板桥出五十金纳礼娶小他一半还多的饶五娘。对此，郑板桥心存感激地说："余江湖落拓数十年，惟程三子骏奉千金为寿，一洗穷愁。"并有《怀程羽宸》诗云："凡人开口易千金，毕竟千金结客心。自遇西江程子骏，扫开寒雾到如今。"可见资助还不限于纳礼。据纪晓岚《鲍肯园先生小传》记载，两淮盐务总商鲍志道曾"捐金三千复紫阳书院，捐金八千复山间书院"。鲍氏死后，纪晓岚还亲自作传，撰写墓表。儒商的义举善行不仅限于乡党宗亲、斯文一脉，还时常扩散到国家安危与苍生之难上，在一种群体需要满足中实现自我人格的树立。恰如杜维明先生（2002）说："自我的真正实现，虽然肇始于家族的环境之中，却要求我们把自己的关系扩展到家族结构范围之外，从而超越裙带关系，从而得以和更大的群体建立有意义的联系。"

明清社会，"商"与"士"之间的多层面互动，为儒商的形成与大量涌现提供了原生动力，大大强化了商人阶层对自身社会地位的价值论定。儒商"代表的是一种涵盖性特强的人文主义"（郭齐勇等，2002），在世界文明中有着独特的价值。

二、儒商的品格与形象

在众多传统商人形象中，有如下几种品格与类型：（1）秉性厚道、老成持重的商人。如《程元玉店肆代偿钱》描写了一位救人穷急、"店肆代偿钱"的徽商形象。"秉性简默端重，不妄言笑，忠厚老成"的徽商程元玉，一次在饭店碰到一美貌女子被众人评头论足，他端坐不瞧，当女子无钱付账被店主纠缠时，他才挺身而出代为清账。（2）信实公道的商贩。如《青楼市探人踪》中的纪老三，掌管红花场庄子，因"生性梗直，交易公道"，许多客人都来找他做买卖，每年能替家主挣下千金利息。再如《韩侍郎婢作夫人》中的卖饼商贩江溶亦是如此，此类商贩为人老实忠厚，生意尽好。（3）勇于救人的商人。如《韩侍郎婢作夫人》中的徽商就是这样一个典型，当他看见一个妇女抱着自己的孩子投江自尽时，挺身而出加以搭救，并赠银二两。后来妇人的丈夫怀疑二人有染，逼妻子夜间叩门道谢试他，徽商煞是正经，并无半点乘人之危的邪念。（4）大胆前行、善纳嘉言、屡挫不挠的商人。如《初刻拍案惊奇》（卷八）里的王生，在自幼抚养他成人的婶母杨氏的鼓励下，两次遭劫后仍踏上了经商之路，不上数年，遂成大家。其他还有忠厚实诚、知情识趣、有情有义的卖油郎，有战胜私欲而拾金不昧的小织户，还有平日好善、收留抚养孤儿视同亲生的小酒馆老板，等等。（黄敦兵，2012）上述明清文学生态及思想史中的商人群落，体现了诚信与敬业的人文精神，好义轻财、奋争勇往的商业精神，更突出了"财自道生，利缘义取"的廉义勤奋的商人品格。中国历史上很多商人也是这样做的，有的修桥铺路，有的开办义学，有的则赈济饥民。如范蠡辅佐勾践报仇雪耻之后，同西施泛舟江湖，隐姓埋名，定居于陶，在此重拾经商技艺，号陶朱公，"十九年中三致千金"，成为发家致富的典型。陶朱公富裕的同时不忘礼义，乐行其德，助济穷苦人家。"子曰：如有周公之才之美，使骄且吝，其余不足观也已。"（《论语·泰伯第八》）孔子认为，一个人即使有周公那样的才能和美德，假如他因之骄傲而吝啬，不愿意跟人家分享，不愿意去成就他人，纵使他再有能力和一些小善，那其他方面也不值得一看了。

子贡曾问师曰："何如斯可谓之士矣？"孔子回答："言必信，行必果。"信就是不欺诈、讲信誉。要别人不欺诈我，只有先做到我不欺诈别人。经商何尝不是如此？对别人讲信用，别人才会尊重、信任我，这是经商成功的要诀之一。"人宁贸诈，吾宁贸信，终不以五尺童子而饰价为欺"的徽商就是典型的代表。若求长远发展须以赢得人心为目标，做生意不只是为了赚钱，而是为了赢得人心。这是西方经商者也普遍认可的精神境界。沃尔玛公司的创始人就曾表示："沃尔玛最初的灵感来自中国古时的儒商——端木子贡。"可见，孔子、子贡师徒讲求的诚信之道不仅可维护良好的商业道德和氛围，也可给商人群体带来实实在在的利益。清咸丰、光绪年间是山西票号发展的高峰，全年汇兑达到 2000 万元以上，良好的信用正是其兴旺发展的重要因素。《续文献通考》曾如是评价山西票号的信誉："山右钜商，所立票号，法至精密，人尤敦朴，信用显著。"1888 年，英国汇丰银行在上海的经理回国前，对晋商有过这样一段评论："25 年来与山西商人作了几亿两的交易，没有遇到一个骗人的中国人。"（周生春等，2010）

所谓儒贾、儒商、贾儒，抑或先儒后商，抑或先商后儒，抑或亦儒亦商，均指好儒善贾、倜傥有儒者风范的商人。为人厚人伦，仁义慈善，孝友礼让，重族谊乡情，有家国一体的社会责任感；在商则先义后利，多智善贾，忠信勤俭，童叟无欺。简言之，具有以儒家为核心的厚重文化底蕴且能做到儒行与贾业良性互动与统一的商贾，才是我们传统意义上的儒商。

左宗棠任浙江巡抚期间，有"红顶商人"之誉的胡雪岩助管赈抚局事务，身为商贾却热心政事，还做了许多善行义举。胡氏设立粥厂、善堂、义塾，到处修复名寺古刹，还收葬了数十万具暴骸；为了百姓，极力恢复了因战乱而一度终止的牛车；为解决战后财政危机，还向官绅大户"劝捐"。他的义举与事功同时并进，海内盛传"北有同仁堂，南有庆余堂"。胡雪岩就是儒商的代表。

明嘉靖、万历以来，有关孝友仁慈、好善多智的儒贾的记载较多。如汪道昆称儒商程惟清为"清贾"，"声利不入于其心，恂恂乎儒矣"。亦好儒而孝友礼让。明清时期，在江南一带，塘栖卓氏乃是影响深远的名门望族。塘栖卓氏的兴起是以发展家庭商贸经济起家的，它没有祖荫的庇护，也不是意外暴富。塘栖卓氏到第六世卓贤时，子承父业，经商有道，家境日趋富裕。卓贤经商之道与他自己良好的品质是分不开的。"君为贾则大赢，50年中屡仆屡起，卒为富人。居贾之道仰取俯拾，居贱操奇，忍鸷以俟昂直，决不为人损一毛。"卓氏致富之后，积极从事镇上的公益事业，在地方建设上或独力出资，或带头捐资，葺广济桥，建里仁桥，建超山圣帝殿，复建大善寺，修复运河堤塘以及大规模救济灾民，等等，善事不胜枚举。"嘉隆间，岁大侵，卓翁悉出其储粟而贱粜之，又煮糜啖饥者，而棺死者。"嘉靖末与隆庆初（1567年前后），卓贤60左右年纪，事业鼎盛，家境豪富，遇到灾荒，他能将家中储备的粮食低价卖给灾民，又煮粥施舍饥民，帮助乡里农人渡过饥荒。他看见路边饿殍，买棺安葬。官府下达征徭任务，他首先承担。他说："皇上代表天，对上天不可欺瞒。"平日，他帮助救济困难户的钱财已不知其数。"贷而不能偿者至焚券以示之。"凡是借出的钱债收不回的，就将借券烧了，不必再偿还。卓贤常以俭约自勉，虽富裕却节省。他自己"不厚酒浪食"，只吃清蒸淡食，只穿粗衣布服，出门车驾不修饰，随从仆人也不多。他因此获得乡人的拥护，被推荐为"祭酒三老"，朝廷赠他"光禄寺典簿"的荣誉称号。（卓介庚，2017）其人孝友仁慈，好善多智，关心乡里，尽力

王事，居贾之道先义后利，仁在其中，堪称儒贾。（周生春等，2010）

简言之，儒商的品格或形象就是仁德与礼义、诚信与厚生。现代市场经济尤其需要与其相适应的道德情操的相互契合，才能得到健康发展。在创作《国富论》之前，亚当·斯密写过一部《道德情操论》，就是担心人类社会迷失在市场经济的竞技场上。市场最能体现道德秩序。市场经济需要儒商品格，不分中外西东，古今皆然。

三、儒商精神中的君子品行

生命的意义亦即生命的价值，在一定程度上这是我们存在于世的正当性和合法性的理论基础，是我们构建个体性的基石。没有意义的支撑意味着生命存在的虚无，这将使我们陷入极度的焦虑和恐慌。我们时时刻刻都在为自己的存在寻找理由或借口。

雅罗姆认为，"对于生命意义必须以间接的方式接近。我们必须做的是跃入所有可能意义中的一种。尤其是建立在自我超越基础上的意义。在这个过程中，'卷入'是最为重要的，治疗师要尽其所能澄清和帮助病人移除通往'卷入'的障碍。佛陀教导我们说，生命的意义这个问题并不能够教导，一个人必须把自己完全沉浸在生活的河流之中，这样问题就不会存在了。"（Yalom，2004）

儒商的生命意义和历史价值就在于儒商"跃入"了"可能意义中的一种"——君子品质与精神，并沉浸在君子文化仁爱善良、信义为先的"河流"之中。

（一）儒商仁爱善良的君子胸怀

以儒学为经商指导是许多儒商的重要法宝。如晋商代表乔致庸是一位成功的企业家，可以说是晚清时代晋商中的佼佼者。除了善于用人和审时度势之外，乔致庸的重要法宝是以儒学为经商指导。一介儒生之所以能有如此成就，除了天赋，乔致庸的法宝是在经营时将儒家的宽厚和仁义精神融入商事。

待人随和，诚信为本，以德经商，是乔致庸商业经营的主要特色。"人弃我取，薄利广销，维护信誉，不弄虚伪"是乔致庸商业经营的主导思想。乔致庸还把亲拟的对联让人刻挂在内宅门上："求名求利莫求人，须求己；惜农惜食非惜财，缘惜福"，以此告诫子孙要注重节俭，不可贪图安逸。（蔡伟等，2011）作为商人的乔致庸手头常备有四书、五经和《史记》等书籍，而对于社会上的灾祸都会挺身而出。

乔家还有一个修身养德的古风是遵从一个"善"字。乔致庸在他家的院楼上特意书写了"为善最乐"四个大字。而作为一代巨商大贾，不但对"利"取之有道，而且还能够将"善"作为最大的快乐，这绝对另有一番境界。乔致庸的"行善"具有双重内涵，一是经商之道要与人为善，即使面对竞争对手，也不是斩尽杀绝，比如他与对手的"粮草斗智""票号斗法"，将其逼入绝路只为谋略"亮剑"，最终还是网开一面，以获双赢；二是乐善好施，回馈社会。解困茶农，赈济灾民，尽显乔致庸的儒商本分与善举。乔致庸在"劳动人事管理"上也有过一个创新。按照当时的业界旧例，学徒都是被东家当作下人使唤，即使出徒之后，微薄的薪酬往往也养活不了自己。为此乔致庸改革旧规，在自己的企业凡伙计出师都"顶一厘身股"，且身股随着工龄相应递增，可分红得利。把伙计变成自己的小股东，这在当时的业界可算离经叛道之举，曾引起过轩然大波。（姚意克，2006）

山东商帮的厚道也为人称道。浓厚的历史文氛围和独特的自然地理环境深刻塑造了山东人性格的同时，也使得山东商帮的商业观念、商业心理甚至商业风格也无不浸染了儒家思想而又具齐鲁地域文化特色的烙印。山东商人守诺言，讲诚信，注重商道即人道，重感情，讲义气。山东商人受传统文化熏陶，讲究的是"以德为本，以义为先，以义致利"，信奉"君子爱财，取之有道"。受儒家思想的长期熏陶，那些能够把企业做大做强的山东商人大都温良恭谦却不失豪迈，谋利有度，竞争以义，待客以仁，在宽厚圆融之余又精于核算，以致利泽长流。山东商帮的"厚道"要义在于"道"。"道"即仁爱之心，以个体及其家庭的小道逐渐扩展而成商道及社会的大道。"道"的"厚"靠积累，为人宽厚圆融，企业品质至上，诚信经营，"厚道"自然就出来了，商业竞争力和经营之道自然也就有了。

与人为善、乐善好施、善待下人的经商之道，其实质是修德行善的外在表现，更是儒家仁爱善良的君子胸怀的体现。"仁"是中华民族道德精神的象征，是中华民族的公德和恒德。"仁"发端于人性固有的"恻隐之心"，针对家族亲情，以"孝悌"为根本，以"忠恕"为准则，由家庭而社会，形成"老吾老以及人之老，幼吾幼以及人之幼"的大家族式的亲情社会。"爱人""孝悌""忠恕"是仁德的基本内容。心怀天下的侠者义者忠者儒者及其迁客骚人等等，都是仁爱孝悌的代表，也是文学的主题。

被称为"日本企业之父"的涩泽荣一（Shibusawa Eiichi，2007）主张"其争也君子"的善意竞争意识："我建议，努力从事善意的竞争，尽量避免恶的竞争。所谓避免恶意的竞争，也就是尊重彼此的商业道德。"涩泽荣一还主张"回馈社会"的道德义务，他（2007）说："如果富豪之士妄想漠视社会，以为他离开社会，亦能维持其财富，对公共事业、社会公益弃之不顾的话，则富豪与社会大众必然发生冲突。不久，对富豪的怨嗟之声就会转化成社会的集体罢工罢市，其结果将给富豪带来更大的损失。所以，一个人在谋取财富的同时，也要常常想到社会对他的恩义，勿忘对社会尽到道德上的义务。"仁爱善良不是不要竞争，而商人之间互相尊重，且个人谋利的行为必须限制在对利益各方相互有利的限度之内。

（二）儒商信义为先的君子作风

在封建社会，"重农抑商"被历朝历代的统治者们奉为基本国策。这种传统的价值观将人们紧紧地捆绑在土地上。明朝中期以后，随着商业经济的迅速发展、商业市场日渐扩大，形成了"商贾大于农工，士大于商贾，圣贤大于士"（何心隐，1960）的社会风气，商人地位有所上升，商人的社会价值被重新认识。在山西，"崇商敬业"观念和"学而优则商"思想的贯彻和实践使晋商迅速崛起，形成了在中国传统社会自成体系、特点鲜明的商帮，并形成了重视子弟商业知识和技能传授的优良传统。我国以晋商为代表的传统儒商之所以被时人及后来者津津乐道，主要原因在于他们把儒家道德作为商业伦理道德教育的基础，将"四书五经"作为培养商人子弟的必修课，将"仁义礼智信"作为经商的行为准则，表现出以信义为先的君子作风。

一是诚实守信。如晋商将"诚信"作为其经营活动中的行为准则之本。尽管各个商号的号规各有不同，但大都规定了如"重信义、除虚伪、节情欲、敦品行、贵忠诚、鄙利己、奉博爱、薄嫉恨、幸辛苦、戒奢华"（张正明等，2010）的基本商规。山西票号享誉商界的主要原因就在于"信用卓著"。"各省银号，汇兑银两，盈千累万，仅以一纸为凭，信也"（中国人民银行总行参事室金融史料组，1964）。

祁县乔家第四位当家人乔致庸以儒家文化为家学，讲究"忠、信、礼、孝"。在经商过程中，他首要的主张是重信，其次是重义，最后才重利。他经常告诫儿孙，经商处世要以"信"为重，其次是"义"，不哄人不骗人，第三才是"利"，不能把利放在首位。电视剧里有这样一个情节：乔家的对手"达盛昌"以诈行商，整得乔家在包头的买卖几乎破产。而乔致庸以其人之道还治其人之身，以诈还诈，最终占了上风。但正在得意之时，却有明白人告诉他，如今商道诚信沦落，你诈我还，即使今日得手，又怎能避免他日别人仍以此道对付乔家？乔致庸如梦初醒，从此下定决心守诚立信，重建山西商圈诚信秩序。这个情节颇具深意。从祁县乔家祖先乔贵发以诚信无欺的作风发家到后代乔致庸的训诫，我们可以看出，乔家的经商之道首位便是诚信，而利则在末位。乔致庸的经商之道能成为今天的商界范例，最重要的原因来自于他的"诚信"理念。

徽商胡荣命经商50余年，不义之财不取，碰上需要行善的事情就捐助，在苏州很有名气。由于他经营有道，他的店名成为一块金字招牌。晚年不再经商后，有人要以高价买他的店名，他拒绝了。他的道理是：不靠自己诚实赢得顾客，却想借别人的店名发财，这已经不诚实了，如果把自己的店名卖给这样的人，最后必将损了自己店名的声誉。（朱万曙，2006）

与"诚实守信"理念相一致的是儒商戒贪尚俭的家风与传统。勤俭是中华民族的传统美德之一，更是儒商的传家之宝。乔致庸还认为经商要戒懒、戒骄、戒贪，而"慎俭德"则被书写在乔家大院的门楣上。沈思孝（1985）

的《晋录》中记载："晋中俗俭朴，古称有唐虞夏之风，百金之家，夏无布帽；千金之家，冬无长衣；万金之家，食无兼味"。晋商不仅从自身做起，也十分注重教育子弟勤俭品质的养成。山西灵石县王家大院的门槛对联上写着"创业维艰祖辈备尝辛苦，守成不易子孙宜戒奢华"。开创事业艰难，祖辈们经历了无数的困苦；保护已有的成果也不容易，子孙们要力戒奢华。教育后代要读书明理戒奢华，读后让人久久难忘。

二是"以义制利，利从义生"。儒家主张"据义求利""义然后取"。儒商把这一观念实践于商业经营活动中。明时，蒲州商人王文显曾训诫其子孙："善商者处财货之场，而修高明之行。是故虽利而不污。善士者引先王之经，而绝货利之途，是故必名而有成。故利以义制，名以清修，各守其业，天之鉴也"（林水檬，1997）。经营商业不只是聚财致富，高明之士在聚财致富的同时还应表现出对德性的追求，"以义制利"才是经商之道。晋商的真实写照可以"君子爱财，取之有道"喻之。祁县乔家号规规定："凡事待人以德，必须诚心相交，凡事自能仰仗"；乔家大德通的《行商遗要》中指出："为商贾，把天理，常存心上。不瞒老，不欺幼，义取四方"。（史若民等，2002）不仅各地商号的祖训、号规等将"义"作为从商的道德信条，就连各大商户的门头房、商业工具上的对联也耳濡目染地教化着从商之人，如"义能为我利，德足润吾身""谦和时倍利，仁义是当亨""义为利也玉帛云乎哉，信以成之会计当而已""利以义，心才足，交以道，人方睦"等（史若民等，2002），义利之辨无处不在。明嘉靖、万历年间，婺源商人李大常以"财自道生，利缘义取"来教育他的晚辈。清道光年间的徽商舒遵刚说："圣人言生财有大道，以义为利，不以利为利，国且如此，况且家乎！""钱，泉也，如流泉然，有源斯有流。今者以狡诈生财者，自塞其源也；今之吝惜而不肯用财者，与夫奢侈而滥于财者，皆自竭其流也。圣人言：'以义为利'。又言：'见义不为，无勇也。'则因义而用财，岂徒不竭其流而已，抑且有以裕其源，即所谓大道也。"舒遵刚用泉、流之喻阐述财与道、利与义的关联性，对商业经营中的狡诈者、吝惜者、奢侈者都做了批评，认为这些人不懂生财有道而自塞财源、自竭财流，主张商人应"以义为利"的价值理念，以义

"裕其源"。(边一民，2004)

涩泽荣一在实业思想上，把来自中国的儒家精神与效仿欧美的经济伦理融为一体，奠定了日本企业经营思想的基础。他的《论语与算盘》，系统总结了自己的成功经验，被称为"商业圣经"：既讲精打细算赚钱之术，也讲儒家的经营理念和儒商的处世之道，包括"士魂商才"的经营原则、"义利合一"的求财之道、"信为根干"的企业精神、"其争也君子"的善意竞争意识和"回馈社会"的道德义务。涩泽荣一的《论语与算盘》，对于提高经商者的素质尤其是提高其道德水平和人文情怀具有重大的理论意义和现实意义。涩泽荣一将《论语》作为第一经营哲学，他提出，无论是滋养士魂还是培养商才，归根到底都需要从《论语》中得到教诲和启发。涩泽荣一（2007）将"士魂商才"确定为日本商人的理想人格，为日本商人的经济活动确定了一个高尚的动机：经营商业的目的不是为了满足一己的私欲，而是为了使自己完善理想人格；商业经营的目的不是为了个人，而是为了社会，为了日本国家和民族的兴盛；经商不但同理想人格没有矛盾，而且还是实现理想人格的最佳途径。涩泽荣一认为，"要通过《论语》来提高商人的道德，使商人明晓'取之有道'的道理；同时又要让其他人知道'求利'其实并不违背'至圣先师'的古训，尽可以放手追求'阳光下的利益'，而不必以为与道德有亏"。他（2007）说："算盘要靠《论语》来拨动；同时《论语》也要靠算盘才能从事真正的致富活动。因此，可以说《论语》与算盘的关系是远在天边，近在咫尺。"涩泽荣一（2007）认为，"缩小《论语》与算盘间的距离，是今天最紧要的任务。因为不追求物质的进步和利益，人民、国家和社会都不会富庶，这无疑是种灾难；而致富的根源就是要依据'仁义道德'和'正确的道理'，这样也才能确保其财富持续下去。"他说："本着我们的职分，尽一切力量，根据仁义道德来进行利用厚生之道，作为行事的方针，并努力确立义利合一的信念。"涩泽荣一主张"信为根干"的企业精神。他（2007）说："善恶之心人皆有之，其中商场中人亦有不少君子深深地慨叹商业道德的颓废，想努力挽救。但是由于过去数百年的积弊，再加上功利学说的熏陶，就很难使有道君子在一朝一夕之中，将急功近利之辈，教化为有道君子，得到所期望的改善结果……商业道德的真正精髓对国家，乃至世界都有直接重大的影响，如何阐扬'信'的威力，全是我等企业家的责任。让我们全体企业家都能了解'信'是万事之本，理解'信'能敌万事的力量，以'信'来强固经济界的根干，是紧要事中的首要事。"

儒商重视个人修身，在"开物成务"的同时成就自身完美人格的塑造。将传统儒商文化与当今商科人文精神的重建融合起来，重塑"义利并重"，"士魂"与"商才"并生的商科大学生品格，有助于重建诚信、和谐的商业文明生态。

儒商精神中蕴含着浓厚的君子文化。现代和谐商业生态的重建，当代商科大学生人文精神的重塑，需要传承传统君子人格，需要融合仁爱善良的君子胸怀与儒商经济伦理精神，需要融合"经世济民"的君子境界与儒商的商业价值观，需要融合信义为先的君子作风与儒商的经营管理原则。

第三节　融注君子文化：商科教育的力量与尊严

19世纪初期，商科院校为了保持大学自身的身份，不至于沦落为商业技能学校，被迫选择了以科学研究和以理论教学为主的模式与路径。同样，在当今重视科学方法的学术大环境里，高等商科教育又被迫走上了用科学方法培养商科专业人员的路径，忽视了培养综合素质和商业领袖之才的人文之路，导致学生学了过多的科学管理理论，而缺乏人文的深度，进而缺乏主体人格的君子情怀。

现代商科教育与我国近代商科教育有一个最明显的差异，即现代商科课程存在一个全局性的经济学价值取向，认为追求利己性的最大利润是商业行为的唯一动机。而商学院的教授们往往选择教授商业技能而忽视价值观的传播，宣称自己的教学与道德判断无关。商学院的专业课程很少涉及伦理道德、价值目的、人生哲学等方面的讨论或议题。

由于经济生活和科学技术在现代商科教育中居于主导地位，多年以来，商科教育常被批评重视硬性的科学与技能而缺乏软性的人文涵养，从而导致重功利、轻伦理、轻社会责任的困境。随之而来的是，商科教育本身的道德与品味也受到公众的质疑，商科教育的前途堪忧。近年来，国内企业在商业道德、食药品安全等领域问题频出，中国商科教育尤其是高等商科教育中的人文性建设备受关注。伦理道德、社会责任、人类良知等既是商科教育的起点，也是商科教育足以安身立命以及为了它自身的缘故而加以追求的一种目的。

一、重温"知识本身目的论"

纽曼（John Henry Newman）是"19世纪最为细心的和最为强有力的人士之一，是一位深刻思考了教育本质的英国人士"（Giamatti，1981）。他的《大学的理念》是"有史以来关于大学的最重要的一本书"（Pelikan，1992），"迄今为止仍然是有关大学宗旨的最雄辩的阐述"（Smith，& Langslow，1999）。英国当代学者科尔（I. T. Ker）甚至断言："纽曼以后，所有关于大学教育的论著都是他的演讲和论文的脚注。"（任钟印，1994）纽曼的"知识本身目的论"在高等教育哲学论述中影响力最为持久。

尽管今天的大学商科或商学院与中世纪大学的"学者行会"和纽曼心目中的"理想大学"已不完全相同，但不管如何不同，我们任何时候都不能忽略大学最初的价值取向和"知识本身"，因为学术自由来源于"知识本身"，而没有学术自由就没有精神的自由。"没有精神的自由，你可以进行训练，但无法得到教育。"（Dewey，1984）

（一）大学理念的第一原则：知识本身就是目的

文学院、医学院、神学院、法学院是欧洲中世纪大学的四大典型学院，对其中包含的学科而言，重要性不言而喻。然而，当时的航海学、商业贸易学、建筑学、机械制造、军事技术、矿业开采、农业种植、造船等应用科学和技术科学难道不重要吗？后者着重应用，更能直接满足人们物质上的需求，更适合当时的社会需要，为什么只有前者助推大学的建立并成为大学的支柱呢？因为"并不是社会应用知识的需求，而是由于某些学科的存在表明了其对某些社会的价值，导致了大学的建立"（希尔德·德·里德-西蒙斯，2008）。这里的"某些学科"即指文、医、神、法四大学科。"这四大学科的存在价值在于更能满足人的精神需要特别是寻求真理的需要"（陈飞虎，2016），因为这类知识更靠近人的本质。文、医、神、法四大学科的原初价值虽然已受到今日现实的阻碍，但从总体而言，"是知识探索欲望超过物质需求的结果，是全身心对宇宙神圣秩序原理和人类事务进行理性研究的体现"（陈飞虎，2016），归根结底，是"不计一切代价"摆脱对物质利益的直接需求与关注，从而满足人自身及其精神追求的结果。这就是欧洲中世纪大学的价值取向及其流传下来的大学初心：知识本身至上的理性主义。

理性主义主张教育的目的是追求知识和理性。13世纪至19世纪上半叶，理性主义在西方高等教育思想史上一直占据主导地位。然而，19世纪中期开始，理性主义受到了功利主义的极大挑战。功利主义以人的行为的实际效果作为价值判断的最高准则，而大学的功能则以大学满足社会需要的程度为判断标准。但理性主义并没有在功利主义面前却步。弗莱克斯纳（Abraham Flexner）、维布伦（Veblen）、赫钦斯（Robert Maynard Hutchins）、纽曼等对功利主义教育思潮进行了猛烈的批判，主张教育的目标是通过知识传授，发展人的理性，使人性得以完善。纽曼认为，"理性是真正的生殖力的元质，谁占有它，就能显示出其特殊价值，而且就不需要在其范围以外去寻找任何目标作为它自己依赖的外部屏障"（纽曼，2006）。

纽曼生活的英国是一个高等教育历史悠久、古典教育传统浓厚的国家。但在19世纪20～30年代开始，伦敦、曼彻斯特、达勒姆等地创办了自己的新大学，到19世纪下半叶，新大学的兴办如火如荼。新大学以功利主义为导向，提供职业教育与科学教育，并在学科与课程等方面做出重大调整，力图为全社会培养实用人才。在纽曼看来，这些新大学只顾提供信息而忘了发展学生的心智，因而指导这些新大学的功利派论点是真正教育的死敌。1852年5月10日开始，作为爱尔兰天主教大学校长的纽曼，发表了一系列的演讲，直接用"知识本身即目的",回应实用主义对牛津大学古典课程的攻击,并阐明了他的大学理念的第一原则(纽曼,2001):"有人问我,大学教育的目的是什么?我所设想应该传授的自由知识或哲学知识的目的是什么?我的答案是,我所说的已足以表明,大学教育有非常实际、真实、充分的目的,不过,这一目的不能与知识本身相分离。知识本身即为目的。这就是人类心智的本性。""知识不仅仅是达到知识以外的某种东西的方式,或是自然地发展某些技能的基础,而且是自身足以依赖和探求的目的。""对于那些拥有知识的人来说,知识具有特殊的价值,它可以使他们无需四处寻找可以依托的外在目的。"在纽曼(2001)看来:"大学要么指学生而言,要么指学科而言。"对学生而言,"知识是一种习得的精神启示,是一种习惯,是一笔个人的财富,是一种内在的禀赋",因而"具有特殊的价值";对学科而言,"的确有这样一种知识存在,尽管本身不带来什么结果,但值得为之追求,因为知识本身是瑰宝,是多年艰辛求索的充分的回报。"

从"知识本身"延伸出来的另外两个相关概念是专业化和科学研究。在纽曼看来,专业化和科学研究都是依附"知识本身"的"外在目的"。纽曼认为,知识的过早的专业化会使学生的心智变得狭窄,而极端的专业化是一种"排外式"的学习,会使教育目的幻灭。纽曼眼中的大学,没有专业化的余地,也没有培养研究人员的预设安排。纽曼的"知识本身目的论"引发了更多的关于大学的讨论。反对的观点主要有两大类:一是批评纽曼屈从了大学的英式观念。认为"纽曼似乎过于机械地把自己局限于当时在牛津和剑桥占主导地位的模式"(帕利坎,2008),"有时容易变成对于自我沉溺和贪婪的辩护书"(帕利坎,2008)。二是批评纽曼的观点牺牲了科学。同时期的赫胥黎(Thomas Henry Huxley)认为研究人员的培养应在高级教育中占有一席之地,而帕蒂森(Mark Pattison)则直接批评纽曼"不具备科学方法和科学特质方面的真正的意识"(纽曼,2001)。

纽曼本人则认为上述批评意见存在曲解和有失公正。纽曼(2001)以教会大学为例,认为创办一所大学的直接目的"并不出于对科学、艺术、专业技能、文学、知识的拓展等方面的考虑",而是为了孩子,为了他们"道德上或智力上的某些习惯的养成"。纽曼（2001）说："发现和教学是两种迥异的职能，也是两种迥异的才能，并且一个人兼备这两种才能的情形并不多见。"纽曼（2001）认为应在科学团体与大学之间进行智力方面的分工，"我们不能借口履行大学的使命，而把它引向不属于它本身的目标"。即使对于他所生活的那个时代，纽曼的保守也是显而易见的，但更多的后来者理解了纽曼的苦心并不吝溢美之词，如维多利亚时代的裴特（Walter Pater，1913）评价纽曼"完美地阐述了一种理论"。沙斯特（George N. Shuster，1959）说："毫无疑义，在激发对于高等教育的性质和目的的思考方面，这部著作比其他任何著作的贡献都大。"

纽曼（2001）继承和发展了西塞罗（Marcus Tullius Cicero）"为知识本身而追求知识"的观念，纽曼只想证明，培养有文化修养的人是教育的真正的也是唯一的目的。纽曼的"培养有文化修养的人"的理念得到了杜威（John Dewey）的认同。杜威（1969）认为"一种没有人性因素的教育将会造就轻佻的、思想狭隘的和呆板的一代。"纽曼的"知识本身目的论"以自由主义教育理想为基础，来源于其心灵深处"大学是一个传授普遍知识的地方"的坚定信念。笔者以为，作为一种理想和信念，"知识本身"不可能成为今日所有商科大学追求的现实目标，但作为全世界大学共同体的共同目标，在很大程度上是现实的和至上的。

（二）大学的虔诚与纯真：追求"安身立命"的知识

纽曼认为，"知识不仅是达到超越它本身的某种事物的一种手段，或者是它自然地消融其中的某些技艺的准备，而且也是足以安身立命以及为了它自身的缘故而加以追求的一种目的。"（帕利坎，2008）纽曼所说的"知识"是一种什么样的知识呢？纽曼（2006）说："我讲知识时，我的意思是：有关智力方面的那些东西是通过思维的观察和理解所抓住的那些东西；是对事物所持某种见解的那些东西；不是由于意念，而是由于观察传达得来的那些东西；理性也须依赖其洞察力的那些东西，以及能够赋予人们以一种思维的那些东西，凡此等等，无一不是知识。"纽曼眼中的"知识"是"值得为之追求"并需"艰辛求索"的，是瑰宝，是能够"安身立命"的，不是我们通常所指的那些被灌输的知识或现成的经验。

纽曼（2006）继续指出："在知识上，真正严肃的本质（它的效用，它的可希望的价值）是孕育在科学与哲学进程中的胚胎。这就是知识本身怎样渐渐成为一种目的，为什么被称为'自由分子'的原因。"至此，我们可以推断，纽曼所说的"知识"本质上就是"孕育在科学与哲学进程中"的"真正的生殖力的元质"。

毫无疑问，这种"知识"是具有力量而又优先于力量的。纽曼（2006）说："我只是讲，知识优先于力量，这种认识是恰当的；即是说，知识不只是一种手段，而且也是一种目的。"这种"知识"成为力量的"前提"是什么呢？"当知识上升为一种科学的形式的时候"（纽曼，2006）。"当知识升华为科学状态时，它就具有了力量；不仅其本身具有优越性，而且无论什么样的优越性，它总具有更为丰富的一些东西，具有超乎它本身的一种效果。"（纽曼，2006）"科学的形式或状态"又是什么呢？纽曼眼中的"科学的形式或状态"就是哲学。"哲学的精神是为真理而真理的，哲学是唯真理至上的。只有纯科学具有这种超俗的性格，而纯科学就被视为哲学，'纯科学就是哲学'。"（陈洪捷，2002）

这种"力量"又是什么呢？纽曼（2001）说："如果不去考虑每一个外部的和最终的目标，当知识带有哲学的特性时，它就是格外自由或尤其自足的。""哲学和科学都与知识有关，当知识受到理性影响而被其激发，或者用一个夸张的修饰词，受其浸染时，就可称之为科学或哲学。"（纽曼，2006）纽曼的言下之意为：哲学来自知识，哲学带来自由，自由就是力量。这就是纽曼眼中的知识的特殊价值。当知识具有特殊价值时，知识"无需四处寻找可以依托的外在目的"，"知识本身就是目的"。

在纽曼看来，大学是训练和培养人的心智的机构。纽曼的"知识本身目的论"就是大学教育目的论，即大学教育的目的是开启心智，造就一种学识渊博、好探问、善于判断的心理或习惯，进而帮助学生获得解决问题的能力。

如何才能帮助学生获得解决问题能力呢？纽曼认为，知识可以转化成工艺，最终融入机械过程，从而结出有形的果实。纽曼将这种知识称之为实用知识，可以帮助学生获得看得见的有形的能力。但纽曼更认为，知识也可借助于理智之作用，从而转变为哲学。纽曼将这种知识称之为普遍知识，是通过感官而领悟的东西，是对事物产生看法的东西，并能赋予某种观念的东西，也即自由知识，因为"知识内部含有一种科学或哲学的胚芽"，而"把天地万物通盘予以考虑，是哲学的骄傲，至少是哲学的雄心壮志"（纽曼，2001）。普遍知识的尊贵、价值或其诱人之处，不在于它的结果，而在于它本身就具有科学和哲学过程之萌芽，可以帮助学生开阔眼界，获得批判性思维的关键能力。

正如"人本身就是目的"，纽曼的"知识本身目的论"的本意是强调大学的虔诚与纯真：强调对永恒真理的追求；强调知识与政治、经济的分离；强调大学的独立与自治；强调外部社会对大学的适应，而不是大学适应外部社会，即大学应当自己决定自己，而不应让一些异己的东西来决定自己。

因为知识本身即目的，人才可能主动探究知识，享受获取知识的乐趣。然而，现代社会"知识比以往任何时候都更广泛地在社会中传播"，"知识渗透进了生活中所有的领域"（德兰迪，2010）。随着社会竞争的加剧，社会成员比以往任何时候都更需要知识，而大学正是获取所需的知识和培养专业人才的最好场所。于是，人们普遍认为读大学目的是要获得知识。通过吸收知识和运用知识来拯救自己已日益成为"现代人的宗教"（布鲁贝克，1987）。这种用来"拯救自己"的"知识"倾向于能"结出有形的果实"的"实用知识"，而更重要的普遍知识、自由知识抑或"知识本身"的价值则受到质疑或遮蔽。

对"知识本身"价值的遮蔽，容易使大学并且已经使大学进入了误区：大学或大学教师的唯一职责就是传授知识，学生的唯一任务就是接受从教师那儿得来的知识，从而引发单纯的知识传授。这实质上涉及教学如何开展的问题。从这个意义上讲，教师没有属于自己真正意义上的事业。就学生来说，学习的过程并不仅仅意味着学习和接受现有的具体知识，更重要的是学习如何探究那些未知的知识。纽曼之所以坚持用普遍知识来对学生的心智进行扩展或启蒙，是因为"扩展不仅在于头脑被动地接受此前未知的一些思想，还在于头脑针对向它涌来的各种各样的新观念，向着它们，并在它们之间同时进行着生机勃勃的活动"（帕利坎，2008）。

（三）大学的力量与尊严：以思想改变世界

在全球化时代，一种强大的力量逼迫着我们去改变自己，去超越现今这个时代，这种力量从哪里来的呢？历史表明，这种改变世界的力量有很大部分是从大学而来的。如前所述，大学的力量来自"知识的特殊价值"，来自大学的虔诚与纯真。

利希腾贝格（Lichtenberg）说："我的身体是世界的一部分，而我的思想能够改变世界。"（萨瓦特尔，2007）如果说人的全部尊严在于思考，那么，对于"以知识本身为目的"的大学而言，思考本身就是最基本的"生活方式"。因此，大学的力量和尊严就在于以思想改变世界。

"大学为何存在？大学是因思想而存在，因传递思想而存在，因生产思想而存在。"（张楚廷，2011）蔡元培"文、理科必设"的教育理念暗示着具有"生殖力的元质"的人文思想、科学原理等对于大学的重要意义，其实质是守护大学思想的源泉。

大学思想从何而来？纽曼（2001）说："知识是扩充思想不可缺少的条件，是达到思想扩充的工具，这一点是无可否认的，应一以贯之，我把它当作第一准则来起步。"纽曼强调知识，强调通过知识来训练理智，但他认为"理智训练以及大学教育的真正而且充分的目的不是学问或学识，而是建立在知识基础之上的思想或理智，抑或可称之为哲学体系。"纽曼认为，当知识带有哲学特性的时候就格外具有力量和特殊价值。"而哲学在其自身之外没有目的。这是哲学的脱俗，也是哲学的虔诚与纯真。哲学的这种脱俗的特性亦非哲学所独有，然而，哲学最具有典型性和代表性。反之，如果哲学与功利沾边，那么，它就已经是在远离哲学。"（张楚廷，2010）哲学的脱俗性表明，大学越远离功利，就越具有思想的力量。

如麻省理工学院（MIT）人文与社会科学学院的使命简洁而直接："Great

ideas chang the world"，即"以丰富而先进的思想改变世界"。这个"使命"充盈着哲学的虔诚与纯真。然而，作为世界顶尖的一流大学，麻省理工学院从未给自己贴上创业型大学的标签，却被冠之为创业型大学，甚至登上创业型大学之冠，也间接证明了"虔诚与纯真"本身的价值。对于麻省理工学院的创业成就，我国大部分学者认为主要得益于其创业教育和创业模式的成功，而麻省理工学院斯隆管理学院的奥莱特（Aulet，2014）则认为，"麻省理工学院在创业方面的辉煌成就，其本质原因是精神和能力的综合体现。"这种"精神"是指勤于思考的习惯、丰富的想象力、敢于怀疑和挑战、超越现实并善于发现社会需求的个性特质。麻省理工学院斯隆管理学院副院长黄亚生（2015）认为，麻省理工学院创业的源泉在于知识与创新；麻省理工学院教师创业是为了得到同行的学术尊重，而"学生首要的任务就是完成学业，提高自身的学术科研水平。在此过程中根据社会的需求，甚至是想象未来的需求，将创新转化为商业并付诸实践。"意即先有创新然后才有创业，而创新与"知识"是融合一体的。只有具备了深厚的理论基础、广博的知识、强烈的创新愿望，才能密切关注周围的事物及科技发展的动向，从而及时发现商机并创业成功。创业只是"知识"创新过程中顺带的"附产品"。这里的"知识"与纽曼眼中的"知识"应是一致的。麻省理工学院的创业成就来源于"学术创业"的价值取向，其实质就是以"思想改变世界"。20 世纪 60 ~ 70 年代的"剑桥现象"也是如此。

纽曼（2006）认为，知识如果日趋具体和独特化，就不再叫知识或成为知识了。"对于所谓独特与实践知识方面（属于有用的或机械的艺术）的关注，我不会让人认为我会否认这种需要或贬低其效益。没有这两者，生活就很难正常进行，我们每天的福利应归功于它们。"（纽曼，2006）纽曼并不反对"实用知识"，但主张大学里的知识应有主次之分，应以"普遍知识"为主，"实用知识"为辅。由此可见，纽曼并不主张博雅教育与职业教育的对立，只是强调大学的专业和教学不应与学生眼前的就业和社会的急切需求完全挂钩，应立足长远，即对于知识本身的渴求在本质上应优先于任何功利的考虑。当前，我国高校的创业教育及其研究可谓热浪滚滚，但对知识本身的渴求如何优先于功利性的考虑则考验着我国大学教育的智慧。

纽曼强调大学的虔诚与纯真，认为极端的专业化和对科研的过度强调会给大学带来危险，其实就是反对知识的功利性。然而，当今大学的"科研至上"的功利心态和"职业教育主义"的教育倾向已将大学分为两大部分：一部分是研究。学校和教师热衷于出"成果"、出"数字"，把教学看作一个负担，不投入热情和精力；另一部分是获取专业知识或创业知识。学生将全部注意力都放在专业学习或"动手创业"上，其结果只是学了一些具体的"枝末"，而"对全球性重大问题的关注度还远远不够，对颠覆性的学术研究和技术突破不愿或不敢投入，对今后几十年社会的发展变革趋势还缺乏清晰认知"（赵婀娜，2016）。其负面影响已严重影响了知识的公共属性，并对大学教育的性质、目的、教学关系、学习意义等产生了不可估量的消极作用。这种消极作用带来的后果就是，教师和学生难以融为一体，师生共同对学术进行充满想象力思考的机会越来越少，知识与追求生命的热情之间的联系越来越弱。这种消极的后果越严重，大学的力量就会越弱，大学的尊严自然就会越低。

二、商道主体人格重建：从向外的驱驰中回归君子文化

大学教育天然具有保守性，它在传播人类科学文化的同时，又要坚守传统的智性和德性，随时守护我们的精神家园，随时拒绝一切有违大学初心的内容或过于时髦的东西。纽曼也是保守的，这就使他的"知识本身目的论"容易遭到曲解。在功利主义的现实生活中，纽曼不得不时时处在"被质疑"的状态中，但同时又使得他的大学理念具有了超越时代的未来因素，以至于要在大学教育的复杂性逐渐显露之后，才能为后来人所醒悟。大学教育发展到今天，大学已成为"现代文化生活和国家生活的最伟大和最重要的中心"（Pelikan，1990），大学不再是一个单纯的教学场所，而是一个职能多样、复杂多元的"复合体"。但不管如何世异时移，大学如果要不断成长，大学师生如果要过一种健康而有意义的文化生活，还需要从向外的驱驰中回归知识

本身。这就是纽曼"知识本身目的论"展示给商科教育的主要意义。

"知识主要存在于'大学'这种机构之中"（德兰迪，2010），知识在社会中所处的位置反映了大学的地位。而"知识本身"还是"实用知识"在大学中占主要地位则考验着高等商科教育本身的智慧。正如麦克威尔（Nicholas Maxwell，2009）所指出的："我们迫切需要一种合理的学术探求，以致力于协助人类了解如何建立一个更美好的世界"；"在学术研究的目的和方法上，我们迫切需要一场革命。"今天的高等商科教育应高度关注时代的迫切问题，表现时代状态的实际呼声，主动走出"象牙塔"，关注现实社会的大问题和人类未来发展的大方向，把主动探究"知识本身"的精神和传播真理的精神相结合，把主动探究"知识本身"的自由和改良社会的目的相结合，以博雅教育的精神与内容引导和充实高等商科教育。高等商科教育不是行政系统的一环，"教育者的首要社会责任不是为现存社会秩序评功摆好，而是要鼓励学生和教师在充分调研后，拿出改进现存社会、经济和政治体制的良方，由此对体制的日益完善做出贡献"（Ratner，1985）。高等商科教育也不仅仅等同于市场和技术，高等商科教育的另一重要作用是引导市场经济和科学技术在改良社会生活和提升人的尊严之间保持适当的张力与平衡。正如爱因斯坦（1979）所指出的：用专业知识教育人是不够的，通过专业教育，他可以成为一个有用的机器，但是不能成为一个全面发展的人。要使学生对价值有所理解并且产生热烈的激情，那是最基本的。他必须获得对美和道德上的善和鲜明的洞察力，否则，他——连同他的专业知识——就更像一只受过良好训练的狗，而不像一个和谐发展的人。

综上所述，高等商科教育的力量和尊严在于是观照和反思、批判和立人、预判和洞见，致力于"知识本身"和探究的自由，从现实问题中寻求最高原因，使世界哲学化，哲学世界化，从现实的本身形式中引出高等商科教育应有的和最终目的。

2016年5月30日，由中国互联网新闻中心主办、中国网商学院频道承办的首期中国网商学院智慧沙龙在北京举办。清华大学经管学院、北京大学光华管理学院、对外经贸大学国际商学院、北京师范大学经管学院、中国地质大学人文经管学院、北京林业大学经济管理学院等知名商学院院长或副院长出席了会议。本期沙龙主题为："再思考：走在十字路口的中国商科教育"。与会专家一致认为：完美的人格对企业家情怀的塑造至关重要；商学院不是只教大家如何挣钱，而是要培养有理想、有情怀、有担当、正能量的企业家。（中国网·教育中国，2016）会议的主题其实就是加强现代商科教育中道德人格教育或德育的权重。

2016年12月，习近平总书记在全国高校思想政治工作会议上强调，要着力寻求中华优秀传统文化教育的多元支撑点。其中"讲仁爱、重民本、守诚信、崇正义、尚和合、求大同"的核心思想理念与传统君子人格及其君子精神几无差别。对于当今商科教育来说，"着力寻求中华优秀传统文化教育的多元支撑点"，最佳的路径就是融注君子品格，扩展君子文化在当代商科教育中的受众面和认同主体。融注君子品格，就是在现代商科教育中加强仁爱孝悌、谦和好礼、诚信知报、见利思义、精忠爱国的道德人格教育，其实质是对生命意义的适当激励与追寻，而这也正是商科教育的力量与尊严所在。

第五章

君子文化与我国商科人才
培养的中国气派

对于大多数人来说，大学究竟以何种形式呈现，大学的命运是否被改写，这些似乎都无关紧要。在人类的文明史上，大学组织内部必定存在着某种特殊的文化整合机制。大学不仅是读书人的修学之地，甚至关乎个体安身立命与国家兴衰。大学不会因任何理由而停止自己的脚步，因为追求超越与更大的自由是大学的本性。因此，在更广泛意义上，大学的发展道路并没有变窄，更不会消亡，因为人类不会放弃每一条通向自由的道路，特别是大学这条相对更自由的道路。

如前所述，融合君子文化其实就是商科教育的自由与拯救。如果说商业德育是商科教育的灵魂，那么君子文化则是商业德育的灵魂。教育目的有两个层次，一是培育健全而活泼的生命，二是培养丰富而高贵的灵魂。在促进全球性经济共同发展的社会主义新时代，商科学人的君子人格修养最有利于上述两个教育目的的协同实现。

世界教育史早已表明，市场经济越繁荣，商科教育越发达。美国、日本、英国、法国、荷兰等西方发达国家有着非常出色的高等商科教育，成为本地学生和各国留学生报考的热门。我国 70% 以上的留学生选择攻读高等商科。中国高等商科教育在经历了"起步""跟跑"和"并跑"阶段的百余年历程后，已成为我国高等教育体系中国际化程度较高的热门领域。但在"西强我弱"的总体格局没有根本改变的背景下，人民亟须有道德、有筋骨、有温度、有自信、有中国气派的高等商科教育。新时代，新气象，新作为，我国高等商科教育迎来了打开世界窗户构建"中国气派"的最佳时机。

"中国气派"是凝心聚力、催人奋进的精神力量，也是我国高等商科教育走向成熟的重要标志，洋溢着文化自信和教育自信，体现了新时代中国特色社会主义高等商科教育的中国精神、中国价值、中国力量和中国智慧。

第一节 高等商科人才培养的国际经验

商科是目前高等教育中最为热门的学科之一。高等商科人才培养主要有三大任务，一是开拓国际视野，二是培育人文情怀，三是发展商业技能。

高等商科教育要开拓国际视野，强化国际共性，这已成为世界高等商科教育发展的大趋势。在高等教育体系中，商科教育是国际化水平较高的领域。环视欧洲、美国、日本等西方发达国家和地区以及世界知名大学的一流商学院，其商科人才的培养体系普遍具有全面化、终身化、国际化的特点，能给我们提供有益的国际经验。

一、欧洲新学位制度下"商科"能力标准及课程体系：突出商业道德实践能力

"欧洲教育结构调整项目"2008 年通过对"商科"领域的专家学者、用人单位（雇主）和毕业生进行大量的问卷调查，结合欧洲对三级学位学术能力的研究成果，制定出"商科"本—硕—博三级学位学术能力的标准。此能力指标及课程体系的制定由西班牙德乌斯托大学和荷兰格罗宁根大学联合发起，其核心内容是促进"学生为中心、能力为本位"的实现。目前这一能力和课程体系在欧洲有着广泛的影响。欧洲新学位制度下的"商科"或称"工商管理"，或称"商业与管理"。（赵叶珠等，2006）

（一）欧洲"商业与管理"三级学位能力体系（Gonzales & Wagenaar，2008）

1. 本科学位学术能力标准。

本科（第一级学位）关键性的一般能力包括：在领域内运用知识的能力；自我意识的能力；计划和管理时间的能力；有效的人际交往能力；适应新情况的能力；运用基本商业软件的能力；从一般性的经济和商业资源中寻找信息并进行分析的能力；运用母语进行口头演讲和书面阐述的能力；在基础的和相关的领域里继续学习的能力；以符合道德的行为完成特定角色的能力。

本科（第一级学位）关键性的商科特定能力包括：具备学科和专业领域的基本知识；具备运用评价工具对公司及其运营环境进行分析的能力；能够胜任公司的某个职能部门/特定学科领域的工作并在某种程度上成为专家；能够妥善处理与公司其他职能部门的关系；能够确立标准并在寻求解决问题的方案时无论在本质上还是操作策略层面上能够坚守原则；能够对已提出的解决方案进行评估并在操作和策略层面提出建议。

2. 硕士学位学术能力标准。

硕士（第二级学位）关键性的一般能力包括：在跨学科团队中工作的能力；分析和综合的能力；批判和自我批判的能力；独立工作的能力；开发领导能力和激励技巧；设计和开展研究（包括从多样的模糊的资源中获取信息的能力）；使用特殊商业软件；掌握一门外语。

硕士（第二级学位）关键性的学科特定能力包括：具备第一级学位的能力；能够解构与分析复杂的商业问题并参与战略性决策的能力；通盘决策的技能和对战略决策进行鉴定与评估的能力；应变能力；国际流动和跨文化理解能力。

3. 博士学位学术能力标准。

博士（第三级学位）关键性的一般能力包括：高级研究能力；企业家的（创新）精神；预测多样性和多元文化对商业活动影响的能力；与国际专家

或非专家交流新知识的能力。

博士（第三级学位）关键性的学科特定能力：能够在一个或多个商业领域或与商业主题有关的领域独立地、原创性地分析、选择和研究，最终可以达到发表的水平。

（二）商业与管理课程结构及其内容（Gonzales & Wagenaar，2008）

欧洲商业与管理课程结构包括核心模块和专业化模块，其中核心模块也称支持性、组织和转换模块。

核心模块主要包括商业/经济历史、微观与宏观经济学、公共财政或税收、管理原则、组织理论/行为、操作管理、市场营销、财务会计、一般业务税收、管理/成本会计、企业金融、商业伦理道德、管理信息系统、策略管理等，与之相对应的专业化模块分别为较为先进的或国际方面的核心主题、国际经济学、银行业、人力资源管理、跨文化管理、逻辑学、消费者行为、审计、公司税、管理/成本控制、市场投资分析与安全、资源或环境伦理道德、电子商务、创业。另外，核心模块还涉及沟通、协商、统计学、数据分析、信息学、数学、商业竞赛、电子学习、研究方法、论文等，专业化模块还涉及领导力等。核心模块支持专业化模块，两大模块相互促进与转换。

本科学位重在基本知识的积累及其运用能力、继续学习的能力和以符合道德的行为完成特定角色的能力。其中"以符合道德的行为完成特定角色的能力"其实就是生活或工作中的商业道德实践能力，是后续学习与前进的基础，重过程性评价，这与我国以商业道德理论教学为主的思路明显不同。

硕士学位重在独立工作能力、分析批判与解决问题能力和国际化能力。而这些能力都建立在第一级学位能力的基础上，其中"以符合道德的行为完成特定角色的能力"应是基础中的基础。

博士学位重在企业家精神、国际化能力和学术水平。其中企业家精神首在"以符合道德的行为完成特定角色的能力"。

三级学位能力要求落实到课程上，则不仅强调学科基础知识和特定能力，更突出商业伦理道德、资源或环境伦理道德等体现道德、态度和价值观等课程。

二、日本高等商科教育：重视国际视野，尊重个性，强调积极进取与务实

日本把关于企业经营活动的学问称为"商学"，把培养从事商务活动的高级专门人才的专业群称为"商科"。日本高等商科教育从明治时代开始受到重视，进入 20 世纪后得到较快的发展。1918 年，东京高等商业学校改建为东京商科大学；1929 年，神户商科大学成立；1953 年，名古屋商科大学成立。20 世纪 80～90 年代，日本高等商科教育进入较为成熟时期（高亚东，1995）。在日本的现代大学教育体系中，商科是兴起最早的学科之一。日本国内历史悠久的大学大多设有商科，有不少大学是以商科起家进而逐渐扩展到其他学科领域的，如一桥大学的前身就是东京商科大学，福冈大学的前身就是福冈商科大学。现在日本有不少以商科命名的大学，如冈山商科大学、千叶商科大学、高崎商科大学、小樽商科大学、神户商科大学、横滨商科大学、名古屋商科大学、北海商科大学、日本商科大学、札幌商科大学、松山商科大学等，这些以商科命名的大学，大多有相当久远的历史。另外，以商业命名的大阪商业大学也具有久远的历史。除此之外，也有历史较短以商学为主要领域的大学，如神户流通科学大学等。（张宏武等，2009）

（一）日本商科教育的理念、办学指导思想

为了使商学教育更好地适应时代和社会发展的需要，日本商学研究联络委员会曾就商学教育的现状和方向对日本商科大学进行了调查，并于 1997 年开展了"什么是商学""商学是一门什么样的学问""传统商学在哪里"的讨论。（张宏武等，2009）

1. 大学一级的教育理念、办学指导思想。

第一，关于教育理念。调查显示，日本商科大学的教育理念表述最多的是以反映国际化为代表的"对应于国际化社会的国际人才的培养"，此外，"广博知识与专门教育的充实""对国家社会做贡献的人才的培养""基于教

育基本法的教育"等一般教育理念也较多。其中公立大学与私立大学的教育
理念略有不同，前者较多强调的是"广博知识与专门教育的充实""基于教
育基本法的教育"，而后者则多侧重"学问的自由和独立""源于基督教全人
格的教育""个性的尊重""来自于佛教精神的报恩感谢"等，反映出私立大
学具有自主独立精神和宗教色彩。第二，关于办学指导思想。排在第一位的
以"近代国家有用人才的培养"为最多，这一点与教育理念中的"对国家社
会做贡献的人才的培养"排在第三位不同。二者的优先顺序之所以发生变
化，是因为办学指导思想大多是相对早期设定的，是在国家主义的背景下提
出来的，而教育理念则是随时代变化而随时改定的。从私立大学和国公立大
学的差异来看，私立大学比较重视"自主独立的个性人才的培养""积极的
进取精神"等，而国公立大学则更加注重"丰富的教育和专门知识""教育
基本法精神的尊重"等。（张宏武等，2009）

2. 学部一级的教育理念、教育目标。

学部是日本大学的二级机构，相当于我国大学的二级学院。各个学部可
根据自己的具体情况，制定出反映学校总的办学指导思想的具体的学科教育
理念和教育目标。第一，关于教育理念。在商学部的教育理念的表述中，以
"国际社会的对应""对产业有用人才的培养""实务教育的重视"等为多。
前者反映出与前述的大学层次的教育理念同样的趋势，而与学校层次不同的
后两者则更显示了商学教育的特色。另外，这种务实倾向以私立大学更为突
出，而国公立大学较多的则是"具有创造力的个性人才的培养""少人数教
育的重视"等理念。第二，关于教育目标。关于教育目标的表述同教育理念
差不多，如关于"广博教养与专门知识""国际性视野的重视""在产业界能
够活跃的人才的培养"等表述较多。由此可见，商学部（学科）的务实倾向
在教育目标上体现得非常明显。另外一个比较重要的目标是"信息处理能力
的提高"，这是因为信息化对应的课题在全校层次的教育理念和办学理念中
不好提，只好在学部教育的具体层次上反映出来。此外，"国际视野的重视"
的提法不管从全校层次，还是从学部层次都出现了，这反映了当今大学教育
的一个大的趋势。（张宏武等，2009）

（二）日本高等商科教育的培养目标与教学方法

日本商科大学主要培养学生成为"商人"或"未来商界领导人"，而不是培养政府部门的官员。日本商科大学的培养目标是为商社、百货店、制造业的经营部门以及中小企业的经营中枢、财务部门、国家税务部门、会计师事务所、海外贸易会社和进出口企业等培养和输送从事商务活动的经营管理人才。如日本国内最大的零售企业集团大荣公司创办的流通科学大学，其培养目标是培养在流通领域中从事商务活动的专门人才：（1）学生毕业后不仅要为流通的科学化做出贡献，同时还要为国家社会的和平和经济繁荣做出贡献，要能本着国际合作的精神去处理一切事情，要有全球意识和在国际舞台上进行交流的能力。（2）不死记书本知识，要注重独立思考，不仅要认真学习先人总结的宝贵经验，还要培养迅速处理实际问题的能力。（3）在激烈的变革潮流中具有开拓精神、创造精神，要具有个性。（4）懂得现代企业经营管理的理论与实务，掌握市场学、流通论、法学、金融、会计、管理科学、国际经济理论与商务、税务、保险、计算机应用、外国语、情报处理等方面的基本知识和技能，其中对计算机应用的能力和外语水平有较高的要求。（5）知识面宽。除主修专业外，还要求学生选修副修专业，同时要具有人文、社会和自然科学的基本知识。（高亚东，1995）

日本高等商科教育的教学手段与实践性教学环节应用性较强，专业面向实际，注重应用，重视对学生能力的培养。日本高等商科大学认为，现代企业处于激烈竞争中，都在不断变化，所以要使学生在走上工作岗位以后具有应变能力和开拓创新能力。如名古屋商科大学的教学强调理论联系实际，这个"实际"是指国内国际的社会、经济、文化等方面的实际。一是聘请外国教师来校任教，同时接受各国留学生，开展国际交流；二是根据当前企业变革的实际来引导学生学习，企业中出现什么问题，高校就研究什么问题。同时，十分重视把计算机应用引入教学过程。除了正常的教学用电脑，名古屋商科大学还给每个学生赠送一台袖珍电脑，作为学生的"文具用品"。学生的电脑可带到课堂，也可带回宿舍、自习室，通过学校的终端，就可以与世界各地的近1000所大学联网。这样可使学生了解世界各地的情况，去查找他们自己需要的知识，收集有关信息，研究有关问题，从而激发学习的主动性与创造性。教师不仅是单向的知识传授者，还要与学生共同讨论问题；教师都要能自己编制软件，还要教学生使用。学生不仅要接收信息，还要反馈信息。名古屋商科大学本科学制为4年，各学期中没有专门的实习期，教学计划中也没有专门的"教学实习"或"毕业实习"的安排。原因有三大方面：一是整个教学过程已尽力贯彻理论联系实际的原则；二是学生利用假期自行到企业去"打工实习"，学校不作统一安排；三是日本的大学生一般在每年3月份毕业，4月份就可选择到企业去"就职见习"，相当于我们的"试用期"。见习到6月底，7月份用人单位就要决定是否正式录用这些毕业生。（高亚东，1995）

（三）日本现代商科教育的特点

"贸易立国"是日本的基本国策。日本高等商科教育一直服务于这个基本国策，致力于培养在国际贸易、银行和金融业务等方面从事商务活动的行政人员、管理人员和企业家。近年来更要求学生具有国际观念，毕业后不仅要为流通的科学化做出贡献，同时还要为国际社会的和平和经济繁荣做出贡献，要能本着国际合作的精神去处理一切事情，要有全球意识和在国际舞台上进行交流的能力（朱信贵，1996）。总括日本高等商科教育的理念、教学目标与方法等，我们可以从中归纳出以下几个方面的主要特点（张宏武等，2009）：

一是注重国际商务人才的培养。随着现代商业领域中电子商务及其流通领域的国际化和信息化，日本许多商科大学都将具有国际视野的人才培养作为教育目标，提出了培养与国际化进展相对应的"国际人"的教育理念和教学目标之一。多数学校都设立了诸如"国际商学科""国际商务学科""国际商务信息学科"等新的学科，以国际业务为研究对象的学科在逐渐增加。具体到课程设置上，多数大学在传统商学科目之上新设了带有"国际"字样的"国际市场学""国际市场营销""国际经营""国际商务""国际贸易""国际金融"等课程。这种国际化商务人才的培养适应和促进了世界经济社会一体化和国际化发展趋势。

二是突出商科教育的务实性。为应对现实社会及其产业经济动向，日本商科教育的务实性更加明显。多数商科大学都提出了"重视务实教育""培养对产业有用的人才"等相关教育目标，显示了商科教育不同于其他教育的独特性。为了突出商科教育的务实特性，日本许多商科大学通过多种形式来加强与产业界、实业界的联系。如开设"商业调查实习"科目，每年在一定区域范围进行"问题发现型"的实证调查，然后召开报告会，写出总结和报告书；实施拓荒精神计划，先在国外大学进行8周的集中面授，然后到企业进行4周以上的研修；聘请企业界的首脑主讲现代企业和企业管理、公司治理、金融改革等方面的内容。这些务实性的举措强调与社会实际的对应，意在使学生更具有应变能力和开拓创新能力，从而引发了日本对商科教育再认识问题的讨论。如务实趋向走过了头，是否能够保持理论与实际的结合以及理论和实务的平衡？商科的务实趋向是否应该建立在商学教育的理论体系基础之上？强调商科的务实性而编写的教学大纲，是否也有可能缺乏基础的、系统的知识体系？如果单纯强调务实趋向，大学是否还有必要？诸如此类问题的讨论，反映了日本对这种过于务实性的忧虑。这种忧虑也需要我们深思。

三是注重商务战略人才的培养。日本商科教育比较注重战略人才的培养，在课题设置上，新设了一些诸如实践管理、管理设计、商务管理等学科，将管理战略课程置于重要地位。另外，在教学实践中，日本商科教育注重将数理工学、社会工学、人类工学等学科中用到的复杂的信息分析方法引入到经营战略的分析框架中，形成了"经营信息学科"等新的跨学科的科目。这些常变常新的科目有助于开拓学生的视野，有助于预知变化不居的商业未来，从而有助于商务战略人才或商业领袖的培养。

四是注重商科与当地经济的结合，特别是注重流通领域人才的培养。日本商科教育强调为当地经济建设服务。近年来，将区域分析的手法引入商学科，在商学领域和商科教学中出现了"地域系统学科"等新的学科，研究当地经济并服务当地经济。如许多商科大学通过与当地商业街联合等方式既为当地经济建设服务，又在这个过程中培养了实用人才。日本一些商科大学还专门设有"流通学科""流通市场学科"等与物资、资本、人才流通相关的学科，甚至有以"流通科学"命名的大学。这些流通学科与当地经济建设紧密结合，即可以开展流通过程的研究，又培养了流通人才。

三、美国高等商学教育的经验：对商业伦理道德和社会责任的关注

商学在美国学科专业目录中占有重要的地位。在美国学科专业目录（CIP - 2000）中，商学由商务管理与经营（综合）、金融（综合）、国际商务/贸易、企业经营、会计、房地产、税收、管理信息系统与服务、管理助理/秘书构成。美国的高等商学教育在高等教育体系中享有独立的学科地位，且建立了专业学位与行业执业资格之间的衔接和高度认可的国际商学院协会（AACSB）评估标准。（侯晓虹，2016）差异化的培养目标、个性化的课程设置、多样化的培养方式等是商学院的竞争力所在。

当今世界，美国高等商学教育独领风骚，在全球最佳商学院排名中一直名列榜首。如2006年《福布斯》世界10大商学院排名，全都是美国大学：（1）纽约大学斯特恩商学院；（2）斯坦福大学商学院斯坦福大学；（3）宾夕法尼亚大学沃顿商学院；（4）哈佛大学商学院；（5）康奈尔大学商学院；（6）哥伦比亚大学商学院；（7）芝加哥大学商学院；（8）西北大学凯洛格商学院；（9）麻省理工学院斯隆商学院；（10）北卡罗来纳大学科南佛莱格勒商学院。2018年，著名商业杂志《CEOWORLD》评选出2018全球最佳商学院104所，前10名上榜的世界一流商学院除法国的欧洲工商管理学院排名第三、西班牙的IESE商学院位列第六、英国的伦敦商学院位列第七之外，美国依旧是最大的赢家，7所美国大学商学院上榜，其中宾夕法尼亚大学沃顿商学院排名第一，哈佛大学商学院排名第二。（英国留学申请中心，2018）

美国高等商学教育可分为四种类型：一是常青藤大学和享有盛誉的私立学院，以硕士教育为主并设博士学位，不设本科；二是以硕士教育为主、设

有本科的州立大学；三是以本科和硕士教育并重的州立大学；四是小型的工商管理学院。前两类着力培养商业领域高级管理人员，第三类着力培养专业性的中层技术管理人员，第四类着力培养工商领域一般性的从业人员。尽管同一类型商科大学的具体目标存在着差异性，但每一类型商科大学的培养目标和教育理念大致相同。具体到课程设置和培养方式方面则具有以下共同特征（侯晓虹，2016）：

1. 商学教育的实用性：强调与"使命"的联系。

与其他学科相比，商学与工商管理活动的联系最为紧密，距市场经济最近，因而在所有学科中商学更具有实用性。如麻省理工学院斯隆商学院注重培养高科技管理人才，带有强烈的技术型特点。在教学方式上，麻省理工学院的"行动教学"强调有实效的研究，鼓励学生把学到的原理运用到实践中去，为公司解决具体问题。哈佛大学则主要采用"案例法"教学，培养学生分析、判断和解决企业实际问题的能力。美国大学的商科教师队伍由学者和具有理论与实践经验的教师、律师及企业实际工作者组成，拥有商务实践背景。美国大学鼓励教师为工商界提供服务，如波士顿大学管理学院鼓励教授将研究成果尽快运用于企业实践。商学院很多教授或经营着自己的企业，或效力于公司。

在专业、课程设置方面，为适应信息技术的飞速发展，设置了管理信息系统专业；随着住宅产业的发展，城市规划、房地产、土地经济学等课程应运而生；随着体育赛事的兴起，运动产品审批、运动队估价和运动场融资方面的课程也应运而生。另外，为满足市场需求，一些基础理论课程被取代，如"会计学原理"被"管理会计"取代。21世纪以来，特别是2008年，随着美国次贷危机不断蔓延，终于引发全球金融危机，很多国家股市不振，金融机构倒闭，流动性短缺，一些企业被迫停工停产。加之"安然事件"和"世通事件"的效应叠加，这些负面事件被归咎为商学院实用主义和唯利是图教育的恶果。针对来自商界和学界的批评，为应对新变化和新挑战，国际商学院协会于2013年正式颁布了新的商学教育认证新标准，强调了"学术参与"与"职业参与"的适当平衡和交叉互补，强调商学院需建立与"使命"

的联系，通过使命陈述来体现"鲜明"的特色和反映"整体"的目标。此外，新标准增加了对商业伦理道德的关注和商学院应对社会做出贡献的关注。

2. 商学教育的国际化：提高学生"全球意识"。

"二战"后，跨国企业的跨国经营、母公司与子公司关系的国际化以及公司内部管理的复杂性要求商学教育转向国际化。国际化是时代对商学教育提出的新挑战和新任务。早在 1996 年，我国有学者指出："从许多迹象来看，美国商科院校当前教学改革的核心是课程结构的改革，其目的是既要培养出那些能通晓他国文化和熟悉他国商业实践的，以全球化的眼光考虑问题的国际性人才，又要培养符合国内企业界现实需要的经理人才"（朱信贵，1996）。如哈佛大学商学院主要培养具有领导能力和高级管理知识的人才，其培养目标就是具有国际视野的"商界领袖"。

商学教育的国际化由哥伦比亚大学于 20 世纪 50 年代提出。70 年代国际商学院协会号召认证商学院以加强商学教育国际化；80 年代世界经济全球化达到高潮，欧美国家进入了教育国际化的发展阶段；90 年代《美国 2000 年教育标准法》提出了提高学生"全球意识"和"国际化观念"的培养目标。具体到课程设计上，则开设了国际企业与管理、经济体制比较、外语教育、企业的社会与法律环境等课程。为增加学生的跨文化意识，又增加了异国文化背景的课程。此外，美国大学还通过吸收他国人士进入教授委员会、为学生制定海外学习方案、吸引海外留学生和扩大师资对外交流等措施来促进商学教育的国际化。美国还主动把本国商学教育推向国际教育服务市场，培养参与国际事务和国际竞争的人才。我国已连续多年成为美国最大的留学研究生来源国，其中最热门的就是商学。

3. 商学人才培养的综合化趋势：建立商业伦理教育体系。

美国早期的商学教育属于缺乏学术性的"职业培训"，20 世纪 60 年代末开始崇尚量化模型和数学计量方法的学术模式，如今倡导"职业和学术"的均衡发展。这可以说是美国商学教育的 3 个阶段。90 年代，MBA 教育由于偏重理论和分析工具、技术性课程过多、专业过于细化、专业化教育无法使学生体验到商业世界的复杂性，因而受到公众指责：脱离实际、忽略了商业活动必需的人文精神。于是，课程变革开始兴起，注重培养具有综合素养的复合型人才。如耶鲁大学基于员工、投资方、客户、竞争对手、国家等利益相关方的视角开展教学，旨在突破按企业职能部门设置职能课程的学术壁垒；哈佛商学院将"博弈论""教育学""运筹学"相结合；沃顿商学院则强调企业家精神、创新能力和领导力。各商学院还普遍开设"软技能"课程和商业伦理课程，如"领导艺术""企业家精神""商务交际课程""管理沟通""职业道德"等课程。此外，美国商学院还借鉴和融合西点军校人才培养"知、行、省"的三要素，通过课程整合、体验式学习、案例教学、行动教学、团队项目来实现教学中"知、行、省"三者之间的平衡。

在美国的工商业教育中，商业伦理教育是重要内容。1895 年，美国社会学界的著名学者斯莫尔（Albion W. Small）在《美国社会学》创刊号上呼吁"不仅仅是公共办事处，私人企业也应该为公众所信任"，标志着企业社会责任观念的萌芽。1924 年，美国学者谢尔顿（Oliver Shelton）首次提出企业社会责任的说法，并认为企业社会责任包含道德义务。1953 年，美国的另一位学者鲍恩（Howard R. Bowen）出版了《企业家的社会责任》一书，使企业社会责任正式走进人们的视野。（马力等，2005）在斯莫尔倡导企业社会责任观念的同时，加利福尼亚大学伯克利商学院开设了"哲学研究：商业伦理的历史和原则"课程，对商业伦理进行研究和教学。哈佛商学院在 1908 年创办的时候，"美好的德行"就已经包含在所有学科的教学目的里。一直到今天，哈佛还在不断地找寻更好的途径，以吸引教授们与学生们的兴趣。黑尔曼斯（Edgar L. Heermance）于 1926 年出版的《商业伦理：当前标准的研究》一书第一次明确提出了"商业伦理"的概念并将其作为全书讨论的核心。20 世纪 80 年代以来美国高校工商伦理教育发展迅猛，有近 90% 的商学院开展有关工商职业伦理方面的实践教学，一些商业道德研究中心也相继在知名的商学院里成立并运作。如哈佛商学院于 1988 年起把道德融入一个更加广泛更加务实的题目里，叫作"领导、道德与公司责任"。进入 21 世纪以后，随着世界经济、政治、文化一体化趋势的加快加强，美国商业伦理问题趋向于复杂化和国际化，而"商业伦理能传授，也应该传授"的理念已成为美国商业伦理教育思想的基本点，美国商学院更是将建立商业伦理教育体系作为教育目标之一。如哈佛大学、康乃尔大学等大学商学院都开设了商业伦理学课程，并以商业伦理、企业社会责任等课题开展研究活动。（王正平，2014）

以上可知，美国大学在商业伦理的研究和教育方面都处在世界领先地位，但商科教学在过去确实没有尽到完全责任，没有强化师生们的道德人格和道德决策能力。华尔街曾经出现过一个叫"强行购置"（aggressive takeover）的经营策略，就是不惜工本地把市值不高而价值不错的公司强制买过来。哥伦比亚大学曾经把一个擅长强行购置的投资家请到学校给学生上课。投资家给学生布置了作业：去看市场上有哪些公司市值远远小于它的实际价值。结果，他把很多学生的作业，也即他们的研究成果，用来给自己的公司做强行购置的参考，成了一个很大的丑闻。（鲁白，2017）持续不断的企业丑闻，商学院是需要承担一定的责任的。2002年6月28日，拥有15000位会员、由商学院教授们所组成的国际管理学会（Academy of Management）中的每一位成员都收到由李萨克（Michael Lissack）署名的电子邮件。李萨克要求管理学会决议通过，公开承认在商业教育的哲学和内容方面都犯了错误，并要求学会承认商学院在企业丑闻上是有责任的。李萨克本人是耶鲁大学的MBA，是一位投资银行家，也在大学教授商业道德。商业周刊网络版（Business Week Online）在2003年1月21日对2700位读者进行了一次访问调查。91%的人认为商学院是应该教商业道德的，64%的人认为应该有一门单独的必修课。（何怀宏，2002）纽约市立大学的史普斯（Donald Schepers）则强调MBA的教学应该要忠于大学设立的目的（而不是职业技术学校的目的），也就是要达到全人教育的目的。因此，在商学院教导商业道德是极关键的。（苏崇武，2006）

美国商学教育的实用性原则、人才培养的国际化原则和培养规格的综合化趋势，既反映了商学实用性的本质和满足市场需求的功利主义，也体现了商学教育正在努力促成个体利益和服务社会的适当平衡，突出了人才培养的广度与高度。

第二节 我国高等商科人才培养的中国气派

1919 年 1 月，黑塞（Hermann Hesse）在他的政治传单《查拉图斯特拉的回归——一个德国人致德国青年的一封信》中明确提出了他理想中消除时代痼疾的救世良方：人类要想重新获得一个美好的未来，首要的问题就是重新恢复每个人的人格。在黑塞看来，第一次世界大战这样灭绝人性、丧失理智的浩劫之所以发生，是因为人们丧失了人之所以成为人的本质的东西，并且始终处于一种自我逃避之中。因此，他向青年一代大声疾呼："世界不是为了被改善而存在的，你们也不是为了被改善而生存的。你们生存，是为了成为你们自己，成为你自己，世界就会变得富足和美好!""成为你自己"，是摆脱个人苦恼，对自身精神发展所提出的更高的要求。这不是一种"突发奇想"，而是个人命运、人性发展的永恒主题，是对人格、对个体的一种捍卫。这注定大学人要走的不是多数人的道路，而是固执地走自己的路，不随波逐流，不仰人鼻息，而是在自己的灵魂中反映自然和世界，在崭新的图景里体验它们并追逐自己内在的不可摧毁的自我。（马剑，2000）

对于我国高等商科教育而言，寻求永恒"自我"的道路在哪里呢？就在喧嚣中的安宁里，在中国自己的特色和风格里。追溯我国近代高等商科教育的中国特色，根据我国现代商科人才有道德、有筋骨、有温度、有自信的新常态要求和世界高等商科教育的发展趋势，我们可以感知，君子文化与我国高等商科教育的融合发展具有逻辑必然性，是我国高等商科教育人才培养"中国气派"的内在特征与时代要求。

一、我国近代高等商科教育的君子情怀与中国特色

高等商科教育既要提升国际性，也要强调本土化。前者强调通用性，用于国际比较；后者强调适用性，形成核心竞争力。我国商科教育强调本土意

识，是要强调商科人才培养的中国意识、中国气派、中国风格。我们所要培养的是"懂人文、善经营、会管理"的现代商务活动经营管理人才。21 世纪的商界领袖和企业领军人物将在现在的大学生特别是商科学生中产生。他们的素质如何，将对未来的中国经济产生重要影响。而像商科这种应用性很强的学科，吸收外国成熟的经验固然很重要，但西方的"经"再好，也难免水土不服，那种不结合中国国情的"原汁原味"的直接引进，势必会带来误读、误解、误导，是一种学术浮躁。比如案例编写，国外的经典案例我们要用，"洋为中用"固然好，但如果不注意我们自己原创性本土案例，商科学生满脑子都是外国企业的东西，可能导致的直接后果就是毕业生对我们自己的企业缺乏信心，热衷于去有外资背景的企业工作。（纪宝成，2006）所以，我国商科教育在强调与国际"接轨"的同时，也要强调本土意识，特别要注重概括和总结我国近代商科教育的伟大实践，注重消化和吸收中国传统文化中的精华，在使命担当、人文情怀、课程设置、教材编写、案例讲授等方面体现出中国高等商科教育的个性化特点，以实现国际视野下的本土化。

（一）顶天立地，敬业爱国：我国近代商科学校的君子情怀

一个学校的品位与情怀可以从校训中体现出来。校训，是学校的灵魂和旗帜，最能贴近师生的思想实际而被他们所认同，同时也最能体现时代精神，并承载着优秀的传统文化。学校的办学理念和治校风格往往集中体现在校训中。从校训可以看出学校的内涵和文化底蕴。（王彩霞，2006）可以说校训是学校形象的代言词和广告词，昭示着自己的精神、理念与追求，反映学校独特的气质，能团结队伍，凝聚人心，形成学校的整体合力。"校训在一定程度上体现一所大学的学科特征、地域文化，也反映出一所大学存在发展的前途和意义。"（杨科正，2004）"一所大学的特色，体现在诸多方面，而最能反映大学个性与特色的是它的校训。"（王彩霞，2006）总之，校训是一个学校的精神内核和前进动力。

西方主张真理面前人人平等，道德让位于真理。西方大学往往体现的是"主知""主智"的科学型文化，因而西方大学校训基本上体现的是"求知的

理念"。"西方校训秉承了西方文化传统中所特有的对自由、理性和真理的热情和孜孜不倦的追求。"（王彩霞，2006）

大学理念是一个精神层面的概念，而校训将这种精神层面的东西具体化，并用人们接受的方式表现出来，是"大学人"精神向往和哲学信仰的注释和释放。

中国大学校训体现出一种"向上向善"的理念。如《大学》开宗明义："大学之道，在明明德，在亲民，在止于至善。""明明德""亲民""止于至善"成为《大学》的三纲领，下领"格物、致知、正心、诚意、修身、齐家、治国、平天下"八条目。《大学》的理念成为我国教育的内在价值导向和人才培养目标，在内容和形式上为我国校训的诞生提供了效法的样板和取材的源泉。

我国商科教育从清末民初一路走来，经过100多年的艰难探索，已从"嫩芽"慢慢长成"大树"。而作为体现商科文化精神内核的近代商科学校校训则淹没在大学校训的历史洪流中，未能引起人们的足够重视。即便有部分研究，也大多是从几个有较大影响力的商科大学校训入手，一般商科院校的校训则几乎被淡忘。

以长沙商业教育精神为例。在长沙各行各业中，尤以商业最盛。1913年日本农商省委托员太田世外雄在其调查报告中称："长沙为湖南省商业中心，复为消费焦点，凡外国输入品，多先输卸于此。然后销散于他市镇。"到1935年，长沙商业、饮食服务业已发展到312个自然行业，商业各业都呈稳步上升之势。据档案资料，1949年长沙商业资本与工业资本的比例为79:21，长沙基本上是一个消费城市。因此，政府和商界都很重视商业职业教育。即使在抗日战争的1942年，长沙刚经历"三次会战"，湖南省立商业专科学校仍在坚持教学。1946年，长沙市政府对设置长沙市立商业学校的批复中，明确声称办学的目的是"提高商人知识，培植商业人才"。当时的长沙市市长江浩为商业补习学校题词："顶天立地"，宣示商业职业教育就是要培养顶天立地的有用之才。（长沙图书馆，2017）充分地表达了办学者对学习者的一种希望，充分传递出湖南人商业教育目标与办学理念的个性化追求。

上海财经大学的前身是国立上海商学院。国立上海商学院的校训是"厚德博学，经济匡时"。"厚德"出自于《易经》的"天行健，君子以自强不息；地势坤，君子以厚德载物"；"博学"出自于《礼记·中庸》的"博学之，审问之，慎思之，明辨之，笃行之"。清华大学校训"厚德载物"与复旦大学校训"博学而笃志，切问而近思"也与《易经》和《礼记》的核心思想密切相关。1934 年，时任国立上海商学院教务主任的马寅初先生为毕业生题词"经济匡时"，寄望学子志存高远，心系国家，担负起天下兴亡的重任。抗日战争时期，国立上海商学院为民族工商业培养了一批商学人才。学校与国家和民族的兴衰前途紧密联系在一起，为民族经济的振兴作出了重要贡献。国立上海商学院的精神是当今商科院校应该传承的。如湖南财政经济学院的校训为"正德厚生，经世济用"，希望把学生培养成为具有诸多优秀品格的有用之才。但在当今时代，如何培养"有用"之才，"有用之才"是否就是"精明自强"，则是一个值得探讨的大问题。

西南财经大学的前身渊源于光华大学。光华大学是民国时期上海一所著名的综合性私立大学。1925 年 6 月由退出美国教会学校——圣约翰大学的 572 名师生所创建，建校二十六载，培养了大批有为人才。1925 年，"五卅"惨案在上海爆发，各界人士纷纷走上街头。圣约翰大学及附中的师生也组织罢课抗议，但遭到校方阻挠。6 月 3 日，学生 553 人以及全体华籍教师 19 人集体宣誓脱离圣约翰大学，10 余名应届大学毕业生声明不接受圣约翰大学颁发的毕业文凭。这一日便定为光华的校庆日。6 月 4 日，离校学生教师集会商议自行设校事宜，他们的举动受到社会各界和学生家长们的支持，出钱出地。经过各方协助，在短短三个月内就成立了新的"光华大学"。在校学生最多时曾达 1700 余人，其中大学 800 余人，高初中 900 余人。创办伊始，学校设文、理、商、工四科。1927 年工科停办。1929 年，经教育部批准立案，改文、理、商三科为文、理、商三个学院。1938 年初，光华大学在抗战烽火中内迁成都办学，设立光华大学成都分部。1941 年末，上海本部对外改称诚正文学社和格致理商学社，成都分部承担起总校职能。1945 年抗战胜利后，上海本部得以恢复，成都分部交四川省接办，更名为私立成华大学。1952 年

10月，私立成华大学改为公立，并以成华大学为基础先后调入西南地区16所财经院校、综合大学的财经系科，组建四川财经学院（今西南财经大学）。

"光华"二字出自《尚书大传·虞夏传》里的《卿云歌》："日月光华，旦复旦兮"。光华大学的校训为"知行合一"，1930年改为"格致诚正"。光华大学的校歌很好地诠释了校训精神："鲲鱼久蛰北溟中，今已化为鹏。去以六月羊角风，重霄一奋冲。我有前圣羲与农，肇造文明启晦蒙。我有后圣周与孔，旁流教泽施无穷。观国之光远有耀，重任在吾躬。中华民气原俊伟，奋起自为雄。平原宽广带长川，有基筮在田。风雨不动安若山，广厦列万千。科分教育冀薪传，更参文明究人天。复以商业扩其用，产才分道扬先鞭。父兄师保瘁心力，乃至美且全。光我中华万亿年，毋让他人前。"歌词表达了光华大学人强烈的民族精神、爱国情怀、经世济民的实用精神以及昂扬向上的自信心，让人热血沸腾。

（二）关心国情，投身社会：近代高等商科师生教育活动的中国风格（以复旦大学商科为例）

1. 复旦大学商科课程与教学：选择精良，务求明白贯通。

1924年，复旦商科人数即达到301人，占全校学生总数的60%。1925年商科学生人数增至389人，占全校学生总数的50%以上。1924年开设专业课程增至34门，至1925年更增加至47门，课程基本完善。商科课程分为大学必修、商科必修、专系必修及各系选修等4种。复旦模仿美制，将学年制改为学分制，学生修满132学分即可毕业。在1925年的课程设置中，属于大学必修的有6门，属于商科必修的有17门，属于各系必修或选修的达50门，总计73门。（李权时，1926）其中商科专业课程有会计学、高等会计、成本会计、铁道会计、审计学、统计学、投资学、保险学、工商心理学、公司理财、商业地理、商法、国外汇兑、财政学、商业文件、商业英文等。商科学生在前两年修完基础课，三年级开始根据志愿分系学习。（焦雨亭等，1985）商科学生需修完大学必修课程方能毕业，其中包括国文16学分、社会科学6学分、自然科学6学分、英文作文8学分、德法文或其他语言6学分、体育4

学分。（复旦大学商科章程，1924）复旦商科课程、课本选择精良，繁简合度，且教授方法灵活多样。如复旦商科开设"中国经济问题"等研究中国自身经济问题的课程，教师讲授课程时，将中国经济问题分为数十类，让每个学生任意选择一个题目详细研究，并写成报告书。有的学生竟写成四五万字的大论文，成绩很好。（复旦年刊，1923）统计学教授金国宝为使商科同学了解概率原理，模仿美国伊利诺伊大学旧例，组织同学在课堂上进行掷币实验，效果很好。金国宝（1925）教授还将实验结果总结成文，发表在《东方杂志》上。此外，复旦在教学上要求严格，对中文、英文等基础课非常重视，商科学生全校必修的国文课程即达 16 学分。而专业课程划分清晰，内容丰富，各系学生学习目标明确。通识教育和专业教育有机地结合在一起。商科诸教授"诲人不倦，务使学生心领神会、明白贯通而后已"，同时严加考核，考试分为临时考、月考、大考等，"规则綦严，弊窦尽除，非预备娴熟，不敢临场与试"，商科诸生多勤于学业。（复旦大学丙寅年鉴，1926）

2. 上益而国，下益而家：复旦大学商科师生活动贴近本土实际。

1917 年复旦大学商科创办以后，该科学生"鉴于国内学商者多尚空谈而少实究，固步自封"之状，以为"商科学生，非仅有少许商业学识，而无商学之研究之经验之眼光，即足以厕身商界。与列强以商业竞争者，势须有充分之研究，始足以收因应咸宜之妙"。复旦商科同学闽宪章等人于 1918 年春发起组织了复旦大学商业研究会，以研究商业学识、考察商业情状、增进商业上之实验为宗旨，"察人情之好尚，考物产之盛衰，稽税则之重轻，访销路之畅滞"。该会下设顾问部和执行部，顾问部聘请商科教员薛仙舟、林齐恩、何活（乐清）、俞希稷等为顾问，而由商科学生担任会长、会计、中英文书记等具体职务。该会每星期都组织会员调查上海著名工厂商店，并书写详细考察报告刊载在本校杂志上，以达到"上益而国，下益而家"之目的。此外还聘请校外名人和商科教员定期演讲，组织同学在假期内赴各地调查商情。商科同学颇热衷于调查研究活动。（杨家腴，1918）该会创办之初会员仅 10 余人，一年多后增至 80 多人，在校内外产生了一定的影响。此外，1919 级商科学生于 1921 年还发起组织了银行经济研究会，翌年改称经济研究会，亦是一学术研究团体。该研究会聘请李权时、俞希稷为指导老师，以"研究中国经济问题，考察中国经济状况"为宗旨，每周五集会一次，由本会会员依次演讲一种经济问题或报告研究所得，遇有问题疑点则互相讨论解决。每周六还组织同学作实地考察，到上海或附近大规模之工厂公司商店参观。曾先后参观江湾模范工厂、南洋兄弟烟草公司、商务印书馆、泰丰罐头食品公司、慎昌洋行等处，效果良好。（复旦年刊，1923）此外，为了调查研究市场现实状况，获得更多实际商业经营知识，复旦商科学生在寒暑假期间也不乏到工厂商店实习者。经一段时间的学习考察之后，实习者总结其经营特点，评论其经营得失，并提出改进意见，回校后还要将其经历和研究心得反馈给同学们。商科学生对此活动多充满热情，乐此不疲。（复旦年刊，1923）

20 世纪 20 年代以来，复旦商科学生组织经济学会等多种学术组织，以研究经济学术和考察工商情形为宗旨，采用演讲、讨论、辩论、参观考察等方法，充实课余生活，提高学术研究能力。如 1926 年暑假后，1923 级商科学生李云良、焦雨亭等发起成立经济学会，该会成立后即积极联络外出参观及名人演讲等事宜，并组织会员拟定专题，或讨论或辩论经济问题。1926 年11 月 29 日，该会第一次讨论会的题目为"中国贫穷的原因到底在哪里？"经过热烈讨论，最终形成如下结论："中国之贫，实源于生产太少。生产太少，有两大原因：（1）中国社会乃静的社会，国民多听天由命，不图发展，于是生产不能增多。此种情形复有三因：一是大家庭制度使子弟一味依赖，不图自立；二是鸦片流毒，造成无数病夫，消减国民生产力；三是民气萎靡，中国民生哲学，可谓'清净无为'，多一事不如少一事，寄生虫既属比比皆是，有业者复多因循敷衍，平均每人之生产安得不少？（2）中国实业无发展机会。其故有二：一是不平等条约之束缚。中国不能自定税率以驳外货，洋商在租界内设厂出货，有此二端，中国国货不能与外货竞争，实业遂难发展。二是军凶之祸毒。中国军阀扩兵殃民……百业停滞，万民涂炭。国民经济既空空如也，企业资本又胡为乎来，素性萎靡之中国社会，外受列国的侵略，内为军阀所剥夺，欲求不贫，岂知梦想？"（赵永利，2012）认真调查并深刻探究国家积贫积弱的原因，充分显示了复旦商科学生关心国情，发展工商业，期望改造社会以与列强争夺利权的"中国心"。

经济学会第一次辩论会的题目是"解决斯密亚丹之学说比马克斯之学说能较有造于今日之中国"。辩论会分为预赛和决赛，从初赛中选出6人参加决赛，初赛胜出者自由结合为两组，通过抓阄法决定正反方。每组分主辩人、助辩人。初辩时，每人10分钟为限；复辩时，助辩每人5分钟，主辩10分钟。辩论会由经济学会顾问（本校教授）担任裁判。辩论选题有现实意义，辩论模式新颖，优胜者还给予奖励，能很好地调动学生的学习积极性和学术研究热忱。（复旦周刊，1926）

正如复旦大学商科学生在其校歌中所唱："撕破货殖传，踢倒陶朱公，不得罪偶像的过去，哪里来神圣的将来。课堂生活的末页，社会生活的开篇。"（赵永利，2012）在校四年，商科毕业生多留下美好而难忘的记忆，从而自信满满地投身到创造历史的社会中去。

"五四"前后，复旦学生思想活跃，关注现实，在五四运动中充当了领导角色，在上海学生运动中发挥了重要作用。复旦学生思想也受到了洗礼，更加积极参与社会实验。当复旦商科学生认识到"普及教育之不容缓"时，即发起创立了复旦义务学校。他们办学的目的，是要把"四围荆棘丛中无数娇艳柔弱花一般的失学儿童，能更多地把他们从惨酷无情的环境里，带回到光天化日之下。帮他们在混沌支离的社会里，能解脱出人的生活来。"为筹措办学经费，他们不惜节约自己的伙食费，并义务担任学校教务。（赵永利，2012）

复旦教师的品格，以商科学长李权时为例，可见一斑。李权时，字雨生，浙江镇海人，与北京大学任教的马寅初并称"南李北马"，是近代中国名噪一时的经济学家。李权时1911年春考入清华学堂第1期，1918年公费赴美留学，获芝加哥大学经济学硕士、哥伦比亚大学经济学博士学位。李权时在美国期间曾赴法国参加万国青年会组织的照料"一战"在欧华工活动，读博时师从世界著名财政学家赛力格曼（Seligman）教授。1922年，年仅27岁的李权时学成归国，直至1945年，一直任教于复旦大学，先后担任复旦大学教授兼教务长、商科主任、商学院院长及经济系主任等职。（李权时先生小传，

1929）20 世纪 20 年代，李权时还先后兼任国立上海商学院、国立暨南大学、交通部南洋大学、国立劳动大学、私立光华大学、私立大夏大学、上海大学、中国公学等上海各大学商科或经济系科教授。此外，李权时还参与了中国经济学社上海分社的创设，并先后担任中国经济学社理事及该社理论刊物《经济学季刊》首任主编、上海银行周报社社长与总编辑、商务印书馆"大学丛书"委员会委员等职务。李权时一人承担中国经济问题、公司理财、国际贸易、国际金融、商业原理、财政学、京币与银行等诸多课程，使当时师资匮乏的复旦大学商科如鱼得水。李权时所推动的复旦学分制改革和复旦商科系科、师资的扩充等措施更是使得复旦大学商科走上了快速发展之路。李权时决意献身复旦大学商科的同时也赢得了复旦商科学生的欣赏和敬重："其品若何？翠柏苍松。其学若何？奋虎攀龙。其学若何？海阔天空。其气若何？烈日高风。不独循循善诱，为吾校济济多士所瞻仰；实的的英才，博莽莽神州四万万之尊崇。"（赵永利，2012）

（三）在实践教学中培育学生的道德人格：近代高等商科教育的中国特色

1. 公立商业专门学校实务训练：增长学生商情和学识。

公立商业专门学校注重学生在校期间的实习，"以期学生毕业之后，得应用于社会"（潘懋元等，2007）。如山东公立商业专门学校的实习在校内、校外分别进行。一是在校内设置商业实践室，内设打字机、压字机等，供学生练习。二是利用星期日"由本校职教各员分班轮流，率领学生往本埠各大公司、银行暨其他商号考查，以资观弊。"学校与济南市"银行公司及其他各大商店与实业机关特别商定，凡遇有本校学生持本校介绍函件前往参观者，准予指导，以冀各生有所观摩而增实验"。三是学校放假期间，"由本校发给介绍券，俾各生回里时，如沿途遇有大工厂行号，得随时参观，以补教授所不及"或让学生"调查各地商业状况及盛衰原因，回校后报告本校，并各生交换智识，以广见闻而增实验"。而教职员负责"随时考查本埠及外埠商况，报告本校，通知各生，以增商业市场之常识。"（潘懋元等，2007）

山西公立商业专门学校创立于 1908 年，该校为方便学生实习，先后成立商品陈列所、银行实践室、贩卖部、育英商店等学生实习场所（潘懋元等，1993），并添购图书、仪器、理化器械、药品等，以期实地试验，完成实业教育之目的。如育英商店的开设，旨在使学生将所学知识与现实实践结合起来。学校制定《育英商店规则》，强调商店以提倡国货，贩卖本省产物及学校用品，使学生实地练习为目的；商店货物择办便于学生练习并有关国际商务者购办之；商店分平常贩卖和出外贩卖两种，分派二、三年级各班学生轮流练习贩卖。《育英商店实习规则》将商店实习分为营业实习与簿记实习。营业实习，每日下午4~6点，分组进行，每3人为一组，每组以一星期为限，依次轮流；簿记实习，星期三、星期六下午7~9点，分组进行。实习生每次实习完后，由部长按其实习情形评定分数，送由校长核定与各科试验分数平均计算（申国昌，2008）。另外，学校要求学生利用假期"就近调查各地商业状况、商事情形，得以参观阅历，确能施诸实用为宗旨"（山西省公立商业专门学校，1920），并将调查结果写成调查报告或调查日记，放假归来后交由校长评定成绩。同时，在假期期间由学校教员分别带领专门部学生至北京、天津、青岛、营口、济南各大商埠，带领甲种科学生到本省各县商务繁盛地方，如大同、丰镇、碛口、晋城、新绛、运城等处，调查商情，增进学识。（马修进，2015）

湖南中等商业学校成立于1912年，原名为湖南商业教员养成所，首届招生120名，分两个班。因政府认为该校"名义之未当"，于1913年改名为湖南商业专科学校，1914年改为湖南省立甲种商业学校。除原有两个班外，又招收甲乙两个班。由于这一时期，汤芗铭主政湖南，"查办二次革命……屠杀党人，屡兴大狱"（左宗濂，1986），湖南学生发动学潮，借以反抗。在学潮中，该校校长陈光烈被撤职，汤芗铭委派亲信施文尧继任校长。首届招收的120名学生，临近毕业，而此时学校"仅存一息"，于是，由湖南"省署咨送山东，合并于山东高等商业学校"（左宗濂，1986），"每年由湖南贴补经费1500元"（叶春墀，1993），作为教育经费。尽管湖南每年贴补经费，学校经费依然颇为紧张，但是在硬件设施上，学校积极努力建设，先后设立商业实践室、商品陈列室、藏书室、会议厅等，藏书室存放参考书籍、商品标本，仅 1916～1917 学年度就添置"商品 57 种，图书 73 种，运动器械 15 种"（潘懋元等，2007）。该校学风务实，学生成绩优异。1916 年该校参加全国专门以上学校成绩展览会，簿计学成绩 70 分，旧新式账簿比较表成绩 74.5 分，商业票据汇集及说明成绩 90 分，商法成绩 89 分，货币学成绩 75 分，银行学成绩 80 分，英文成绩 90 分，合计总平均 81.2 分，列入甲等。同时，学校行政成绩总平均 80 分，列第 12 名，入甲等。学生成绩及学校行政成绩，均为山东专门学校及全国各公私立商业专门学校之冠，"业奉教育部给予一等奖状在案"（潘懋元等，2007）。另外，学生在教师指导下，将商业学识的研究心得写成论文，论文以中文、英文、日文三种文字做成，这在一定程度上反映了该校学生学识不俗。学生毕业后，除少部分继续深造或留校外，大部分由学校"介绍至各实业及教育机关服务"（潘懋元等，2007）。该校拥有丰富多彩的课外活动，尤其是体育运动，有"网球、篮球、铁球、铁饼、跃高、跃远暨各种柔软运动技术等类"（潘懋元等，2007）。

2. 大学商务训练：培养爱国精神和服务民生精神。

南开大学成立之初，以"文以治国，理以强国，商以富国"为基本思想，设文、理、商三科，并按照美国大学分科选科的办法，将全部开设的课程分为四组：文言文组、数理组、哲学及社会科学组、商学组。其中商学组包括国内外贸易、银行财政、商业组织三学门。南开大学商学院为了加强学生商业金融实务的训练，开有实习课，学院内设有商品陈列室、银行实习部、统计实习室等各种教学实用设备，以用于直观教学和实习。商品陈列室附设于普通商学课程，陈列中国主要出入口货物及各地主要的出产。各种陈列分门别类，并有产、销、包装等详细说明。另有古今中外货币和各种中外商用文件，如保险单、提货单、找单、银行信用保证书、期票、汇票、海关保单、三联单等。这些商用文件大都直接或间接来自各公司、银行、海关等部门，书本上很少能够见到。这些真实的商用文件，有助于加深学生对书面知识的理解，增强学习兴趣。为了实习银行实物的同学而设置的银行实习部的布置全部模仿银行的实际情况。如从天津浙江兴业银行仿制了银行所有的现行凭证、传票、账簿、报表、单据，并由该银行的外汇部经理指导学习。主要用来实习有关统计课程的统计实习室备有课上、课下用的各种账簿、表册的册页，既方便学生进行作业练习，又便于教员使用与修改。商学院还先后聘请本市大通银行经理、上海银行经理及中央银行专家给学生们讲课，并组织学生到各大银行及中原公司等处实习，并对天津的国际贸易、银行、海关等商业贸易进行实地调查。（郑成伟，2012）

私立厦门大学商学院的宗旨是"研究高深商业学术，培植专门人才，以发展国内及南洋群岛之商务。"商科教育十分重视学生的实践能力，经常组织学生参观厦门本地的工厂、银行、钱庄等，有时还组织毕业班学生至江浙、上海等工商业较为发达的地方考察学习。商科学生自己的实践活动也较为丰富。如商科学生于1924年秋成立商学会，1926年秋商学会改称商科同学会。商科同学会设事务、会计、文书、交际、研究及学术五部。商科同学会组织同学开展了丰富的课外活动。1928年春开办了"厦港储蓄银行"，其营业规则规定："本银行经营存款、放款、代汇、代收等项"；"开学后除例假外，每日上午9点50分到11点为营业时间，教职员及学生存款者甚多，营业颇为发达……"厦港储蓄银行规模小，但按照新式银行进行设计和运行。商科学生具有实习资格者，可以在该行实习，既为学生实习提供了场所，也方便了学校师生。除厦港储蓄银行之外，商科同学会于1933年9月12日又组织开张了消费合作社。商科同学会起草章程，募集股本，全校教职员工及同学也多有加入。消费合作社分两部，膳食部办理学生膳食事宜，商店部则经营各种文具、书籍、刊物、罐头糖果、牛奶、豆浆和饼干等。消费合作社减少了同学会学生自己的消费支出，同时又锻炼了经营管理能力，培育了商业合作精神。商科同学会还创办专业刊物。1930年12月，《商学季刊》创办；1937年2月15日，《商学期刊》首次出版。为拓宽学生的知识面，促进学生了解现实经济状况，商学院还组织各种学术演讲。1926年11月1～5日，北京大学教授马寅初为师生演讲"中国经济概况""上海之金融""制英日货问题""中国私人经济（储蓄与投资）"；1936年3月，请本院冯定璋教授讲"一年来厦门金融与商业概况"；1936年10月，商学会请厦门农民分行刘青山先生讲"闽南农村贷款合作运动之情况";1937年4月28日下午,请厦门市财政局局长周敬瑜先生讲"福建财政计划"。(曾海洋,2007)私立厦门大学商科学生兴办银行和消费合作社,创办专业刊物,组织学术讲座,其实质就是关注社情民情,为将来积极投身社会作准备。

私立厦门大学商科教育极为重视学生的商业道德。如1929年5月13日,商科毕业同学欢送会上,部分商科教师对毕业同学提出了以下要求:"一须富有服务忠诚之精神;二抱积极态度,不应因环境变迁而馁志;三在社会上与人交接,宜谦让,不可事事以大学生资格自居,致与普通人民发生隔膜;四是废除商人自私自利心。"私立厦门大学学生当时坚决反对帝国主义对我国的经济侵略和经济渗透,积极参与提倡国货运动,反对地方压榨、剥削民众的经济政策,爱国精神和服务民生的精神在他们身上表现得尤为突出。(曾海洋,2007)

现今经济全球化的趋势越发强劲,但是民族利益依然存在,商业道德更是要始终遵循,企业既要赢利,但同时也要承担相应的社会责任。我们现在的商科教育,也许可以从私立厦门大学商科学生忠诚、积极、谦让、为公为民的商业道德和爱国精神中得到一些启示。

二、注重中国气派:我国商科教育未来发展趋势

中国气派的商科教育是中国商科教育与其他国家的商科教育相比较所表现出来的地位和实力的综合,是中国商科教育个性与品格的集中表现,具有民族性、时代性和实践性等基本特征,往往与中国风格、中国特色连在一起。

中国高等商科教育百余年历史在经历了"起步"阶段、"跟跑"阶段和"并跑"阶段后,取得了一定成绩,但问题也不少:学术上依赖"西方地",荒了"中国田";课程与教学上奉行"拿来主义",对当代中国商科教育发展的现实逻辑及其蕴含的中国问题缺乏全面深入的系统研究;商业道德人格教育缺少与本民族文化元素的深度融合;在解决世界性的经济管理问题上缺乏"中国贡献",等等。

商科教育的中国气派与当代文化自信、教育自信密不可分。商科教育的中国气派不可能凭空而来，必定是在传统文化的根基上建立和发展起来的。我国高等商科教育思想、办学理念、教学观念、价值取向与君子仁义共济、立己达人的互助理念和社会关爱思想的追求相一致；我国高等商科教育追求的人文精神与君子正心笃志、崇德弘毅的修身追求相一致；我国高等商科教育的本土意识与君子的担当精神和家国情怀相呼应。以此为契合点和切入点，注重中国气派的养成，是我国商科教育未来发展的必然趋势。

（一）我国商科教育问题：拘泥西方，忽视商业文化教育

1. 照搬西方模式，较少关注本土元素。

我国的商科教育是在借鉴、移植西方商业教育的前提下发展起来的。早在清末民初，怀抱救亡图存、振兴中华梦想而出国的留学生们，在积极学习西方先进科技文化知识的同时，目睹西方商业繁荣以及商学教育对其国家和社会所产生的重大影响，深刻意识到商学教育对于中西商战中一直处于劣势的中国的重要性，"20世纪，商业竞争时代也。商战，商战胜者富，商战败者贫。富则力足而强，贫则力竭而弱。一国之盛衰与兴亡紧焉。不可不察也。……是今日之急务莫先于商业教育"（孙云霄，1917）。作为较早接受欧风美雨洗礼的留美留日学生，对于西方商业发展情况之接触与认知尤甚。因此，留学生们对商业教育颇为关注，不仅在留学期间积极学习国外先进的商学知识，还积极考察和反思国内外商学教育发展状况，且大多回国教学或办学，为推动我国近代商学教育贡献了积极的力量。另一方面在借鉴西方商科教育模式时，又存在着对其盲目推崇和生搬硬套的问题，课程、教材、教学等都以"全盘西化"为荣，同时对于中国本土经验则缺少关注和总结。（赵永利，2012）

早在民国时期，留学生彭十严（1925）在考察国内商业教育的情况之后，发现国内商业教育不仅在数量上不能与国外相较，在质量上更是难以比肩，不同类型、程度的商业学校都存在问题。彭十严严肃指出："吾国现有之高等商校及大学之经济科，所用之课本，均为外国原本，而以美国出版者居十之八九，课本内容，几无一与吾国国情相合者。"除此之外，"大学或高

等商校本为研究高等商学之机关，则教者、学者均当有研究的精神与态度，然而吾国之现状则大不然。"而最大的缺点在于"吾国商业教育无一定之主旨是也，严格言之，办教育而无主旨，则其结果等于零。"

以 MBA 教育为例。我国早期的 MBA 教育基本上就是照搬美国式的 MBA，包括课程的设计、教材的引进等，甚至所使用的分析案例基本上直接照搬美国模式，部分有条件的商学院或者管理学院还会引进一些国外教授直接授课。这个时期被认为是中国 MBA 教育全盘西化时期，从内容和形式都照搬美国的 MBA 教育模式。现阶段，中国 MBA 教育开始注重一些中国本土的特色，强调中国案例，尝试进行一些中国模式的提炼，在逐步向本土化迈进，但更多的还是停留在案例研讨阶段，中国本土经验总结不够，还没有上升到理论高度，缺乏理论上的创新。

作为西方舶来品，我国商科教育在课程、教材、师资、教学等方面仍相对落后，即使是国内顶尖商学院，与世界知名商学院之间仍存在不小差距。差距的主要原因在于缺乏中国特色，缺乏对本土经验的总结。而对于西方商学院已经暴露出来的问题以及最终是否也会重蹈西方商学院的覆辙等缺少反思。这种状况从近代延续至今。

现在的中国商科教育只是中西方的一个结合，框架是西方的，而内容则部分是中式的。让商科教育从"洋"变"土"，是在现阶段基础上的再延伸，是我国商科教育的未来发展方向，这意味着我国的商科教育需要抛弃很多原有的东西，意味着我们要将中国式的内容提高到一个主导性的地位，从而逐渐出现一些从理论到案例都是中国式的东西，如国际化的中国企业、中国式的公司治理、中国式的商业创新等进教材进课堂。总之，只有增加本土元素，才有商科教育中国特色的可能。

2. 我国当代"商业文化"教育情况不容乐观。

清代李汝珍《镜花缘》中讲述了"君子国"的故事。大唐武则天时期，秀才唐敖跟随做进出口生意的妻舅林之洋，渡海东航。一日来到了以"好让不争"闻名的"君子国"。他和老舵工多九公一同上岸观光，只见君子国的城门上挂着一块大匾，上书"惟善为宝"四个大字。进入城来，但见人烟密集，做买卖的鳞次栉比。人们言谈举止，恭而有礼。农夫让田，行人让路。走进闹市，见一衙卒在买东西，手中拿着货物道："这是上等货，老兄为什么卖这贱的价钱，叫小弟买回去问心有愧"。那卖者回答道："这货物质量并不好，我刚才开价已偏高，自觉过意不去，不料老兄如此克己，反说我的货高价贱，要我加价，小弟实难从命。如老兄不肯赏光，只好请到别家交易了"。衙卒又道："老兄以高货卖贱价，反说小弟克己，岂不是失了忠恕之道。凡事总要彼此无欺，方为公允。试问谁肚子里没有个算盘，小弟怎能受人愚弄呢？"双方争持许久，卖货人执意不肯提价，衙卒又不能不买。于是，衙卒赌气付款，但只拿了一半货物便走。卖者不依，只说价多货少，拦着衙卒不放。这时路旁走过两位老翁，说好说歹，和稀泥，搞折中，教衙卒改拿八成货物，方交易成功而去。唐、多二人，在观光期间，目睹此类事例甚多，也有买者故意多付银两，而卖者坚持不收，卖者故意多给货物，而买者执意不取的；还有买者挑选货物，专挑次货买去，卖者挑选货物，专拣好货卖给顾客的。唐敖和多九公二人十分惊奇，暗暗说道："历来买卖，都是卖花赞花香，卖药夸药良，而且漫天要价，落地还钱，那见有事事颠倒过来的。真是君子风度，好让不争，惟善为宝，一点不假。而我大唐天朝，乃圣人之邦，礼乐教化，代代相传，反而不如海外异部，确实惭愧之至！"（张井，1986）

文学是人学，是现实世界的概括与反映。清人李汝珍《镜花缘》中君子国的故事，虚中有实，寓意深刻，回味无穷。"君子国"里人人都遵守商业道德，而且达到了至善与纯真的理想程度。作者用夸张手法描写的"货真价实，童叟无欺"的商业情景，无论在哪个社会，都是一种至上的商业美德与商业文化追求。"君子国"寄托着清人的执着与追求，也体现出清人关于商业认知的价值取向。我国当代商业文化教育亟待此等君子文化的融入。

近年来，我国关于商业文化的研究日益活跃。我国持续不断的经济发展和中西商业活动中不断涌现的种种现象与问题，使人们不得不去关注中国过去的国情与历史上的经济及其市场状况，特别是关注中国传统商人的经商之道及其精神世界。但和社会上"喧嚣与无序"的商业文化相比，因基础研究和相关课程的缺乏，我国商业文化的教育状况却不容乐观。较之于其他教育研究领域，关于近现代高等商科商业文化的研究及其教育非常薄弱且不成系统。如对我国高等商科教育从哪里来到哪里去的整体把握和研究不够；对我国高等商科教育的历史经验总结不够，特别是对儒商的君子品行及其对商科大学生道德人格的教育学意义归纳总结不够；高等商科院校有关注所在地传统商业文化精华、孔子雕塑等隐性课程建设的意识，但效果不明显，特别是专业课程与隐性课程缺乏有效衔接；专业课过于强调国际案例与经验，忽视了我国高等商科教育的本土情怀、中国气派与中国风格，特别是忽视了君子文化对我国高等商科教育中国风格与气派的提升作用；过于强调专业技能的培养，对商业道德人格与君子人格的契合性关注不够，忽视了君子品行与商科大学生商业道德教育的融合创新价值，特别是对教育活动的主体（教师和学生）的教学实践活动缺少具体、微观的研究，使以往的研究成果及其商业文化教育往往缺少血肉和鲜活形象。这种状况与我国高等商科教育在当今社会上的地位和作用很不相称。

2011 年 3 月，上海商学院"关于在商科、金融类本科院校开设商业文化通识课的可行性研究"课题组对上海商学院部分 2010 级新生进行了问卷调查。调查结果显示，上海商学院绝大多数学生希望在大学学习期间多了解一些商业文化知识。其中"了解商业文化知识的途径"依次是：选择"涉商题材的影视、文学作品"的，占总人数的 55.08%；选择"课堂讲授"的，占总人数 29.6%；选择"文化讲座"的，占总人数的 19.2%；选择"自学"的，占总人数的 10.4%。（李强，2011）调查结果基本上反映出大学生当下主要通过"影视、文学作品"获得相应的商业文化知识的现实情况。这种状况在一般群众或非商科院校是比较正常的。但作为商业文化研究和传承高地的商科院校，传承传统商业文化、构建新的商业文化体系是当今商科大学生的重要任务。如果商科大学生主要通过影视作品了解和学习商业文化知识，商业文化教育的薄弱可见一斑。这种状况至今仍未有根本好转。这种非学术、非专业化、去商业文化的现象值得我们深思。

（二）我国当代高等商科学校的追求：至诚至信，务实创新

张敷荣（1940）认为，"教育目的既不能忽略社会，亦不能忽略个人；忽略个人则教育最切近的作用不能表现；忽略社会则个人亦不能获得合理的自我实现。"

既强调做人又着重做事已成为当代商科教育的主要目标。追求至诚至信，倡导传统文化和新时代精神的和谐发展，是当代商科教育的主要价值取向。如湖南商学院的新校训：至诚至信，为实为新；上海对外贸易学院新校训：诚信、宽容、博学、务实；贵州商业高等专科学校的校训：诚信、自强、求实、创新；上海国家会计学院的校训：不做假账。可见，至诚至信，务实创新，已成当今商科教育的趋势和主流。

湖南商学院原有校训为"厚德博学，精明自强"。随着经济社会的大发展以及学校本身商科教育的发展，大家感觉"精明"过于市侩，于 2012 年改为：至诚至信，为实为新。新校训中的"至诚"，取自《中庸》"至诚无息"；"至信"，取自《庄子》"至信辟金"。至诚至信意即非常诚信，强调商科人才的诚信意识、内在修养。"为新"，取自《二十四诗品》"如将不尽，与古为新"，意即在以往的基础上改革创新。"为实为新"，意即做实事，谋创新，突出商科人才的行为特征、价值导向。湖南商学院的校风为"厚德，自强，博学，笃行"。"厚德、自强"取自《周易·坤》："天行健，君子以自强不息；地势坤，君子以厚德载物。""厚德"强调"湖商人"的品德应如大地般厚实，可以载养万物，雅量容人。"自强"意指"湖商人"处世应执着向前，刚毅坚卓，发愤图强，永不停息。"博学、笃行"取自《礼记·中庸》："博学之，审问之，慎思之，明辨之，笃行之。""博学"强调为学要广泛的猎取，培养充沛而旺盛的好奇心。唯有博大和宽容，才能兼容并包，具有世界眼光和开放胸襟，真正做到"海纳百川、有容乃大"。"笃行"即为学的最高层次，即"知行合一"。作为一所朝着建设商科特色鲜明的高水平财经类大学迈进的高校，在学术思想、学术风格、学术观点上应兼容并包，百花争艳；作为教师，应学识渊博、造诣精深；作为学生，应打下厚实的功底，

强能力，重创新，全面提升综合素质。

2018 年 6 月 22 日，在湖南商学院 2018 届毕业生毕业典礼上，校长陈晓红院士以"致远方：传承、奋进、超越"为主题，勉励毕业生在新时代承载和绽放青春芳华，勇于担当重任；希望同学们传承大学精神，像战士一样出发，做国家和民族的脊梁。在 2018 级新生开学典礼上，陈晓红校长强调指出，湖南商学院不培养"寄生虫"，激励商科大学生认真思考成才目标与责任担当。

兰州商学院征集校训的工作，经几上几下的讨论，最后在汇总了 30 个方案的基础上相对集中了 11 个方案：（1）求真至善，修德博学；（2）博学而明辨，创新而慎思；（3）诚信立世，博学笃行；（4）厚德博学创新，仁爱求实俱进；（5）修德博学，经世济国；（6）人正、师诚、学勤、业精；（7）志于商，据于德，依于学；（8）厚德、明理、笃学、尚经；（9）格致、修德、经邦、济世；（10）勤勉治学，诚信为商；（11）君子爱财，取之有道。上述方案，虽然绝大部分词语与全国好多高校校训重复和雷同，但大致抓住了商科院校最有特色和本质的内容，即"学""商""道"三个方面的内容。（马保平等，2006）

时任新疆财经学院党委书记李中耀教授（2005）写道：瞻前顾后，借鉴参阅，新疆财经学院的校训应该是"经世济公，至善至诚"。经世济公，经者，经营也。《诗·大雅·灵台》曰"经始灵台，经之营之"，引申为筹划营谋。世者，有两层意思：一指人生；二指时代、社会、世间、人间，语出《易·系辞下》"当殷之末世"。济者，原意为渡，后引申为救助、接济，再引为有益、有利，语出《易·系辞下》"万民以济"。公者，亦有两层意思：一指公平，语出《新书·道术》"兼覆无私谓之公，反公为私"；二指公共、共同，语出《礼记·礼运》"大道之行也，天下为公"。公共的事就是大家的事。因此，从本质上讲，为公就是为民。"经世济公"，就是要筹划营谋好人生、社会，做有益于社会公正、有利于人民大众的事。这里重点强调的是学校教育的社会目标，但也包含着对个体人生的负责和完善。至善至诚，至者，极、最也；善者，美好；诚者，真心实意。"至善至诚"表达出一种无论是做人做事做学问都要力争达到真善美的最高境界的愿望与要求。

山西财经大学地处拥有 2500 年历史的文化名城——太原，毗邻平遥、榆次、太谷、祁县等历史上的晋商发源地，具有与晋商零距离接触的得天独厚的地理优势。学校在历史和现实的结合点上寻找契机，突出了"明礼诚信、艰苦创业"的晋商精神，引领着师生的精神追求和价值取向，引领着教风、学风和校风，成为学校不断发展和壮大的动力源之一。山西财经大学溯源于 1951 年后相继成立的山西省银行干部学校等 5 所财经类干部学校。在 60 多年的办学历程中，积淀和形成了"修德立信，博学求真"的校训。"修德立信"，就是德为首、信为本，将人的道德修养、道德品质作为师生从教求学的首要目标和行为准则；"博学求真"，就是要求师生既博古通今、学贯中西、博采众长，又严谨治学、求真务实、不断创新。修德是做人之本，立信是为人之基，博学是知识之源，求真是为事之道，这集中体现了晋商精神中的合理内涵与精华所在，体现了传统文化与时代精神的有机结合，体现了价值追求与和谐发展的时代要求。（杨怀恩等，2008）

第三节　君子文化与我国高等商科教育融合创新的路径与策略

周有光先生（2000）认为，"人类的文化发展在原始文化之后可以分为三个时期：早期以宗教为主体，中期以哲学为主体，后期以科学为主体。现代文化以科学和源出于科学的技术为主体。"在此时代大潮中，"西方现代社会重科技知识而有迷失道德价值的危机，中国当代社会也因科技与经济的发展而有失落文化传统的危机"（成中英，2001）。成中英（2001）认为，当今的西方社会，只重法律而不注重道德，只重权利而不注重义务，只重财富而不注重品行，这样的状态令人触目惊心；当今中国社会，人们往往为谋富贵而不择手段，早年的淳朴之风一扫而尽，弄权营私、假公济私、贪污腐败不一而足。这可以看成是实行改革开放政策的一个必然后果和一个过渡性的现象，但无人能否认当前中国社会价值的重建与社会伦理的重建最是当务之急。成中英指出，今日中国经济现代化的过程需要一套可行可信的价值系统来消除它的负面效果。从这个意义而言，重新恢复文化传统的人文精神和仁爱是一件最具有时代意义的事。成中英认为只有在经济高度开发的同时也注重人的道德培养和人格培育，这样一个社会才不至于走下坡路。

我国当代高等商科教育追求诚信、创新、竞争、奉献。在具体教学方面，我国高校往往比较注重在大学语文课、历史课、美育课、思政课、商业伦理学、中国传统文化概论课等文化素质通识课中进行传统文化教育或在"学雷锋""创先争优"等主题活动中进行思想政治教育，但其背后依然存在科学主义价值观的影子。

急速变迁的社会需要重新思考道德价值与道德法则的根据与基础。对于商科教育而言，在教育过程中导向文化传统的复兴，以君子文化涵养商科学生的道德人格，促进君子文化与我国高等商科教育的融合创新，应该是一个可以理解并值得追求的合理化路径。唯有如此，我国高等商科教育才不至于在新时代走下坡路。

一、高尚、凝重：从更宽广的人类学视角重新审视传统君子文化

君子人格中的高尚、凝重，已成为了中华民族两千多年来传统文化的重要组成部分。在后世的文化传承中，"君子"一词一直被熟知和沿用，但又伴随着因时因地因人的不断变化。这种情况下，我们如何对待和传承传统的君子文化？

黑格尔（G. W. F. Hegel, 1979）说："一般说来，熟知的东西所以不是真正知道了的东西，正因为它是熟知的。有一种最习以为常的自欺欺人的事情，就是在认识的时候先假定某种东西是自己已经熟知了的，因而就这样地不去管它了。这样的知识，既不知道它是怎么来的，因而无论怎样说来说去，都不能离开原地而前进一步。"熟知并不等于真知。但在现实生活中，我们恰是对熟悉的东西自以为真知了。这种"熟知"使我们逐渐地对中国传统生

活及其文化麻木起来，失去了对它们的好奇，而仅仅停留在表象上。我们失去了各种探究的动力，从而阻碍了对它们本质的追究。正因为失去了好奇，才有了所谓的审美疲劳，才有了对我们传统君子文化的厌与烦，从而失去了我们传统君子文化本来的美好与诗意本质。现代西方诠释学大家伽达默尔（Hans–Georg Gadamer）曾直接提出，要使对象对我们陌生起来。因为，只有陌生我们才会抛弃对对象的成见，才会对对象加以关注，进而在关注中去探究和洞察它的本质。这对于探究我们自己的传统文化及其君子文化具有重要的借鉴意义。我们唯有像周有光先生所强调的："要站在世界看中国，而不是站在中国看世界"，从更宽广的人类学视角重新审视中国传统君子文化，才能促进君子文化与现代商科教育的同向同行与相辅相成。

近年来，世界各国对孔子及其思想的研究逐渐深入，其中美国、日本、新加坡、澳大利亚等国的学者对"君子"思想的研究比较具有代表性。日本近代唯心主义哲学的先驱井上哲次郎与美国的杜维明、顾立雅、安乐哲、狄百瑞、芬格莱特，还有加拿大学者贝淡宁以及澳大利亚的李瑞智先生等非常推崇孔子的人格及其所倡导的君子人格，一致认为品德高尚，才学出众的"君子"是孔子人才培养的目标，提出君子要将对家庭的关爱推及至更广阔的社会中去。

外国学者注意到君子这一人群在社会变革的过程中扮演着十分重要的角色，肯定君子是社会变革中的"精英分子"。国外高校普通缺乏君子文化与高等商科教育融合的意识，但其以爱国主义为中心的立德树人的思想道德教育目标体系对我国高等商科教育有重要的参考价值。如加拿大阿尔伯塔省教育部把培养和教育学生如何树立诚实守信、勤奋克俭的准则列入思想道德教育目标；英国注重培养学生奉献、勇敢、诚实、无私的优良品质；法国、德国等欧洲国家都以确立民族自尊心、自豪感、民族精神、社会责任感为人格塑造目标；美国以培养爱国、修养、诺言、伦理道德、纪律的"国民精神"，以及对国家履行义务的"责任公民"作为教育目标；孟万金（2006）对美国道德教育50年的演进历程进行了归纳总结，认为回归传统美德的"品格教育"是其中的一条重要经验，有助于培养学生诚实、大度、正直、温和、助人、勇敢、容忍、惜时、智慧、自我保护、顺从、理解、负责、坚持真理、在法律下维护人权的美德和良好行为。西方各高校普遍推行寓德于教的方法，非常注重发挥各学科对思想道德教育的"载道作用"和"渗透作用"。

近二三十年，西方大学高度关注和力图解决时代的迫切问题，不断在社会政策、环境、气候、贫困、不公正、战争、医疗道德、学术学习与人才培养总体目标之间进行"跨界与融合"，尽可能在专业教育和道德教育之间寻求恰当的平衡。如日本东京大学设有教养学科，进行跨学科教育，使学生在掌握专业知识的同时提高个人素养；加拿大奥兹农学院强调专业教师的敬业精神和人格力量在道德教育中的作用，提倡"体验"教育法，把学生是否掌握了可检测的行业技能、是否具备了相应的态度作为衡量德育最终成果的指标。

在西方，与"君子"一词相近的译词是"绅士"。与君子一样，绅士也是各种美德的集合体、承载者和象征，是西方文明最具代表性的理想人格。西方的绅士教育对于我国的君子教育及其当今道德人格教育具有借鉴之处。

我国君子文化源远流长，相关研究成果数不胜数。李飞跃（2017）对"君子"一词在先秦经典中的不同义例及儒家思想体系中的意义建构进行了系统的梳理，指出"古代的君子理论及其实践探索，不仅为现代公民的人格健全和自我完善提供了重要的信念支撑与精神养分，还是重要的话语资源与价值标杆。君子可与许多民族或国家的理想人格与义道概念相通，提倡君子人格教育或君子理想、君子情操，不仅能够沟通古今，还能融贯中西。"张述存（2015）认为，君子文化是兼容并蓄、历久积淀、不断发展的文化，是中华传统文化优秀道德精神的集中体现，其最鲜明的特点就在于它提出了人生活于社会之中，应当堂堂正正地做人，成为一个道德完善、品行高尚的君子。君子文化是人生态度和行为方式融合的产物，也就是知和行的统一。其追求的是君子要把对人生态度的追求，落实到具体的行为方式中。弘扬君子文化是当代文化建设的现实需求。周玉清（2016）认为，中华传统君子文化是由君子精神、君子观念、君子境界、君子胸怀、君子修养、君子作风以及君子价值标准、君子文化认同、君子人格教育、君子治国理念等各种文化要素构成的多因素多层次的文化体系。

关于君子文化的传承和发展，以钱念孙等（2014）为代表的一批现代学者达成了共识：我国现有的社会主义核心价值观与我国古代的君子人格一脉相随；君子文化是培育和弘扬社会主义核心价值观能够直接嫁接并开花结果的老树新枝；君子文化具有古为今用的重大现实意义和价值，亟待采取有效举措激活和倡兴君子文化；只要有"德"且有"格"，社会精英和大众都有可能成为君子。当今时代需要对君子文化的话语体系进行对接与创造性改造。2017 年 12 月 2 ~ 3 日，由光明日报社和江苏省社科院联合主办的第三届君子文化论坛在江苏省无锡市华西村举行。论坛以"君子文化的当代实践"为主题，来自全国各地的专家学者围绕君子概念的形成和演变、君子人格与文化自信、当代君子实践的途径等话题展开深入研讨，探索新时代弘扬君子文化的新思路。与会学者认为，"君子"是一个具有永久魅力的概念，贯通着中华传统文化发展与演变的历史进程，成为中华传统文化最为凸显，也最为稳固的坐标。"君子"意味着超越，不断地超越自我、超越庸俗，是高远境界的标杆，是中国人不懈追求、奋力攀登的人格高峰。"君子"也是一个富有时代风采的概念，携带着时代的气息，镌刻着时代的印迹。君子文化就像一条奔腾不息的大河，冲刷着旧物的束缚，吟唱着新生的欢歌，总是保持活力与朝气。君子文化的魅力就在于守正出新、与时俱进。倡扬君子文化，既要向后看，也要向前看，而最紧要的是把握当下。培育好新时代的君子文化，需要结合时代的要求进行创新传承，为实现君子文化的创造性转化和创新性发展提供有力支撑。

随着我国经济水平的提高，人们的主要精力正从劳动生存逐渐向精神文化追求转变。在此种背景下，随着研究与学术探讨的深入，我国专家学者们意识到君子文化的继承并不能只靠学术研究，而需要向更广泛的普通百姓传播，这样才能让民族文化的精粹深入到每一个人的思想中去，并结合当下的社会生活，使其发挥自身的价值内涵。

在当前深化改革、扩大开放、全面建成小康社会的关键时期，大力弘扬中华传统君子文化，坚持把弘扬中华传统君子文化作为新形势下加强社会主义思想道德建设的一个不可分割的重要组成部分，切中了时弊，抓住了根本，具有很强的现实针对性。

二、融入君子文化：拓展商科教育"中国气派"的理念

中华传统君子文化历经数千年的传承发展，是中华优秀传统文化发展的主流，对中华民族的生存与延续产生了深远影响，体现了顽强的生命力、宽厚的包容性、强大的感召力和巨大的影响力。深入挖掘并大力弘扬君子文化所蕴含的中华民族精神和传统美德规范，使之成为人们共同遵循的价值观念和行为标准，进而在社会逐步形成继承弘扬中华传统君子文化，培育践行社会主义道德规范的良好风尚，必将进一步推进"文化强国"建设，为顺利实现党和国家"两个一百年"奋斗目标和中华民族伟大复兴"中国梦"提供强大精神动力和智力支撑。（黄梦其，2017）何踪（2014）指出，君子文化能帮助我们更好地理解当代教育和当代文化现状，进而促进当代中国的文化定型和国民精神的深刻凝聚。怎样培养当代社会的"君子"已成为学术界关注的问题。

大学教师中的人文学者阎真（2015）说："一个知识分子，他如果没有对生活经验的反思，他就会在这自然而然之中放弃更高的精神追求、精神境界，把现世的自我当作全部的价值之源，这种放弃抹平了知识分子和普通百姓之间的界线。我觉得这种界线还是存在的。这就是，知识分子应该更多地去关心与自己的生活无关的事情。""如果大学不能给予学生人文精神，以平衡功利主义的价值观，而是功利主义的教师教出功利主义的学生，人文精神都在嘴巴上，知行不能合一，永远分裂，那谁还会对精神价值有信心？如果这成为了一代人的选择，那实际上也是民族前途的选择。"商科教育的选择同样如此，在专业课程教学中融注君子精神，同时在社会实践教学中践行君子品行，是高等商科教育在新时代的必然选择。

近10年来，我国论述《论语》"君子"思想和大学生主体性道德人格建构的研究都颇为丰富，将二者结合起来的研究成果也较多。王林琪（2008）

提倡发挥课堂教学对道德人格养成的重要作用，认为应将君子道德人格的培养深入到课堂中去，用多元化的教学方式将君子道德人格渗透到各科教学中，并完善道德人格教育体系。孙娟妮（2009）提出大学生应具备以仁为先、义利并举、愤而好学、修己安人、自强不息、进取有为、知行统一、讷言敏行的道德人格养成目标，建议营造良好的校园文化、提高教师的道德人格以发挥教师在学生中的榜样作用以及发挥学生的主体作用等。丁文远（2013）提出将家庭教育、学校教育、社会教育、自我践行这四个方面相结合以培养君子人格的实践体系。马建新等（2012）指出，在我国商业活动的历史中逐渐形成的"儒商精神"是商科卓越人才培养的基本要求，强调"诚信"思想是商科大学生非常重要的素质，在大学期间应该重点培养。孙丽霞（2015）指出应在传统文化中寻找源头活水，提炼出更具中国特色的现代商业伦理。

2014 年和 2017 年，教育部、中共中央办公厅与国务院办公厅先后颁发《完善中华优秀传统文化教育指导纲要》和《关于实施中华优秀传统文化传承发展工程的意见》。2016 年 12 月，习近平总书记在全国高校思想政治工作会议上强调，要大力弘扬讲仁爱、重民本、守诚信、崇正义、尚和合、求大同等核心思想理念。

在浩瀚的中华传统文化中，最能代表中华民族核心思想理念和独特精神标识，并体现中华民族最基本文化基因者，非"君子文化"莫属。君子文化作为中华传统文化的精华所在，与社会主义核心价值观是对接互补的，是培育和弘扬社会主义核心价值观的着力点。君子文化具有保存和传递价值，能满足个体生命成长的需要，对我国当代商科教育具有融合创新作用。

高校是传承传统文化的高地。让君子文化与我国高等商科教育跨界融合，有助于落实高校立德树人的根本任务，有助于用中华优秀传统文化的精髓涵养企业精神与现代企业文化，从而培养对人民、对国家、对社会、对世道人心有用有益的人。

一是讲仁爱，有道德：在高等商科德育中弘扬"中国精神"。中国精神主要表现为中国气质及其民族性。中国气质是指中华民族传承的君子"仁爱"精神。有道德是指中华民族独特的向上向善人文话语体系。我们应对自晚清以来近代商科教育"明礼诚信、艰苦创业"的做人做事原则以及"商业振兴、贸易繁盛、足增国力而杜漏危"的经世济民情怀进行梳理与总结，归纳提炼我国传统高等商科教育关心国情、投身社会、自强、创业、为善、爱国的精神气质；同时，调查了解我国当代商业道德人格教育现状及其与本民族文化元素缺乏深度融合的原因，探究君子人格力量及其知行合一的实践范畴，明确君子文化对当今个体生命成长及其对当今商科德育的融合创新作用；重点在高等商科德育中培育君子仁义共济的互助理念、立己达人的社会关爱思想、正心笃志的修身追求、崇德弘毅的本土意识与家国情怀，从而弘扬中国人自己的商业德育精神和独特的向上向善人文话语体系。

二是重民本，有筋骨：在高等商科专业课程教学中涵养"中国价值"。中国价值主要表现为中国气息及其现代性。中国气息是指在话语方式上表现出来的君子"务本"风格。现代性是指表现出来的科学性、务实性、有效性的特征。有筋骨，就是有思想力度，有君子的信仰坚持。我们应该首先梳理我国传统商科教育在专业课程设置和教学内容上对西方商科教育资源的"跟随"和借鉴情况，调查了解我国当代高等商科专业课程教学方法上重西方"概念演绎"、轻中国"现实逻辑"的状况。同时，在专业课程理论教学中涵养中国人的世界观、价值观和守诚信崇正义的美学习惯，在案例教学中"洋为中用"，反映中国现实，弘扬本土情怀和君子人格；在专业实践中涵养重国情、社情、民情的务实与担当精神。

三是尚和合，有温度：在互学互鉴中展现鲜活形象和"中国力量"。中国力量主要表现为中国气魄及其本土性。中国气魄是指我国高等商科教育吸收其他学科以及国外商科文化营养的"和合"胸怀。本土性是指回归生活世界和中国话语体系。有温度是指在道德人格和平等互惠的对话上要有感染力。我们应该首先梳理我国传统商科教育"跟随"和借鉴西方商科教育资源中展现出来的开放胸怀以及师生自强、创业、爱国的鲜活形象；调查了解我国当代高等商科与西方商科文化交流中不对等不对称的状况。此外，还应扎根中国与融通中外相结合，借助西方商科文化和教育资源的个性化特点，加强我国高等商科教育国际视野下的本土化，对自己典型的经验和形象进行总结提升，在与其他学科平等对话以及国际化互学互鉴过程中展现我国"尚和合"的传统君子之风与师生鲜活形象。

四是求大同，有担当：在"中国方案"中贡献"中国智慧"。中国智慧主要表现为中国气度及其全球性。中国气度是指在学术研究和全球教育治理上的"求大同"。全球性是指立足中国并在解决全球性的问题上有自己的"中国方案"。有担当是指在研究格局上要构建起自己的概念范畴体系，尤其是核心理论。首先是立足中国现实，对当代中国发展的现实逻辑及其蕴含的商学问题进行全面深入的系统研究，构建起自己的概念范畴体系，进行理论创新、制度创新和实践创新；其次是秉持共商共建共享的全球商科教育治理观，积极参与全球高等商科教育治理体系改革和建设，重点是在世界性的商业伦理以及经济、管理等难题上贡献"中国方案"，推动人类命运共同体建设。

三、注重教育规律：商科君子文化传承发展的策略

麦克唐纳（Copthorne Macdonal，2006）认为，现在的高校都将工作的重心放在人类目前的状况和眼前的利益，缺乏远见卓识，高等教育机构本身的功能还需要继续进行"深刻的、严肃的、多学科的探索"。在不断变化的世界进程中，商科教育面向对象活动中最主要的意义是什么？商科教育应培养什么样的学生，如何将学生培养成学生自己想成为的人？其根本的解决办法还是按规律办事，理论与实际相互联系，即邓小平同志所说的"要因地制宜，能种粮就种粮，能栽树就栽树"（田纪云，2008）。

"人要么是仅仅被驯服、被调教、被机械地训导，要么是真正地得到启蒙。""但靠驯服是达不到目的的，问题首先在于让孩子们学习思考，对那些一切行动由之而出的原则进行思考。人们由此可以看到，对一种真正的教育来说，要做的事非常多。"（康德，2006）

（一）注重引导，促进由灌输到好奇的转型

朱邦复先生将中国台湾地区大学生分为三大类。借鉴朱先生的三分法，我们也可以将商科大学生分为三大类，一是"出国派"，他们学业成绩或家庭条件较好，不关心自己以外的事务，不喜欢参加课外活动，学习英文的时间比学习专业课程的时间还长，大学期间一心为出国做准备。二是"现实派"，学习的唯一目的就是为了将来的就业，其实质就是"职业教育主义"。这类人多半学习成绩中等。"职业教育主义"会导致浅薄和孤立，它贬低了课程和教职人员的价值，剥夺了大学唯一的生存理由。对学生而言，如果一个学生将他的整个大学时光都花费在特定的职业准备上，一旦以后没有从事这项职业，就会浪费他的生涯。其实，行业的诀窍不可能在一所大学里全部学到。实际世界天天变化，甚至时时在变化，从业者很难跟上这些变化，更不要说那些脱离实际工作的教授们了。即使这些教授们能跟上这些变化，他也不能保证这些做法在学生实际运用时仍然流行。潘光旦先生曾指出"为物"的教育是"外铄"的教育，如为工业化的教育、为社会组织的教育、为"国家工具"的教育等，还有一种为知识的教育和为职业技能的教育。他认为"这不是小看了教育，而是根本看错了教育"，因为说到底，这种教育是解决"吃饭问题"的教育，不是教育的终极目的。（杨立德，2005）三是"迷糊派"，有的吃喝玩乐，整天追求好日子；有的浑浑噩噩，分不清谁是谁非；有的则自行其是，不知道前途何在。曾任复旦大学校长23年之久的李登辉先生说："教育的最高目的，是要把个人潜伏的心能，尽量引导使之发展。"（杨东平，2003）其实，教育的本意就是"引导"。引出学生的兴趣与需要、信心与梦想，并使之沿着正确的方向尽可能发展，就是真正的教育。引导得法，就是成功的教育；引导不得法，甚或抑制损伤学生"未发展的胚芽"就是不好的教育。教育，不是灌输，更不是束缚，更多的是激发和唤醒，激发个体内在的天赋与潜能，唤醒个体的心灵与自由，让学生自己成为自己。

中国古代教育以儒家思想文化为主要内容，尊奉的是儒家教育理念，把君子人格塑造融入教学之中，以之作为教育的最终目标和根本任务。儒家将君子人格界定为三个方面：仁、知、勇。"仁"是以孝、悌为基础的庞大思想体系，儒家将"孝"列为一切道德之首，将孝道伦理文化作为学习的核心内容，借以培养学生博大的仁爱之心。"知"是明辨是非、不为事物表象所迷惑的才智。"勇"指的是一种公而忘私、舍生取义的大无畏精神，主张通过自身修养陶冶情操，逐渐达到"无惧"的境界。儒家重视学与思的关系，提倡用启发式教育使学生由被动学习转向主动学习，提高学生明辨是非和独立思考问题的能力。（乔凤岐，2016）儒家认为只有经过仁、知、勇三个方面的教育和学习，才能实现塑造学生君子人格的教育目标，才能培养出符合社会需要的栋梁之材。

我国"君子"一词给人的印象大多是灌输式的。这里所说的"灌输式"不完全是指其内容都是具体知识的堆积，而是指其不做分析，不做比较，不讲道理，一厢情愿地给人以某些方面的知识，但鲜有哲学的方法即独立思考反省的方法。在这些包罗万象的书籍中，无法给人以理性和思维的满足。其教学自然大多以告诫学生应该如何不应该怎样为主，缺乏对宇宙人生的好奇与新意，其教学效果可想而知。究其原因，"独立之精神，自由之思想"在教材和教学中体现不够。具体表现在只有"知其然"而想当然的灌输，没有引人"知其所以然"的好奇与探索。"不引人好奇的东西是枯燥、僵化的东西，人们在其中看不见新意。"（李小兵，1996）人在学习的过程中，当一些观念能与个体的经验相印证时，人首先得到的是认知的感受，那是一种新奇的、突然间由茫然变得明晰的感觉。这时若有良好的导引，最容易让人产生好奇。但如果基本知识太少，未知因素太多，虽好奇而得不到满足，仍然不能形成强烈的兴趣。所以，不断地引起好奇，不断地予以满足，更要适时地增加深度，让学习者自行思考。只有在大脑的思考经常被这种好奇所占据时，才是发自内心、具有动力的兴趣。

（二）注重隐性传播，促进课堂教育向渗透教育的转化

2014年2月24日，习近平总书记在中央政治局第十三次集体学习时指

出，"培育和弘扬社会主义核心价值观必须立足中华优秀传统文化。牢固的核心价值观，都有其固有的根本……中华文化源远流长，积淀着中华民族最深层的精神追求，代表着中华民族独特的精神标识，为中华民族生生不息、发展壮大提供了丰厚滋养"。

2013年12月30日，习近平总书记在中央政治局第十二次集体学习时也曾强调，"要使中华民族最基本的文化基因与当代文化相适应、与现代社会相协调，以人们喜闻乐见、具有广泛参与性的方式推广开来"。

我国大学德育偏重于正规的学校组织教育形式，普遍开设马克思主义理论、思想道德修养课等，以系统的理论讲授将德育内容传递给学生，而课堂之余的德育工作则注重发挥辅导员、共青团和学生会的作用。西方德育偏重于无形和间接的渗透，寓道德教育于教学过程、管理服务、大众传播和社会环境等方方面面，潜移默化影响学生的道德价值观念。西方学校主流德育模式比较注重隐形教育课程的教育功能，较多采用学科德育间接渗透的方式将德育内容渗透到学生的学习、生活、择业、交友等实际中。学校教育之余，还注重家庭、社会教育氛围的影响和作用。取长补短，如何运用西方思想政治教育隐蔽性、渗透性、层次性、连续性、实践性与社会性的特点，如何用商科大学生喜闻乐见且方便快捷的方式方法来传承传统君子文化的话语体系，这是我们传承和发展君子文化的新支点。要运用学生喜爱、生动活泼的多种形式开展君子文化的隐性传播与渗透传播，构建校内外结合、互为补充、相互合作的君子文化教育格局，从而达到整体育人的效果。

如山西财经大学晋商精神的渗透式教育值得推广。一是通过参观校史馆、金融货币史博物馆"两馆"和上好晋商学、专业导论课"两课"加深学生对学校和晋商精神的感知。二是把晋商精神同爱国主义教育、理想信念教育、社会主义荣辱观教育、形势政策教育结合起来，促使学生将晋商精神内化为自觉的责任意识和健康向上的人生价值取向。三是晋商精神进课堂、进教材，在理论教学中贯穿晋商精神。鼓励教师将关于晋商的研究成果转化成教学内容，为学生开设"晋商学""晋商案例精选"等选修课。另外，还开展"晋商文化与经济发展""晋商民居历史文化解读"等多个方面的学术讲座，详尽解读晋商精神，受到学生热烈欢迎。四是安排学生到祁县乔家大院、平遥日升昌票号、太谷孔祥熙故居、灵石王家大院、榆次常家庄园等地学习考察，在社会实践教学中让学生身临其境地体会晋商精神。五是将晋商精神渗透于校园文化建设中，通过晋商文化论坛、"晋商文化"专栏、排演有关晋商的经典剧目片段、翻译《乔家大院》等著作以及校园建筑物、道路征名活动等全方位营造浓郁的晋商校园文化氛围。（杨怀恩等，2008）

传统君子文化是典型的人文话语体系，是历经淬炼和总结而传承下来的，文化蕴意深厚。当前，我们需要找到一种商科大学生耳熟能详心领神会的话语体系来传承和发展君子文化。特别是要开发和利用互联网、手机等新兴媒体传播典型的现代君子人格。在当今自媒体时代，随着以微信、微博、微视频、手持终端等社群媒介暴风骤雨般的迅猛发展，自媒体已成为人们获取信息、交流观点并解决问题的主要凭借。自媒体的发展势头势必将如野火般蔓延至君子文化的话语体系，催生出更为丰富多样的话语渠道和内容衍生品。自媒体的独特优势使其成为当代社会人们特别是商科大学生喜闻乐见并具有广泛参与性的生活方式。自媒体场域里，传播主体较为熟悉，传播内容易于理解，传播方式乐于接受。自媒体场域超越物理世界的虚拟空间，为商科大学生提供了更广阔的想象世界的同时，促使我国君子文化话语工作有了更多创新的源泉和选择，从而有助于提升君子文化的内涵和时代价值，成为传统君子文化与当今商科教育对接的新支点。

（三）强化内心认同，提供做人做事的共法

从当前来看，少喊些口号式的空洞理论，多一些务实的教学策略，高等商科教育必然会获得进一步的发展。

杜维明（2016）指出，君子文化是生命力旺盛的传统，是有历史性价值的文化积累，是正在返本开新的动态过程之中重建自我认同的学问。它不仅仅是一个错综复杂的知识体系，也是超越现代学术分科的智慧和价值源泉。它是中华民族提供给人类共享的"学做人"的道理，它是一种共法，是具有普遍价值的知识。

对大学来说，学生是一个成熟的学习者，应该是主动发展的，而不是被动灌输。学校应该像农业一样，给学生提供土壤，让他们自己生长起来，并发挥作用。弘扬君子文化，促使"斯文"再度重现，其中的"独立之精神，自由之思想"是不可或缺的。

传统的君子文化传播是单向性的，而研讨式教学及其与自媒体的融合则上下交互，改变了传统的用单一的内容或声音塑造君子文化的强制灌输模式，君子文化的集体认同效应将大大加强。一旦君子文化所传达的思想观念体系和商科大学师生自身的价值诉求、思想观念相符，或者在较大程度上传达了商科大学师生潜在的精神追求和欲望，君子文化不但会与商科大学师生产生某种呼应和共鸣，而且会通过复制、粘贴、转载等二次传播的方式在师生中间迅速扩散，从而达到君子文化集体参与、集体认同的传播效应。

高等商科院校的领导要如君子清廉务实，教学服务人员要如君子脚踏实地，教师要如君子孜孜不倦，商科大学生要如君子恭孝好学。如果每一个商科人都能将君子思想根深蒂固的印入脑海，如果每一门商科课程每一个商科专业都能注意培育学生的君子人格，我们的商科教育将变得更加积极向上并具中国气派，民众的社会素质也将有更进一步的提升。

(四) 弘扬君子品德，激活商业道德教育的源头活水

近年来，随着现代社会的不断发展和物质文明的高度发达，商人群体甚至企业家中普遍出现了人格价值观的困惑，精神世界发生存在性危机，败德行为屡见不鲜，这一切的一切都严重影响了我国经济社会的健康发展。企业家乃至整个社会道德贫血背后的深层原因在于自身道德修养的缺失、社会道德环境导向的错误、市场经济机制的不完善、外部监督机制的薄弱等。(孙丽霞，2015) 这需要我们更加重视商业道德教育，更加懂得如何在传统文化中寻找源头活水，提炼出更具中国特色的现代商业伦理。

"人"是教育的中心。"立德树人"是我国教育的基本方针，其最高目标是塑造有道德的"君子"乃至"仁人"。孔子是其中的主要代表，特别注重道德教育，教学生如何做人。"可以托六尺之孤，可以寄百里之命，临大节

而不可夺也，君子人与？君子人也。"（杨树达，2013）可以将年幼的孤儿托付给他，可以将国家的政令委托给他，面临重大的问题而不动摇自己的意志，能够做到这样的人就是君子。君子在面对危难时，面对利益的诱惑时，可以坚定不移，安心托付。危难时刻，更显君子本性，更能体现君子高尚的品德。

当今社会，只要有"德"且有"格"，人人皆可为君子。君子文化既是精英文化，一定意义上也是大众文化。在君子内涵上，也有新的转化，比如天下观，当代君子不一定要平天下，但一定要和天下、济天下、善天下。和善天下是当代君子转化的最高境界。（何泽华，2016）在市场经济繁荣时期，在现代商业伦理的困苦之际，弘扬君子品德，正是新时代商业道德教育的源头活水。

孔子眼中的君子，是德才兼备、内外兼修的，其中德性是前提。当代高校应该健全人才培养标准，实施德才并重的教育。在商科教育中弘扬君子文化，既要"照着讲"，又要"接着讲"。"照着讲"是指溯本求源，明白古代君子"无终日间违仁"的本初意蕴及其教育学意义，注重"以义制利"和"义以生利"，去除附会曲解，实现扬弃性的传承；"接着讲"就是在把握君子德性本蕴的前提下，直面新时代商科德性问题，反映新时代要求，回应新时代呼声，加强商业伦理教育，强调"君子爱财，取之有道"的君子品格，并将君子品格融入思想政治课程和专业课程，实现君子文化的时代性转化。

综上所述，对于君子文化与高等商科教育的融合，我们可以从以下三个方面进行框架构建和议程设置：

一是观照和反思。保持艺术、人文学科和社会科学方面的强大计划，以仁爱精神高度关注时代的迫切问题，不仅关注世界的终极存在，重要的是观照人的现实存在，反思人的实践活动及其君子人格发展过程。在教学活动中，教师必须表明个人的价值观，但要避免将他们自己的价值观强加给学生。同时，教师不能停留在自己的价值观上，而要引发学生对君子人格、君子之道的渴求，并对学生的观点做出反应，帮助学生明确商业道德价值的先后顺序和伦理冲突。学校应办成民主的社区，让学生在伦理道德行为规范的形成和实践过程中充分享有平等权利，特别是应以"仁者爱人"为主题重新组合通识课程和专业课程，把关于人类生存的核心问题和生命的价值与意义等作为课程的中心，围绕这个"中心"组织课程，并实现课程与教学的一体化——"关怀自我、关怀熟人、关怀陌生人、关怀所有人、关怀自然世界、关怀人类以外的生物、关怀人造世界和关怀各种观点"（孟万金，2006）。

二是批判和立人。吸引最优秀的学生和教师，给他们提供有效的生活与学习环境，以君子文化消除人的异化，确立有个性的人，即使学生成为新时代的"君子"，而不是成为职业性太强的"某种人"。我国自嘉靖、万历以来，随着工商业的迅速发展和大批读书人弃儒而商，商贾而非士人成为社会的明星，人们对"儒而贾行"者批评增多，对"贾而儒"者的赞扬开始出现，且日渐流行。这一现象表明，在社会迅速商业化和道德日益沦丧的同时，人们开始呼唤和强调商贾的道德和商业伦理。（周生春等，2010）正如杜维明（2006）所说："在今天，科学技术总是与日俱新，而历史、哲学、文学仍要回到源头寻找智慧。……回到《论语》《中庸》《孟子》《大学》这些智慧的源泉，它们不会因为时间推移而逐渐消失，并失去重要性。"而其中的君子文化则是消除"人"的异化的智慧之源。

三是预判和洞见。致力于君子文化的学术、探究和批判精神，从现实问题中寻求根本原因，使人才培养哲学化，师生人格君子化，从现实的本身形式中引出应有的和最终目的，让道德回归日常教学生活。教育，归根结底，是传承民族文化的媒介。失去了传统文化精神和价值的主导，教育的偏差就会如影随形。当代中国的教育特别是商科教育，实际上还处于一个整合期，诸多方面还有待完善和提高。而认清民族之根，在施教者和受教者之间融入属于中国人自己的君子文化，是一项特别有意义的工作，这是文化自信和教育自信的体现，也是世界教育的中国方案和中国智慧。

参考文献

［1］爱因斯坦. 爱因斯坦文集（第 3 卷）［M］. 北京：商务印书馆，1979：310.

［2］北京市工商联. 北京旧商会历史及时事纪闻［A］. 1985.

［3］比尔·奥莱特. 为什么麻省理工校友企业的收入足以使其成为世界第 11 大经济体？［J］. 中国机电工业，2014（12）：34.

［4］边一民. 儒商的商业伦理精神与商业伦理文化建设［J］. 商业经济与管理，2004（10）：62－63.

［5］布鲁贝克. 高等教育哲学［M］. 郑继伟，等译. 杭州：浙江教育出版社，1987：130－134.

［6］蔡伟，高莹莹. 乔致庸从儒商到晋商翘楚［J］. 中国市场，2011（4）.

［7］曾海洋. 厦门大学私立时期的商科教育及其现代启示［J］. 经济师，2007（8）：119－121.

［8］曾金莲. 广东地区大学商科教育研究（1924－1937）［D］. 暨南大学，2010：3－4，14.

［9］曾治平. 湖北商业高等专科学校校史［M］. 武汉：湖北商业高等专科学校，1997：10，36.

［10］常国良. 上海买办群体与中国近代商业教育之萌芽［N］. 中国社会科学报，2011－03－17.

［11］常金仓. 中国传统文化形成的内在机缘［J］. 东北师大学报学社（哲学社会科学版），1993（6）：37.

［12］陈飞虎．大学教育智慧论［M］．北京：教育科学出版社，2016：25.

［13］陈洪捷．德国古典大学观及其对中国大学的影响［M］．北京：北京大学出版社，2002：37.

［14］陈来．春秋时期的人文思潮与道德意识［J］．中原文化研究，2013（2）：5－19.

［15］陈小娅．建设具有中国特色、中国风格、中国气派的教育科学［J］．职业技术教育，2004（36）：32－35.

［16］陈学恂，田正平．中国近代教育史资料汇编·留学教育［M］．上海：上海教育出版社，2007：4.

［17］成中英．合外内之道——儒家哲学论［M］．北京：中国社会科学出版社，2001：133.

［18］成中英讲儒学：从本说起［EB/OL］．http：//chengzhongying．blogchina．com，2009－04－17.

［19］程天固．程天固回忆录（上）［M］．台北：龙文出版社股份有限公司，1993：44.

［20］狄百瑞．儒家的困境［M］．北京：北京大学出版社，2009：5.

［21］董宝良．中国近现代高等教育史［M］．武汉：华中科技大学出版社，2007：143.

［22］杜维明．国学生命力旺盛不可缺独立精神自由思想［EB/OL］．http：//guoxue．ifeng．com/，2016－05－19.

［23］杜维明．儒家传统与文明对话［M］．石家庄：河北人民出版社，2006：217.

［24］杜维明．儒家思想的核心价值［M］．武汉：武汉出版社，2002：12.

［25］费尔南多·萨瓦特尔．哲学的邀请——人生的追问［M］．林经纬，译．北京：北京大学出版社，2007.

［26］冯伟国，周勇，等．中国商业人力资源现状与商科教育发展对策研究［J］．上海商学院学报，2013（6）：26－28.

［27］冯友兰．论孔子关于"仁"的思想［J］．哲学研究，1961（5）：66.

［28］复旦大学．复旦大学丙寅年鉴［M］．1926.

［29］复旦大学．复旦大学商科章程［M］．1924.

［30］复旦大学．复旦年刊［M］．1923.

［31］复旦大学．复旦周刊［J］. 1926 – 10 – 27.

［32］高奇．中国高等教育思想史［M］. 北京：人民教育出版社，1992：241.

［33］高时良，黄仁贤．中国近代教育史资料汇编·洋务运动时期教育［M］. 上海：上海教育出版社，2007：99.

［34］高时良．中国近代教育史资料汇编·洋务运动时期教育［M］. 上海：上海人民出版社，1992：712.

［35］高亚东．日本高等商科教育的启示［J］. 中国商人，1995（2）：53 – 54.

［36］各商会商人应留意商业教育［J］. 全国商会联合会报，1916（9/10）.

［37］古耕虞．我经营猪鬃二十余年的回顾［M］. 北京：文史资料出版社，1980：118.

［38］周凯．股市火爆带动金融专业报考热［N］. 中国青年报，2007 – 07 – 23.

［39］顾立雅．孔子与中国之道［M］. 高专诚，译．郑州：大象出版社，2000：3.

［40］顾明远．习近平教育思想指引中国教育改革和发展前进方向［N］. 中国教育报，2017 – 07 – 27.

［41］顾廷龙，戴逸．李鸿章全集（奏议九）［M］. 合肥：安徽教育出版社、安徽出版集团，2008：260.

［42］郭金彬．中国科学百年风云［M］. 福州：福建教育出版社，1991：102 – 112.

［43］郭齐巧．孔孟儒学的人格境界论［J］. 华中师范大学学报（人文社会科学版）. 2000（6）：24 – 28.

［44］郭齐勇，郑文龙．杜维明文集（第 2 卷）［M］. 武汉：武汉出版社，2002：552.

［45］国家教育委员会职业技术教育司组织．中国职业技术教育简史［M］. 北京：北京师范大学出版社，1994：40.

［46］国内近 30 所顶级高校的商学院越洋聘园丁［N］. 人民日报（海外版），2009 – 01 – 17.

［47］郝延平．十九世纪的中国买办：东西间桥梁［M］. 李荣昌，等译．上海社会科学院出版社，1989：246 – 247.

［48］何怀宏．伦理学是什么？［M］. 北京：北京大学出版社，2002.

［49］何心隐．何心隐集［M］. 容肇祖，整理．中华书局，1960：53.

［50］何毅亭．二十一世纪是中国话语复兴的世纪［N］. 学习时报，2017 – 05 – 29.

［51］何泽华．实现君子文化的时代性转化［N］．光明日报，2016－02－27.

［52］赫伯特·芬格莱特．孔子：即凡而圣［M］．彭国翔，张华，译．南京：江苏人民出版社，2002：65.

［53］黑格尔．精神现象学［M］．北京：商务印书馆，1979：20.

［54］亨利希·海涅．论德国宗教和哲学的历史［M］．北京：商务印书馆，1974：148－150.

［55］侯怀银，王喜旺．教育学中国化——一个世纪以来中国学者的探索和梦想［J］．教育科学，2008（6）：6－10.

［56］侯敏．《周易》中的君子形象［N］．光明日报，2018－06－04（13）.

［57］侯晓虹．中国高等商学教育的改革发展思路——以美国经验为借鉴［J］．学术论坛，2016（12）：164－165，166.

［58］黄敦兵．传统儒商文化与现代商人理想人格的型塑［J］．湖北经济学院学报，2012（3）：101－103.

［59］黄济．构建中国特色、中国风格、中国气派的教育哲学［J］．教育研究，2004（9）：94.

［60］黄梦其．弘扬中华传统君子文化加强社会主义道德建设［EB/OL］．http：//www.zgxcfx.com/xianxianglianxian/95974.html，2017－02－15.

［61］黄兴涛．近代中国商学兴起的历史考察［J］．中华读书报，2012－04－25.

［62］黄亚生，余典范．美国麻省理工学院创新创业模式揭秘．［EB/OL］．http：//cidi.sufe.edu.cn/90/56/c2056a36950/page.htm，2015－11－17.

［63］黄炎培．读职业教育最近统计［J］．教育与职业，1922（37）：1－2.

［64］戢斗勇．儒商精神［M］．北京：经济日报出版社，2001：98.

［65］纪宝成．我国高等商科教育人才培养模式探讨［J］．中国高教研究，2006（10）：2.

［66］姜文．卖笑的中年，节操碎了一地［N］．思想史略，2017－06－18.

［67］焦雨亭，沈承炼．解放前复旦大学商学院概况［M］．上海：复旦大学出版社，1985：368.

［68］教育部教育年鉴编纂委员会．第二次中国教育年鉴［M］．北京：商务印书馆，1948：39.

［69］杰勒德·德兰迪．知识社会中的大学［M］．黄建如，译．北京：北京大学出版

社，2010：2.

[70] 金国宝. 复旦大学之掷币报告 [J]. 东方杂志，1925，21（23）.

[71] 孔祥毅. 山西商人与教育 [J]. 晋中师范高等专科学校学报，2002（1）：9.

[72] 李飞跃. "君子" 义绎 [J]. 国学学刊，2017（4）：5－21.

[73] 李民，王健. 尚书译注 [M]. 上海：上海古籍出版社，2004：209，313，334.

[74] 李乾明. 教学理论要讲中国气派 [N]. 光明日报，2014－06－03.

[75] 李强. 在商科院校开展商业文化教学的思考——以上海商学院为例 [J]. 上海商学院学报，2011（3）：76，76－77.

[76] 李权时. 复旦商科历年概况及今后计划 [M] //复旦大学丙寅年鉴，1926.

[77] 李权时先生小传 [J]. 商业杂志，1929，4（10）.

[78] 李瑞智. 儒学的复兴 [M]. 黎华伦，范道丰，译. 北京：商务印书馆，2002：171.

[79] 李索. 左传正宗 [M]. 北京：华夏出版社，2011：35，43.

[80] 李炜光. 礼义和诚信：儒商的品格 [J]. 中国储运，2012（11）：34.

[81] 李小兵. 我在，我思——世纪之交的文化与哲学 [M]. 北京：东方出版社，1996：232.

[82] 李珍. 中国话语的中国特色、中国风格、中国气派 [J]. 毛泽东邓小平理论研究，2017（5）：70.

[83] 李中耀. 经世济公至善至诚——关于校训的思考 [J]. 新疆财经学院学报，2005（3）：5－6.

[84] 林水檺. 中华文化发展与变迁 [C]. 马来西亚中华大会堂联合会，1997：84.

[85] 刘国宝. 先秦儒家哲学思想研究 [J]. 法制与经济，2014（391）：133.

[86] 刘黎明，周庆贵. 中美高等商科教育人文性建设之比较研究——以 EMBA 课程设置为例 [J]. 上海管理科学，2013（6）：84.

[87] 刘诗悦. 留学生与民国广东商学教育研究（1912－1937）[D]. 广州：暨南大学，2017：1，11，15，16.

[88] 刘秀生. 中国近代商学教育的发展 [J]. 北京商学院院报，1994（1）：58－63.

[89] 刘真，王焕琛. 留学教育——中国留学教育史料（第 1 册）[M]. 台北：台湾编译馆出版，1980：236，303.

[90] 刘自成. 牢固树立新时代中国特色社会主义教育自信 [N]. 中国教育报，2017－

11 – 02.

[91] 楼宇烈. 君子的意义与德行 [J]. 道德与文明, 2016 (6).

[92] 楼宇烈. 中国人的哲学思维就像一个太极图 [N]. 人民日报 (海外版), 2016 – 06 – 28.

[93] 鲁白. 人工智能与未来学校、未来教育 [J]. 华东师范大学学报 (教育科学版), 2017 (4): 20.

[94] 论派遣留学生之重要 [N]. 顺天时报 (第 2056 号), 1908 – 12 – 26.

[95] 马保平, 王勋铭. 学无境商有道——制定我校校训的思路和建议 [J]. 兰州商学院学报, 2006 (5): 4.

[96] 马建新, 崔家新. 儒家文化对商科卓越人才培养的启示 [J]. 大陆桥视野, 2012 (2).

[97] 马剑. 寻求"自我"之路——论赫尔曼·黑塞的《悉达多》[J]. 外国文学评论, 2000 (4): 101 – 102.

[98] 马力, 张前, 柳兴国. 西方公司社会责任界说评述 [J]. 江淮论坛, 2005 (4): 49 – 52.

[99] 马敏, 祖苏. 苏州商会档案丛编 (1912 – 1919) 第 2 辑 [M]. 武汉: 华中师范大学出版社, 2004: 306, 309.

[100] 马修进. 民国时期华北地区商业教育研究 (1912 – 1937) [D]. 济南: 山东师范大学, 2015: 1, 5, 16, 18, 32 – 33, 34, 36, 39 – 41, 45, 48, 50 – 52, 60 – 62, 64 – 67, 69, 71 – 72, 78, 81, 83 – 85.

[101] 中国留美学生. 美洲留学报告 [M]. 上海: 开明书店, 1904: 54.

[102] 孟万金. 美国道德教育 50 年的演进历程及其启示 [J]. 教育研究, 2006 (2): 78 – 83, 80.

[103] 欧阳琦. 君子文化的内涵与君子人格的养成 [J]. 文学教育, 2017 (10): 86.

[104] 潘懋元, 刘海峰. 中国近代教育史资料汇编·高等教育 [M]. 上海: 上海教育出版社, 1993: 461, 600 – 601, 612.

[105] 潘懋元, 刘海峰. 中国近代教育史资料汇编·高等教育·山东公立商业专门学校周年概况报告书 [M]. 上海: 上海教育出版社, 2007: 617 – 619, 621, 622.

[106] 彭十严. 商业教育问题 [J]. 工商新闻百期汇刊, 1925 (1): 58 – 59.

[107] 钱念孙. 激活和倡行君子文化——如何汲取传统文化精华培育和践行社会主

义核心价值观［J］．群言，2014（5）：22－27.

［108］钱念孙．君子文化与社会主义核心价值观［N］．光明日报，2016－11－05.

［109］乔凤岐．论中国古代教育理念中的君子人格塑造［J］．社会科学论坛，2016（12）：113.

［110］清华大学校史编写组．清华大学校史稿［M］．北京：中华书局，1981：70.

［111］璩鑫圭，唐良炎．中国近代教育史资料汇编·学制演变［M］．上海：上海教育出版社，1991：457，727.

［112］任钟印．世界教育名著通览［M］．武汉：湖北教育出版社，1994：791.

［113］阮元．十三经注疏［M］．北京：中华书局，1980：276.

［114］涩泽荣一．论语与算盘［M］．哈尔滨：哈尔滨出版社，2007：4，91，92，156－157，178.

［115］山西省公立商业专门学校．山西省公立商业专门学校规则［Z］．1920：1，35.

［116］山西省立商业专科学校．山西省立商业专科学校一览［G］．1932：291－313.

［117］设立商务学堂议［N］．申报，1899－04－16.

［118］申国昌．守本与开新：阎锡山与山西教育［M］．济南：山东教育出版社，2008：314.

［119］沈萍霞．清末民初的留美教育与中国教育近代化［D］．西安：陕西师范大学，2005：16.

［120］沈思孝．晋录［M］．北京：中华书局，1985：3.

［121］沈文钦．从"君子"、"绅士"到现代理想人格——兼论人文、科学、技术的融合［J］．复旦教育论坛，2005（1）：26.

［122］沈云龙．近代中国史料丛刊续辑·第43辑·全国教育会议报告［M］．文海出版社，1948：93－94.

［123］沈壮海，王迎迎．2016年度大学生思想政治教育状况调查分析——基于全国35所高校的调查［J］．中国高等教育，2017（11）：45－50.

［124］盛宣怀．愚斋存稿初刊（卷六）［M］．上海：思补楼藏版，1939.

［125］石骏，金国正．纵横宇内的苏商［M］．南京：江苏人民出版社，1997：56.

［126］实藤惠秀．中国人留学日本史［M］．北京：三联书店，1983：45.

［127］史若民，牛白琳．平、祁、太经济社会史料与研究［M］．太原：山西古籍出版社，2002：481，491，493，494，497，518，521，543，574，577，578，620.

［128］舒新城．中国近代教育史资料（上册）［M］．北京：人民教育出版社，1981：7、18、26，51－53，156．

［129］舒新城．中国近代教育史资料（中册）［M］．北京：人民教育出版社，1961：613－616，640，644，660．

［130］舒新城．近代中国教育史料［M］．北京：中国人民大学出版社，2012：91－93．

［131］宋恩荣，章咸．中华民国教育法规选编（修订本）［M］．南京：江苏教育出版社，2005：386－388，392．

［132］宋恩荣，章咸．中华民国教育法规选编（1912－1949）［M］．南京：江苏教育出版社，1990：1．

［133］宋卫红，潘枫．后金融危机时代的商学教育变革——以美国耶鲁大学商学院为例［J］．湖北大学学报（哲学社会科学版），2013（5）：131，134．

［134］苏崇武．商业道德教育在MBA课程的灵魂地位——美国与中国30年实践的比较（1974－2006）［D］．上海：华东师范大学，2006：75－76．

［135］孙君恒，孙宇辰．苏轼眼中的君子标准：你做到了哪些？［EB/OL］．http：//guoxue.ifeng.com/a/20180516/58322053_0.shtml，2018－05－16．

［136］孙丽霞．儒家"君子人格说"与当代企业家伦理精神的培育［D］．南京：南京师范大学，2015．

［137］孙钰．毕飞宇对话冯唐［EB/OL］．http：//cul.sohu.com/s2015/ftbfy/，2015－02－05．

［138］孙云霄．德国商业高等及中等商业教育［J］．清华学报，1917（4）：129．

［139］谭琦．近代中国工商人物志（第1册）［M］．北京：中国文史出版社，1996：423，446．

［140］汤志钧，陈祖恩，汤仁泽．中国近代教育史资料汇编·戊戌时期教育［M］．上海：上海教育出版社，2007：123，231．

［141］汤志钧．康有为政论集（上册）［M］．北京：中华书局，1981：306．

［142］唐凯麟．传统儒商精神的现代重构［J］．求索，2017（1）：4－10．

［143］陶希圣．徐愚斋自叙年谱［M］．台北：食货出版社，1977：200－203．

［144］天津市档案馆，等．天津商会档案汇编（1903－1911）（上册）［M］．天津：天津人民出版社，1989：32，48，174，234．

[145] 田辰山, 温海明. "2013 年中澳文化对话"论坛综述 [EB/OL]. http：//www. ica. org. cn, 2014 – 07 – 24.

[146] 田纪云. 我的两次大寨之行 [N]. 南方周末, 2008 – 11 – 06.

[147] 万光侠. 中华传统文化创造性转化创新性发展的哲学审视 [J]. 东岳论丛, 2017 (9)：27 – 34.

[148] 汪康年. 商战论 [N]. 时务报, 1896 – 12 – 15.

[149] 王彩霞. 二十世纪中国学校校训研究 [D]. 上海：华东师范大学, 2006：7, 21 – 22.

[150] 王尔敏. 上海格致书院志略 [M]. 香港：香港中文大学出版社, 1980：62 – 63.

[151] 王世颖. 薛仙舟先生传略 [J]. 江苏合作, 1937 (6 – 7)：11.

[152] 王树森. 第二届君子文化论坛综述 [N]. 光明日报, 2016 – 12 – 23.

[153] 王婉冬. 孔子君子人格教育探析 [D]. 呼和浩特：内蒙古大学, 2016：8 – 10.

[154] 王正平. 美国职业伦理的核心价值理念和基本特点 [J]. 道德与文明, 2014 (1)：142, 147.

[155] 卫聚贤. 山西票号史 [M]. 中央银行经济研究处, 1944：57.

[156] 吴玉伦. 近代商业教育在清末的兴起 [J]. 集美大学学报, 2008 (2)：30 – 31, 33 – 34.

[157] 武汉市志·商业志 [M]. 武汉：武汉大学出版社, 1989：98.

[158] 希尔德·德·里德 – 西蒙斯. 欧洲大学史 (第 1 卷)：中世纪大学 [M]. 张斌贤, 程玉红, 和震, 张弛, 王海芳, 译. 保定：河北大学出版社, 2008：28.

[159] 习近平. 在北京大学师生座谈会上的讲话 [EB/OL]. http：//news. ifeng. com/ a/20180503/58053546_0. shtml, 2018 – 05 – 03.

[160] 向嘉. 诗经译注 [M]. 北京：商务印书馆, 2013：237, 318, 362.

[161] 谢长法. 中国职业教育史 [M]. 太原：山西教育出版社, 2011：60.

[162] 心一. 德意志之商业教育 [J]. 中华教育界, 1913 (9)：43.

[163] 新华社. 第三届新华网商学院沙龙：让商科教育成为推进创新发展新引擎 [EB/OL]. http：//www. sohu. com/a/228923066_267106, 2018 – 04 – 20.

[164] 付龙. 中国新商科人才培养创新大会今日在上海召开 [EB/OL]. http：// edu. sina. com. cn/l/2017 – 11 – 08/doc – ifynshev4594097. shtml, 2017 – 11 – 08.

[165] 徐珂. 清稗类钞 (第 5 册) [M]. 北京：中华书局, 1986：2308.

［166］徐鹏远．麦家香港对谈马家辉：写小说就像过日子，幸福且残酷［EB/OL］．http：//culture. ifeng. com/a/20180720/59303471_0. shtml，2018－07－20.

［167］徐小跃．弘扬君子文化的新起点［N］．光明日报，2015－12－21.

［168］许慎．说文解字（现代版）［M］．王宏源，编．北京：社会科学文献出版社，2005：69.

［169］薛福成．出使四国日记［M］．长沙：湖南人民出版社，1981：230.

［170］薛福成．筹洋刍议——薛福成集［M］．徐素华，选注．沈阳：辽宁人民出版社，1994：71－72.

［171］雅罗斯拉夫·帕利坎．大学理念重审——与纽曼对话［M］．杨德友，译．北京：北京大学出版社，2008：36－37，85，87，91.

［172］严昌洪．近代商业学校教育初探［J］．华中师范大学学报（人文社会科学版），2000（6）：122－128.

［173］严昌洪．近代商业学校教育的兴起［N］．光明日报，2000－12－01.

［174］阎广芬．经商与办学：近代商人教育研究［M］．石家庄：河北教育出版社，2001：284－285.

［175］阎玉田．天津工商大学［M］．北京：人民出版社，2010.

［176］阎真．活着之上——高校知识分子的精神生态［J］．芳草，2015（1）.

［177］杨东平．大学的精神［M］．上海：文汇出版社，2003：17.

［178］杨怀恩，原梅生．传承晋商精神彰显办学培育商科英才［J］．中国高等教育，2008（7）：32－33.

［179］杨家腴．复旦大学商业研究会缘起［J］．复旦，1918（6）.

［180］杨科正．论大学校训的功能及其构建［J］．宝鸡文理学院学报（社科版），2004（5）87－88.

［181］杨立德．西南联大的斯芬克司之谜［M］．昆明：云南人民出版社，2005：29.

［182］杨树达．论语疏证［M］．长春：吉林人民出版社，2013：149－152，170.

［183］杨义成．道济天下——狄百瑞教授儒学研究思想述评［EB/OL］．http：//weme-dia. ifeng. com/22577743/wemedia. shtml，2017－07－17.

［184］杨振宁．影响我最深的不是物理学，而是两千年前孟子的思想！［EB/OL］．http：//www. sohu. com/a/233040599_100161683，2018－05－27.

［185］姚意克．乔致庸的家学与商道［J］．商业文化，2006（6）：44－45.

［186］叶春墀．山东省政协文史资料委员会编．山东文史集粹（教育卷）·山东公立商业专门学校简况［M］．济南：山东人民出版社，1993：114.

［187］伊曼努尔·康德．论教育学［M］．赵鹏，何兆武，译．上海：上海人民出版社，2006：10，11.

［188］英国留学申请中心．2018 全球最佳商学院排名解析：6 所英国大学进入 TOP50！伦敦商学院 LBS 全英第一［EB/OL］．https：//www. sohu. com/a/238290967_479614，2018－06－28.

［189］余裴山．对于第一次全国国货展览会观感及将来工商之根本规划［J］．农商公报（18）.

［190］余英时．儒家伦理与商人精神［M］．桂林：广西师范大学出版社，2004.

［191］虞和平，夏良才．周学熙集［M］．武汉：华中师范大学出版社，1999：37，201，233.

［192］袁德亮．《壬戌学制》：中国教育自主意识觉醒之标志［D］．武汉：华中师范大学，2007.

［193］袁福洪．商业教育之理论与实施［M］．台北：世界书局，1977：22，24－25.

［194］约翰·亨利·纽曼．大学的理想［M］．徐辉，等译．杭州：浙江教育出版社，2001.

［195］约翰·亨利·纽曼．一个大学的设想——知识是它的目的［EB/OL］．http：//reading. cersp. com/WeekReading/Extended/200611/2824. html，2006－11－24.

［196］张楚廷．大学的"我思故我在"［J］．大学教育科学，2011（6）：105.

［197］张楚廷．哲学性格与大学文化［J］．现代大学教育，2010（4）：19.

［198］张岱年．文化与价值［M］．北京：新华出版社，2004：66.

［199］张敷荣．国民教育之适应的与创造的功用［J］．教育半月刊，1940，5（8/9）.

［200］张海鹏．明清徽商资料选编［M］．合肥：黄山书社，1985：143.

［201］张宏武，时临云．日本现代商学及其教育体系［J］．天津商业大学学报，2009（1）：66.

［202］张謇研究中心，南通市图书馆，江苏古籍出版社．张謇全集（第4卷）．事业［M］．南京：江苏古籍出版社，1994：25.

［203］张井．君子国的商业道德［J］．商业经济文荟，1986（2）：66－67.

［204］张岂之．儒学思想的历史演变及其作用［J］．西北大学学报（哲学社会科学

版），1988（1）：1.

[205] 张述存．君子文化的理论价值和现实作用［N］．光明日报，2015－09－29.

[206] 张伟雄．香港的商学教育［J］．世界教育信息，2002（1）：17－18.

[207] 张武升．建设中国气派的教育科学［J］．教育研究，2008（12）：21－23.

[208] 张正明，张舒．晋商兴衰史［M］．太原：山西经济出版社，2010：145，378.

[209] 张之洞．劝学篇·游学第二［M］．北京：华夏出版社，2002：78.

[210] 章开沅，等．苏州商会档案丛编（第1辑）［Z］．武汉：华中师范大学出版社，1991：30－31.

[211] 章开沅，等．中国近代史上的官绅商学［M］．武汉：湖北人民出版社，2000：634.

[212] 长沙图书馆．长沙民国教育档案展．民国商业学校档案［Z］．2017－07－30.

[213] 赵冲．论教育学中国气派问题的实质及出路［J］．当代教育论坛，2016（2）：37.

[214] 赵婀娜．今天，大学培养的人才合格吗？［EB/OL］．http：//edu．people．com．cn/n1/2016/1020/c1006－28792378．html，2016－10－20.

[215] 赵师复．中国商科职业教育经过及现况［J］．教育与职业，1922（35）：53.

[216] 赵叶珠，程海霞．欧洲新学位制度下"商科"能力标准及课程体系［J］．中国大学教学，2016（8）：89，93.

[217] 赵永利．教育变革与社会转型——近代上海高等商科教育活动研究（1917－1937）［D］．武汉：华中师范大学，2012：2，29，34，128－130，133－134，137.

[218] 郑成伟．近代天津商业教育研究［D］．天津：天津师范大学，2012：38－39.

[219] 郑观应．盛世危言［M］．辛俊玲，评注．北京：华夏出版社，2002：339.

[220] 郑淑蓉，吕庆华．中国商学教育的历史演进［J］．天津商业大学学报，2011（3）：63－65.

[221] 李琼．中国30万学生在美留学商科专业仍最热门［EB/OL］．http：//www．aoji．cn/news/165346．html，2015－05－11.

[222] 中国第二历史档案馆．中华民国史档案资料汇编第3辑（教育）·大总统公布学校系统改革令［M］．南京：江苏古籍出版社，1991：105.

[223] 中国第二历史档案馆．中华民国史档案资料汇编第3辑（教育）·教育部公布国立大学校条例令［M］．南京：江苏古籍出版社，1991：173－174.

［224］中国人民银行总行参事室金融史料组. 中国近代货币史资料（第 1 辑）·清政府统治时期（上册）［M］. 北京：中华书局，1964：378.

［225］中国商业不发达之原因［J］. 湖北学生界，1903（3）.

［226］王硕. 中国商科教育步入改革十字路口破解不均衡避免同质化［EB/OL］. http：//edu. china. com. cn/2016 － 06/01/content_38581409. htm，2016 － 06 － 01.

［227］中华民国广东驻日留学生经理处. 广东留日学生调查录［Z］. 1929 － 03.

［228］中华书局编辑部. 魏源集（上册）［M］. 北京：中华书局，1976：36.

［229］周生春，杨缨. 历史上的儒商与儒商精神［J］. 中国经济史研究，2010（4）：152，155 － 158.

［230］周有光. 现代文化的冲击波［M］. 北京：生活·读书·新知三联书店，2000：11.

［231］周玉清，王少安. 中华传统君子文化的历史发展及其当代价值［N］. 光明日报，2016 － 04 － 22.

［232］朱万曙. 老徽商的四大精神［EB/OL］. http：//www. huishangorg. cn，2006 － 09 － 13.

［233］朱信贵. 国际高等商科教育的特色及其发展趋势［J］. 有色金属高教研究，1996（3）：69.

［234］朱义禄. 儒家理想人格与中国文化［M］. 上海：复旦大学出版社，2006：5.

［235］朱英. 辛亥革命时期新式商人社团研究［M］. 北京：中国人民大学出版社，1991：61.

［236］卓介庚. 明清三百年间塘栖卓氏兴衰史概述（上）［EB/OL］. http：//www. yhsz. gov. cn/newsshow. aspx？artid ＝ 29391&classid ＝ 26，2017 － 03 － 28.

［237］邹进文. 近代中国经济学的发展：以留学生博士论文为中心的考察［M］. 北京：中国人民大学出版社，2016：41 － 42.

［238］左宗濂. 中国人民政治协商会议湖南省委员会文史资料研究委员会. 湖南文史资料选辑（第 20 辑）·湖南商业专门学校沿革［M］. 长沙：湖南人民出版社，1986：49.

［239］360 百科. 人格［EB/OL］. https：//baike. so. com/doc/5389982 － 5626598. html，2018 － 07 － 22.

［240］360 百科. 商学［EB/OL］. https：//baike. so. com/doc/6728930 － 6943214. html，2018 － 07 － 28.

[241] Copthorne Macdonald. Wisdom: The highest aim of life and higher education [EB/OL]. http://www.wisdompage.com/rollinstalk.html, 2006 – 04 – 05.

[242] Dewey, J. A college course: What should I expect from it. In J. A. Boydston (Ed.). The later works of John Dewey, 1825 – 1898 (vol. 3) [M]. Carbondal and Edwardsville: Southern Illinois University Press, 1969: 53.

[243] Dewey, J. Freedom in workers'education. In J. A. Boydston (Ed.). The later works of John Dewey, 1925 – 1953 (vol. 5) [M]. Carbondal and Edwardsville: Southern Illinois University Press, 1984: 332.

[244] George N. Shuster. "Introduction" to John Henry Newan: The idea of a university [M]. Image Books ed. Garden City, N. Y. : Doubleday, 1959: 21.

[245] Giamatti, A. Bartlett. The university and the public interest [M]. New York: Atheneum, 1981: 166 – 167.

[246] Gonzales, J. &Wagenaar, R. (eds). Tuning educational structures in Europe: Reference point for the design and delivery of degree programmes in business [M]. Bilbao: Universidadde Deusto, 2008: 55, 68 – 69.

[247] 欧文·亚隆 (Irvin D. Yalom). 给心理治疗师的礼物 [M]. 张怡玲, 译. 北京: 中国轻工业出版社, 2004: 145.

[248] Nicholas Maxwell. Are universities undergoing an intellectual revolution? [J]. Oxford Magazine, 2009 (290): 13 – 16.

[249] Pater, Walter. Appreciations: With an essay on style [M]. London: Macmillan, 1913: 18.

[250] Pelikan, J. J. The idea of the university: A reexamination [M]. New Haven: Yale University Press, 1992: 190.

[251] Pelikan, Jaroslav. Confessor between East and West: A Portrait of Ukrainian Cardinal Josyf Slipyj [M]. Grand Rapids, Mich. : Eerdmans, 1990: 81 – 83.

[252] Ratner, S.. Introduation. In J. A. Boydston (Ed.). The later works of John Dewey, 1925 – 1953 (vol. 6) [M]. Carbondale and Edwardsville: Southern Illinois University Press, 1985: xxiii.

[253] Smith, D. & Langslow, A. K. The idea of a university [M]. London: J. Kingsley Publishers, 1999: 8.

后记　岁月很安静

日子过着过着，青春就不再了，中年也即将完结了。

姜文说："中年是一道清茶。在觥筹之后，人散夜阑之时，一半妥协，一半坚守，两边都让一小步，妥协就成了从容，坚守就成了雅致。""中年有两种事应该尽量少干，一是用自己的嘴干扰别人的人生，二是靠别人的脑子思考自己的人生。"

行走在"从容"而"雅致"的中年，就更懂得敬畏了。敬畏生命，敬畏工作，敬畏同事，敬畏阅历，敬畏文字。中年即将完结的标志是寂寞更多了，思想也更自由了。村上春树说："倘若岁月不再发挥其作为岁月的功能，宇宙秩序势必大乱。"我以为这样也未尝不好，何况也别无选择。于是，将工作和思考结合起来，写点自己的东西，作为中年岁月的印记是否也还不错。

本书写作期间正值 2018 年足球世界杯。一边看足球一边敲键盘，时而又看看网络评论，成了一种享受。特别是 2018 年 7 月 7 日新浪体育的一篇网络文章《静静地看你表演！裁判为何就不给巴西队点球？》，读后印象深刻。下面是该文的节选。

在送走了德国和阿根廷之后，巴西队也在喀山竞技场结束了本届世界杯之旅，他们 1 比 2 输给了阵容豪华的欧洲红魔比利时。巴西球迷可能并不服气，因为他们觉得自己本应该获得至少一粒点球，但点球不存在。主裁判马蒂奇做出判罚的依据绝大部分肯定来自于球员的动作，但或许在潜意识里，巴西球员总是喜欢在禁区内摔倒骗点球的印象已经种下，所以即使是真的在禁区内被绊倒，主裁判也不是那么容易轻易相信。在本届世界杯前面的比赛中，巴西队中最好的球员内马尔，给人留下深刻印象的不是进球，而是他不止一次夸张到可以拿奥斯卡奖的摔倒动作。半场结束前，内马尔和默尼耶在比利时禁区前拼抢，内马尔准备拿球时被默尼耶放倒，从慢动作看此球是存在判罚点球的依据的，主裁判马蒂奇就站在离事发地不到3米的距离，视线可以完全看清双方的动作，但他认为默尼耶的动作没有犯规。下半场巴西基本围着比利时的半场狂攻，内马尔也有更多机会进到对手的禁区里，但他的几次摔倒都没有打动主裁判的心，还警告了内马尔不要假摔。当比赛时间所剩无几的时候，马蒂奇再一次拒绝了内马尔的点球请求。终场哨声吹响，输了球的内马尔没有哭，也没有愤怒，只有失落和无奈写在脸上。他也许不懂自己还要怎么做才能让球队取得胜利，或许也不懂自己明明是被对手侵犯的一方，为什么却受到这么多人的质疑和嘲讽，连最应该秉公执法的裁判似乎都在戴着有色眼镜看自己。四年前内马尔遗憾伤别，却收获了全世界的尊重，但这一次，他却将巴西队"摔"出了世界杯，看看他在这几场比赛中的各种表演，在社交媒体高度发展的今天被玩成了各种"梗"，这让执法巴西队比赛的裁判在无形中对他们更加苛刻。在本届世界杯点球判罚犹如家常便饭的大环境下，攻击火力最强球队之一的巴西队5场比赛中竟然没有获得一粒点球，就很说明问题了。这一次，内马尔和他的巴西欲哭无泪。

"狼来了"不是文学故事，它就在我们的生活里。足球如此，商场更是如此。做事先做人，是永远的道理。

就在我思考清末民初商科教育的君子情怀的时候，又接连发生了下面两件事情，让我不得不重新思考传统君子文化对当今市场经济与商科教育的意义。

2018年7月10日，香港著名企业家田家炳辞世，享年99岁。田家炳热心于教育的公益事业，尤其致力于捐助内地教育，以慈善的名义彰显了家国情怀，为当今所谓"重利轻义"的商人群体正了名。出生于内地战乱年代的田家炳那一代人，浸润着浓厚的儒家文化，他们的一生都在努力恪守儒家伦理道德。如今，谈论儒家的多了，而真正的儒商却越来越少了。在这个意义上，田家炳的离开也是一种品质渐行渐远的注脚。

2018 年 7 月 15 日，国家药品监督管理局发布通告，国家药品监督管理局组织对长春长生开展飞行检查，发现该企业冻干人用狂犬病疫苗生产存在记录造假等严重违反《药品生产质量管理规范》行为。狂犬病疫苗人命关天，而长生生物科技股份有限公司生产的狂犬病疫苗涉及造假，在利益面前，商人的道德自律显得多么苍白乏力。7 月 21 日，一篇名为"疫苗之王"的文章迅速在微信朋友圈引爆，又爆出长春长生及武汉生物的 2 个批次的百白破疫苗也弄虚作假的旧案，舆论哗然，百姓心碎。孟德斯鸠早就指出，没有道德的商业是毁灭人类的 10 种事之一。破碎的信心怎么拾起？公众都沉浸在各种问号加感叹号中。

麦家说："小说创作了一个真空世界，让你踮着脚向天空好奇，但又不能脱离大地。这种想飞又不能飞的感觉特别令人迷恋。"麦家认为，小说是属于人间的，它里面有生活的细节，有烟火气，正因为有现实感、世俗气，才把古今中外的人们联系在一起。小说来源于生活，但舍弃了现实生活中庸常、生硬的一面，保留了天真的、忧伤的另一面，这正是小说作为一种文学体裁的独特魅力，是一种有着向往感的文学体裁（徐鹏远，2018）。

大学就是一部小说、一种生活，这里有人物，有情节，有现实，有理想。要想耐读，耐看，必须"舍弃现实生活中庸常、生硬的一面"，师生共同营造一种环境或曰心灵的花园，"让你踮着脚向天空好奇，但又不能脱离大地"。"这种想飞又不能飞的感觉"如果能令师生迷恋，就是一流大学，如果"烟火气""世俗气"太重，现实感太强，没有令人迷恋的向往感，则会与一流大学愈行愈远。

在麦家看来，阅读小说也像结婚过日子，一方面令人觉得累，另一方面也让人充实，感受到生活的沉甸甸，这是生命的厚度，也是生命的沉静。而二者的连接是一段高度契合引发共鸣的历程。窃以为，读大学就是阅读小说，就是和大学结婚过日子，累而充实才是正途。如果大学不能引发学生的共鸣，不能激发学生"生命的沉静"和"生命的厚度"，则大学就是"失败的婚姻"，只会让人惧怕。

不同于出走半生、归来仍是翩翩少年的纯真与留恋，中年完结的印记，须把工作经历写进去，还应把工作中流淌出来的思考摆进来。

当今中国高等商科教育最大的问题在于过于受关注，过于纠结于资源争夺等功利性的"俗事"，无暇回顾大学及其商科教育的历史，以至于没有办法从容地坐下来，喘一口气，喝一口水。这对高等商科教育的发展是极其不利的。我喜欢在工作中思考。我是学课程与教学论和高等教育学的，也从事高等教育工作，工作于我是一种生活、一种体验。我从事过成人教育、高职教育、全日制本科教育的教学和教学管理工作，从事什么样的工作我就思考什么样的问题。在讲授"中国文化概论"课程和从事高等商科教育管理工作中，我就经常思考：为什么君子概念只在中国出现？什么样的沃土才能成就谦谦君子文化？在当今时代，君子文化对我国高等商科教育的意义何在？传统君子文化如何成就今天的高等商科教育？

我始终认为，现代商科教育的教师和学生眼中应有一束光，心中应有一片海。这束"光"就是历史眼光与国际视野，这片"海"就是君子的仁爱精神及其人生大境界、大格局。对于高等商科教育来说，君子文化不仅是达到超越它本身的一种手段，或者是它自然地消融于其中的某些准备，而且也是商科院校足以安身立命以及为了它自身的缘故而加以追求的一种目的。

南怀瑾先生指出，"佛学像百货店，……人们可去可不去；道家则像药店，一个国家民族生病，非去这个药店不可；儒家则是粮食店，是天天要吃的。"作为"粮食店"的儒家思想特别是其中的君子人格与君子之道是商科教育过去、现在甚至未来都需要的"粮食"。

本书采用思想史、学术史和教育学相结合的方法，在大量搜集整理清末民初以来的相关文献基础上，比较扎实地梳理和总结了我国商科教育百余年历史延展的脉络和特点，较为系统地揭示了商科教育在中国发生发展的过程与全貌，特别是通过与君子文化的融合，对于进一步认知和推进现代中国商科教育转型及其中国气派的构建具有重要的意义。窃以为，这一研究能够丰富人们对我国商科教育的认知，也能够为当下的商学建设提供一定的启示。

陈飞虎
二〇一九年正月初八